La ciencia de los sabores

DK

La ciencia *de los* sabores

Principios básicos, combinaciones, técnicas y consejos

DR. STUART FARRIMOND

CONTENIDO

INTRODUCCIÓN

Hay dos tipos de personas en este mundo: las que ven la comida como combustible y las que creen que es uno de los mayores placeres de la vida. Para quienes nos encontramos en el segundo grupo, la comida es una alegría alrededor de la cual celebramos, nos compadecemos, encontramos consuelo cuando corren tiempos difíciles, forjamos nuevas amistades e incluso nos enamoramos. Para los amantes de la cocina, las grandes comidas son hitos en la vida, momentos en los que se crean nuestros recuerdos más preciados. Conectamos con otras culturas y llevamos nuestros sentidos a tierras lejanas. De hecho, mi esposa me contó que se enamoró de mí la noche que le preparé un plato de salmón frito envuelto en queso italiano, laurel y prosciutto, servido sobre un lecho de pasta fresca.

Comer no solo estimula las papilas gustativas: todos nuestros sentidos se aúnan para crear sabor, una joya envolvente y polifacética a través de la cual este libro arroja luz científica, y proyecta un delicioso arcoíris, que, como descubriremos, se compone del aspecto, el aroma y el sabor de un alimento, así como de su sonido, nuestras emociones e incluso el ambiente que nos rodea. Tanto si eres un cocinero aficionado, chef o sibarita —o simplemente alguien curioso por lo que come—, este libro explora las diferentes facetas del sabor para ayudarnos a disfrutar y valorar la comida en un nivel más profundo. Además, nos invita a mejorar nuestras dotes culinarias y hacernos comensales más conscientes. Dejando a un lado la jerga innecesaria —que echaremos al cubo del compost—, este libro está pensado para enseñarte a extraer hasta el último ápice de sabor de los ingredientes cotidianos, crear deliciosas combinaciones y encontrar la inspiración para tus nuevas y emocionantes creaciones. Y todo esto aderezado con un buen puñado de datos sabrosones y curiosidades para degustar.

Las palabras sabor y gusto suelen utilizarse de forma intercambiable, pero tienen diferencias sutiles. El gusto es lo que detectan nuestras papilas gustativas: dulce, salado, ácido, amargo, umami y otras sensaciones. El sabor es la experiencia completa: una mezcla de gusto con aroma, textura, temperatura e incluso sonido.

Lo que tienes entre las manos no es ni un libro de texto con teoría pura y dura, ni un libro de recetas con instrucciones rígidas. Es más bien una guía para sacar todo el sabor de cada migaja y cocinar con más confianza y creatividad. Nos enseña a sintonizar con todas las notas y aromas de un ingrediente, ayudándonos a saborear mejor cada cucharada. Que no te abrumen los nombres de las sustancias químicas que aparecen en este libro, utilízalos como claves para desbloquear tu creatividad, descubrir ingredientes que armonicen y elaborar platos deliciosos y únicos con los ingredientes que tienes en la despensa. En los tres primeros capítulos descubrirás que el sabor es una ilusión creada en el cerebro y que las sustancias conocidas como compuestos aromáticos son su base. Después de aprender sobre el gusto y el sabor, el capítulo 4 —la parte más extensa del libro— es un recorrido por los ingredientes cotidianos y espero que te sirva como recurso de referencia cuando te falten las musas. ¿Tienes una berenjena y no sabes cómo sacarle el máximo partido? Pasa a la página 92. ¿Las verduras de hoja verde que languidecen en el fondo de la nevera piden a gritos que las aproveches (página 98)? Ya sea para mejorar unas humildes zanahorias (página 100) o para descubrir la intensidad del umami en las setas (página 142), haz de este libro tu fiel pinche de cocina.

Este es mi quinto libro y significa mucho para mí. Mientras lo escribía, el tumor cerebral que me habían extirpado tiempo atrás decidió reaparecer, lo que supuso meses de quimioterapia y radioterapia para mantenerlo a raya. Sin embargo, gracias al enorme amor y apoyo de mi esposa, mi familia, mis amigos y mi iglesia, logré terminar este libro, que dedico a todos vosotros.

UNA RUTA HACIA EL SABOR

¿DE DÓNDE VIENE EL SABOR?

Nuestro viaje comienza en el reino sensorial de la boca, donde cada parte cumple una función importantísima. El primer paso en este viaje de sabores son los labios.

¿Sabías que los labios son tan sensibles como las yemas de los dedos? La suave piel «bermellón» de la boca está en perfecta sintonía con la temperatura, el dolor y el tacto. Lo que siente afecta al sabor: cuando los labios perciben por primera vez la aspereza de una patata frita, su corteza doradita y crujiente se experimentará con más intensidad. Expresado de una forma más dramática: el frío y la dureza de un cristal helado harán que una bebida tenga un sabor refrescante, una taza caliente hará que la bebida parezca más caliente de lo que es en realidad, mientras que un utensilio de plástico atenuará el sabor de cualquier alimento que contenga.

AL OTRO LADO DE LOS DIENTES

Los alimentos que pasan este primer control se enfrentan ahora a los dientes: con cada corte y cada trituración, se liberan volutas de sustancias portadoras de aroma en la cavidad bucal, que se desplazan hacia atrás, hasta la garganta, y suben hasta la parte posterior de la nariz (págs. 56-57), donde se transforman en sabor. Los dientes no solo trituran y muelen los alimentos para hacerlos digeribles: sus terminaciones nerviosas sumamente sensibles perciben la estructura misma de los alimentos, lo que le indica al cerebro cuán duros son y si son crujientes, elásticos o arenosos.

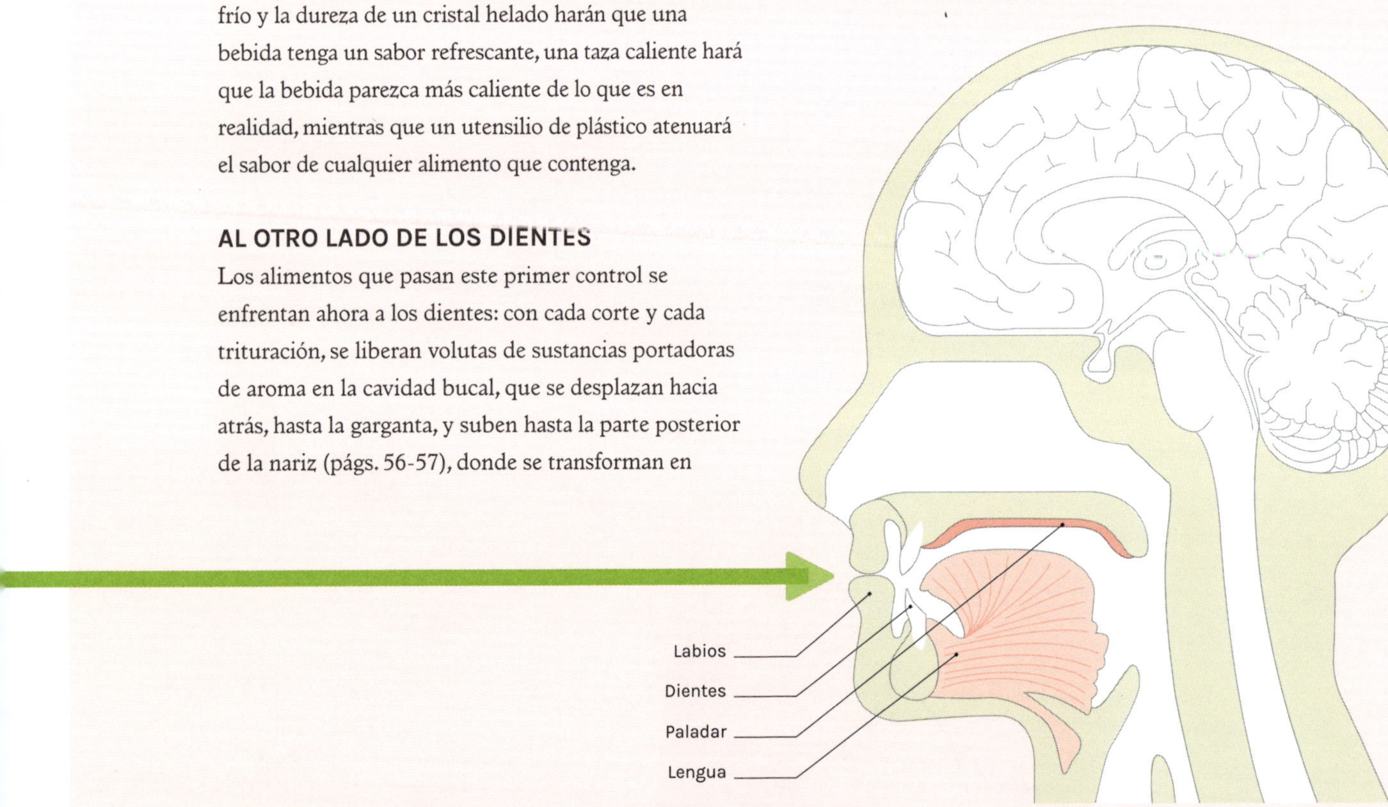

El viaje de los alimentos

Además de probar y tragar, las distintas partes de la boca cumplen una función importante en el viaje del sabor. Esto nos ayuda a apreciar de verdad la comida.

LABIOS
La textura de los alimentos se percibe primero en los labios, que son tan sensibles como las yemas de los dedos.

DIENTES
Estos liberan aroma y perciben la estructura de los alimentos, guiando al cerebro en la percepción del sabor.

PALADAR
La textura y la sensación en boca se experimentan en el paladar cuando la lengua empuja la comida contra él.

LA SALIVA, EL DISOLVENTE

Los trozos de comida se trituran con la saliva que expulsan las glándulas de las mejillas y debajo de la lengua, que disuelve las sustancias químicas del gusto (sales, azúcares, ácidos) que luego se deslizan por la lengua y activan las papilas gustativas. Curiosamente, no es la comida en sí lo que saboreamos, sino la saliva que se ha mezclado con ella. Las sustancias químicas de la saliva (llamadas enzimas) empiezan a digerir el azúcar y las grasas de la boca, mientras que otras proteínas flotantes atenúan los sabores desagradables enmascarando el amargor.

LENGUA Y PALADAR

Toda la cavidad bucal está recubierta de nervios ultrasensibles: la lengua y el paladar están en contacto continuo, tanteando y examinando la forma, la textura y la consistencia de cada alimento, creando la percepción de la «sensación en boca» (págs. 34-35) y de un calor acre, astringencia y efervescencia.

Cuando el alimento llega a la lengua, se acerca al fin a las papilas gustativas. Saca la lengua y mírate en el espejo: esos bultitos apenas visibles que hay en la parte superior de la lengua se llaman papilas. Las papilas gustativas están incrustadas en estas y son tan pequeñas que casi no se ven; son bolitas de entre 50 y 100 células, agrupadas como hojitas dentro de un capullo. Estas envían mensajes al cerebro sobre el sabor de la comida que tienes en la boca.

PAPILAS FILIFORMES

Estructuras cónicas en la superficie de la lengua. Brindan agarre para lamer y perciben la textura, pero carecen de papilas gustativas.

PAPILAS FUNGIFORMES

Estas papilas rojas, que parecen setas, son las responsables de la mayor parte de la percepción del sabor.

PAPILAS CIRCUNVALADAS

Son pocas (entre 8 y 12) y están situadas en la parte posterior de la lengua, donde perciben el amargor.

PAPILAS FOLIADAS

Cada cresta de la parte lateral de la lengua tiene cientos de papilas gustativas que son más sensibles a la acidez.

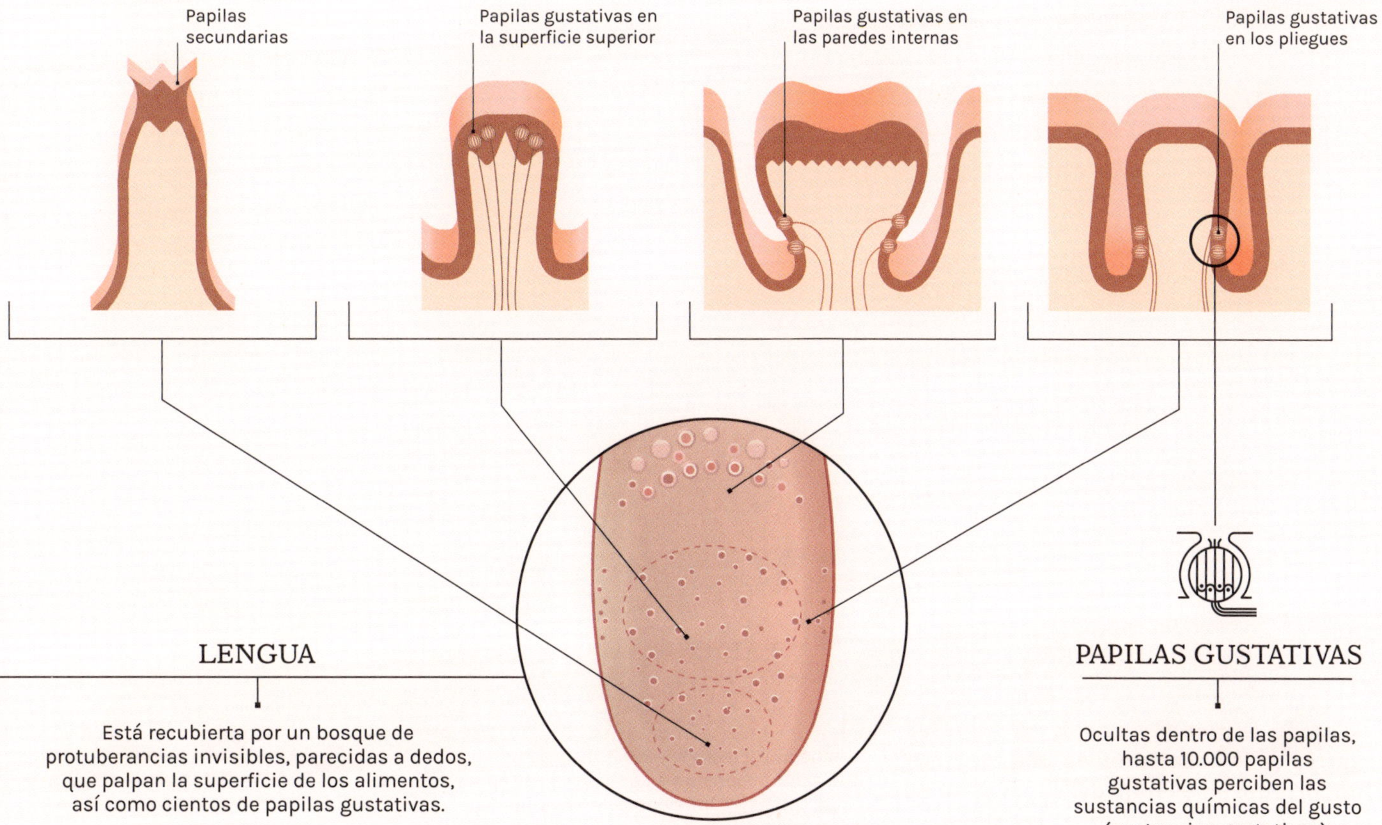

LENGUA

Está recubierta por un bosque de protuberancias invisibles, parecidas a dedos, que palpan la superficie de los alimentos, así como cientos de papilas gustativas.

PAPILAS GUSTATIVAS

Ocultas dentro de las papilas, hasta 10.000 papilas gustativas perciben las sustancias químicas del gusto (sustancias gustativas).

¿CÓMO FUNCIONA EL SENTIDO DEL GUSTO?

El gusto es la forma que tiene el cuerpo de comprobar si la comida es segura y nutritiva antes de tragarla. Aunque contribuye solo en una mínima parte a la experiencia completa del sabor, sirve como base esencial.

Aunque usamos las palabras indistintamente, gusto y sabor no son lo mismo: el gusto proviene de las papilas gustativas y es un sentido simple con seis dimensiones: dulce, salada, ácida, amarga, umami y grasa.

SABOR VS. GUSTO

El sabor incluye el gusto, pero casi todo lo que crees saborear en la lengua viene de la nariz (págs. 56-57). El gusto te dice que una manzana es dulce y tiene un punto de acidez; el sabor te dice que también es afrutada y aromática. Nuestro sentido del gusto evolucionó como una forma rudimentaria de comprobar si un alimento es seguro o nutritivo: el dulzor indica que contiene energía fácil de asimilar; lo salado que es bueno porque contiene un mineral vital para la vida diaria, el sodio; la acidez es señal de que un alimento es ácido, de modo que puede contener vitamina C (un ácido), o es un alimento fermentado y, por lo tanto, seguro para el consumo; el amargor es una señal de advertencia de peligro; el umami, una sensación sabrosa, producida por un fragmento de proteína llamado glutamato, y sugiere que el alimento puede ser una fuente de proteínas, esenciales para crecer y repararse.

CÓMO FUNCIONAN LAS PAPILAS GUSTATIVAS

La punta de cada papila gustativa está en la boca de un poro diminuto, en el que se acumula saliva. Unos vellos diminutos recogen los sabores (moléculas que desencadenan la sensación gustativa) dentro de la saliva y los receptores los captan a su paso. Cada sustancia gustativa encaja en un receptor específico y envía un impulso químico y eléctrico por la célula y a lo largo de uno de los nervios filiformes de la base de la papila en su camino hacia el cerebro. La punta de la lengua es más sensible al azúcar, la parte posterior al amargor y los lados son ligeramente más sensibles a la sal y la acidez. Esto tiene que ver con los tres tipos de papilas gustativas de la lengua: las fungiformes polivalentes están repartidas por toda la lengua, mientras que las circunvaladas, más sensibles al amargor, están detrás y las foliares, que detectan el ácido, están a los lados.

Los seis sabores

Se suele pensar en cinco sabores principales, que la lengua es capaz de detectar por sí sola. Aunque aún es objeto de investigación, la grasa se incluye como sexto sabor cada vez más a menudo.

DULCE | UMAMI | AMARGO | SALADO | ÁCIDO | GRASO

Percepción de los sabores básicos

Una papila gustativa es un conjunto microscópico de células justo debajo de la superficie de la lengua. Dentro de cada una, las capas de células gustativas en continua regeneración captan las sustancias químicas gustativas que pasan por sus microvellosidades.

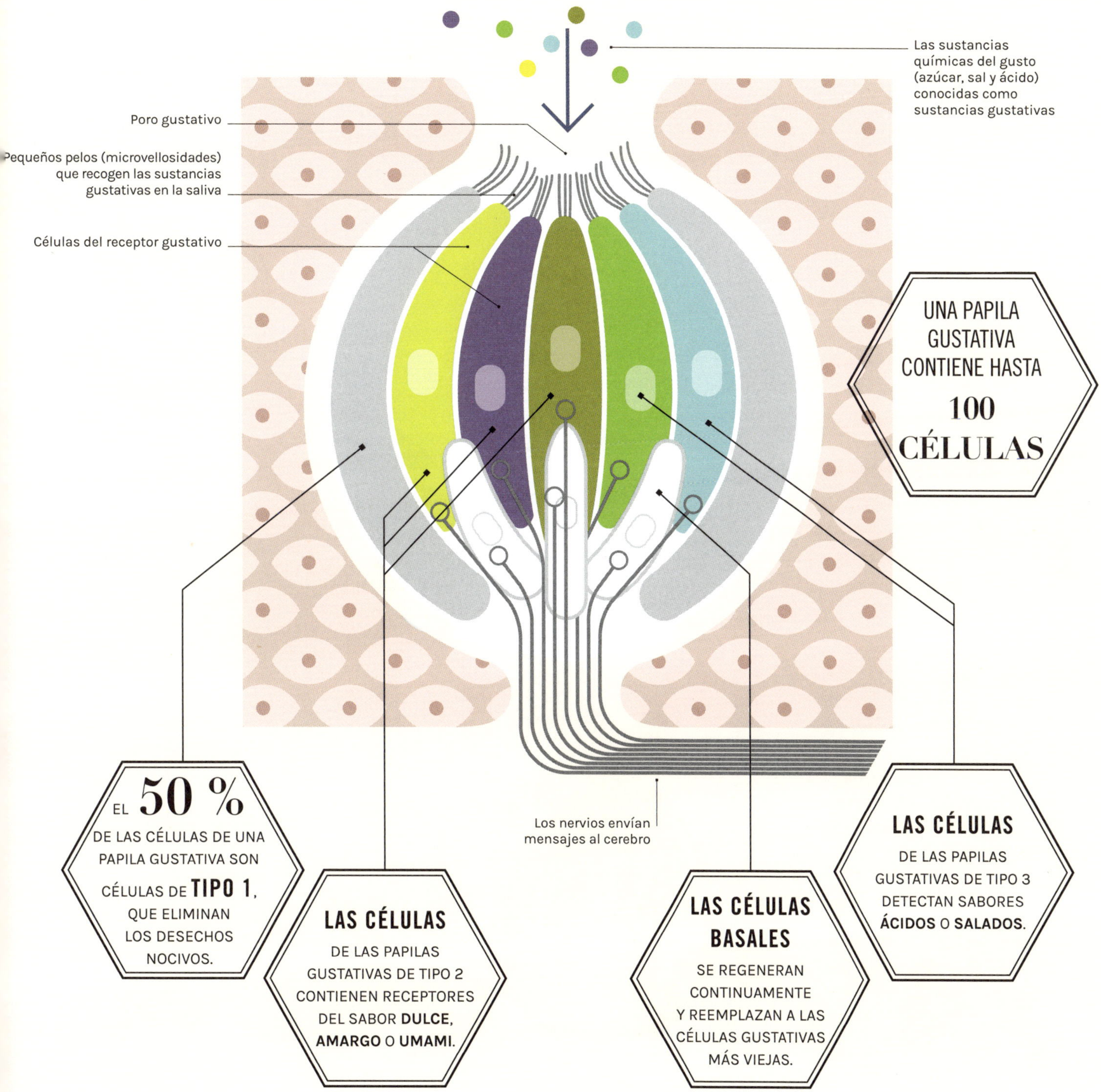

¿CÓMO LE DA VIDA LA SAL A NUESTROS PLATOS?

En la cocina, la sal es probablemente el ingrediente más importante. Si se usa bien, puede convertir una comida monótona en una experiencia gloriosa, despertando sabores latentes y aportando riqueza y complejidad.

La sal (cloruro de sodio) conserva los alimentos y hace que las proteínas de la carne, el pescado y el queso se descompongan para producir nuevos sabores umami. Sin sal, no tendríamos algunos de los mejores alimentos del mundo: verduras en escabeche, aceitunas, salsa de soja, queso, jamón, beicon y mucho más. La salazón previa hace que los huevos revueltos estén más tiernos, las carnes más firmes y las verduras más verdes y suaves al cocinarlas. Absorbe la humedad, lo que ayuda a que los alimentos se doren y formen una costra al asarlos o freírlos (págs. 74-75). Si se utiliza para hacer salmuera, la sal aporta humedad a las carnes, lo que las hace más jugosas antes de cocinarlas. En repostería, un poco de sal refuerza el gluten, haciendo que la masa sea firme y elástica y dándole al pan una estructura firme y aireada.

ENMASCARAR Y REALZAR EL SABOR

La sal enmascara los sabores y cualquier regusto químico o metálico. Impide que las papilas gustativas perciban el sabor amargo; «ensalada» viene de la palabra «sal» porque los romanos la usaban para atenuar el

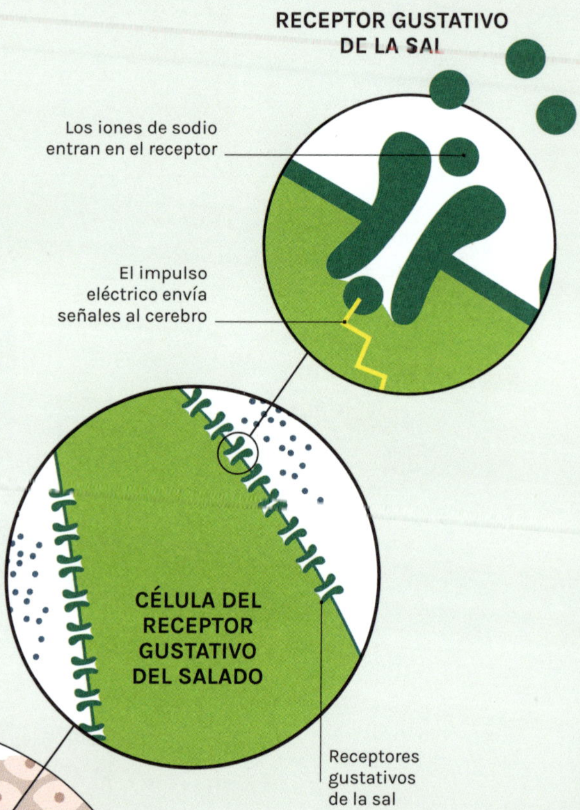

El sensor de salinidad

Cuando la sal llega a una papila gustativa, entra en la célula receptora y desencadena un impulso eléctrico en el cerebro. Si se usa en las cantidades correctas, el gusto será agradable y placentero, y realzará el sabor del alimento. Eso explica por qué nos gusta comer alimentos salados.

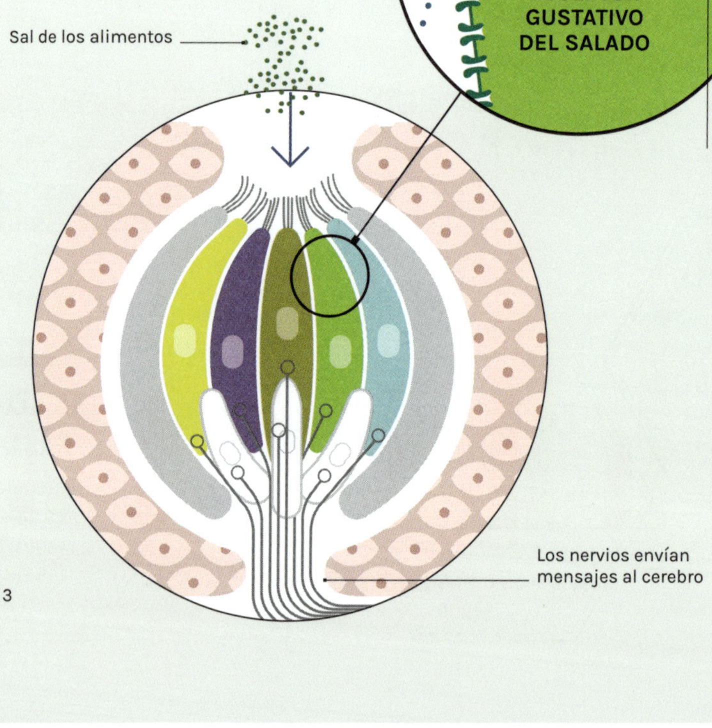

La célula de la papila gustativa de tipo 3 detecta los sabores salados

amargor de las verduras de hoja verde. La sal da a los alimentos un sabor más denso y rico, aumentando sus cualidades saladas (umami), así como realzando el dulzor, por lo que se utiliza a menudo en recetas de pasteles y se añade a muchos alimentos procesados.

PELIGROS DE LA SAL

Nos gusta la sal porque contiene sodio, un mineral que nos da vida. Mantiene equilibrados los niveles de líquidos, estimula los nervios y contrae los músculos. Por lo general, necesitamos medio gramo (una pizquita) al día para mantener las reservas de 250 g. Sin embargo, demasiada sal es peligrosa: con solo 8 cucharaditas de golpe, un adulto medio entraría en coma. Por esta razón, tenemos dos sabores de sal: uno bajo en sal, agradable, y otro más alto, con un sabor amargo y metálico. Aunque la tolerancia a la sal varía, los líquidos más salados que la sangre (0,8 % de sal) suelen empezar a tener un gusto desagradable.

¿Qué efecto tiene la sal en nuestra percepción? Echarle sal a los alimentos aumenta la sensación en boca, el sabor, el aroma y la intensidad de estos. Al mismo tiempo, reduce el amargor y los sabores metálicos, sin afectar a la intensidad del aroma.

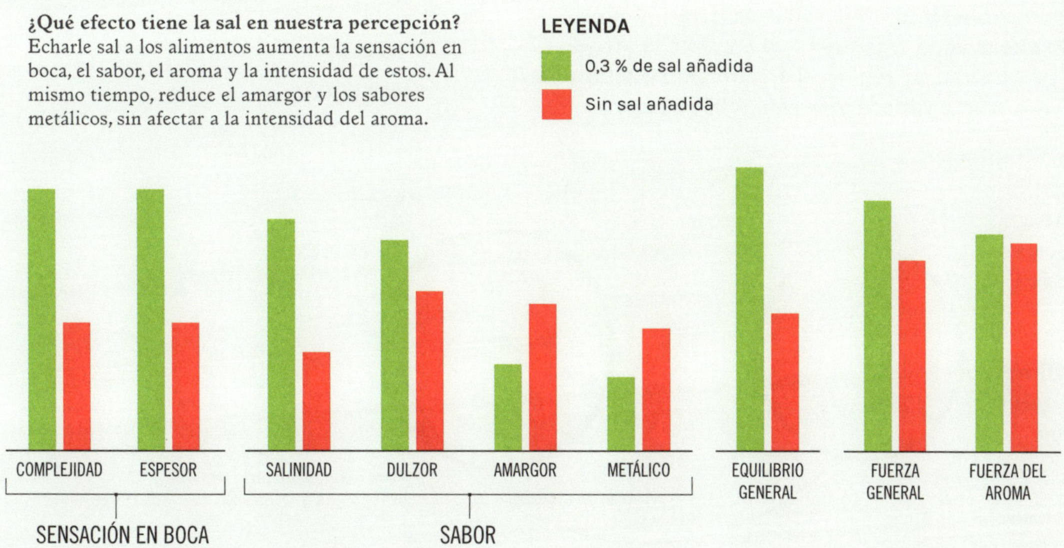

LOS RECIÉN NACIDOS

NO PERCIBEN EL GUSTO DE LA SAL

TARDAN

3-6

MESES

EN DESARROLLAR LAS PAPILAS GUSTATIVAS RESPONSABLES DE PERCIBIR LO SALADO

HASTA ENTONCES, TODO EL SODIO QUE NECESITA UN BEBÉ PROVIENE DE LA LECHE

¿QUÉ TIPO DE SAL ES MEJOR?

La sal permite resaltar e intensificar los sabores sutiles e incluso cambiar la textura de los alimentos, pero el motivo no se conoce aún del todo. Los distintos tipos de sal no tienen un sabor muy diferente entre sí y la elección depende de tus gustos.

Las sales para cocinar se pueden clasificar según el tamaño del grano (fino y grueso) y según si son para cocinar o para dar el toque final. La mayoría de las sales de uso doméstico son de grano fino y provienen de la sal de roca extraída en su forma sólida, o del mar, donde se produce por evaporación del agua. Este tipo de sal lleva aditivos antiaglomerantes para que no se apelmace, lo que puede enturbiar el agua de cocción y darle un sabor áspero. Las sales especiales para encurtir no llevan aditivos antiaglomerantes por esta razón, aunque las cantidades son tan pequeñas que no las notarás en un plato cocinado. En algunas zonas, la sal de mesa también contiene yodo o flúor, que pueden dar un sabor metálico.

La sal gruesa es de grano más grande, por eso es la favorita de los chefs para controlar el condimento: se puede añadir un poco en cada etapa de la cocción. Al igual que la sal fina, la sal gruesa puede ser de roca o marina. Cabe recordar que la sensación salada aumenta a medida que se enfría la comida (págs. 72-73), por lo que hay que ir con cuidado al añadirla durante la cocción. Espolvorear sal gruesa o kosher con los dedos te dará mucho más control que verterla o usar un salero.

Las sales de acabado suelen ser sales marinas u otras con sabores y colores sutiles. Los cristales se forman en finas escamas, que crujen deliciosamente al masticarlas y se disuelven en la lengua en un repentino golpe de mar. A continuación, se muestra una selección de sales de acabado.

Cómo salar

Utilizamos la sal para modificar la textura y el sabor de los alimentos. En algunos casos, la sal extrae el agua, mientras que en otros la atrae. El curado de la carne y el pescado en sal reduce el crecimiento bacteriano, lo que permite conservarlos durante varios meses sin refrigeración.

LEYENDA

- Sal
- Moléculas de agua

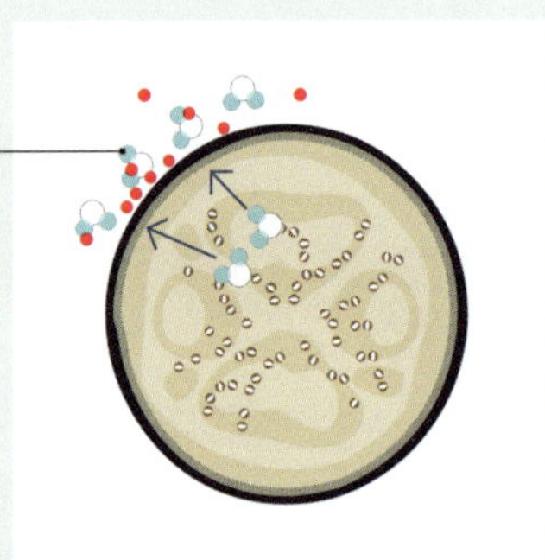

ESPOLVOREADO

Cuando se echa sal directamente sobre los alimentos, se reduce el amargor y se extrae el agua, lo que intensifica el sabor y mejora el punto de cocción.

LA BERENJENA SE ENCOGE

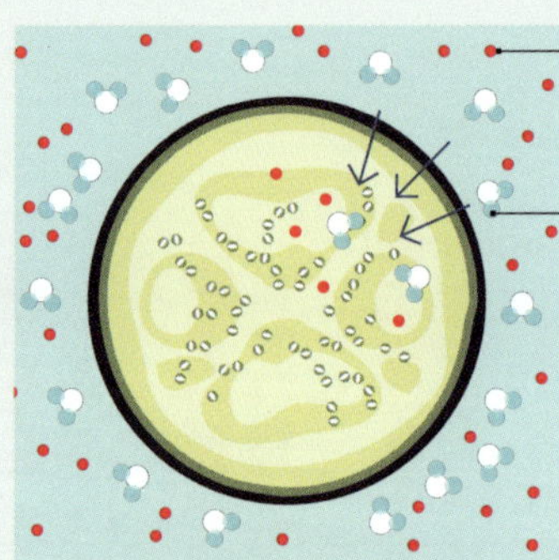

SALMUERA

Cuando sumerges un ingrediente en una solución salada (salmuera), la sal se disuelve en él y absorbe la humedad (por ósmosis). Esto realza el sabor y da una textura suculenta a alimentos como la berenjena.

LA BERENJENA SE HINCHA

Tipos de sal
Las sales con sabores sutiles son mejores para el acabado, ya que sus sabores y texturas se pierden al cocinar. Se obtienen de distintas fuentes.

SALES DE ACABADO

- **Flor de sal:** esta suntuosa sal francesa se presenta en finas escamas recogidas a mano y ofrece un sabor limpio y oceánico. Se forma al evaporar agua de mar y retirar la capa superior.
- **Gros sel y sel gris:** recogidas a mano en las marismas de la costa occidental de Bretaña, Francia, estas sales tienen una textura granulada. La gros sel es gruesa y se utiliza para salmueras, mientras que la sel gris es de color arcilla y tiene una textura húmeda y desmenuzable. Ambas se aprecian por sus complejos matices minerales.
- **Sal Maldon:** esta famosa sal británica es célebre por sus cristales piramidales, que añaden textura crujiente y sabor. Tiene una consistencia delicada y un sabor único, y se aprecia como sal de acabado para añadir sabor y textura crujiente a los platos.

SALES DE ROCA

- **Sal rosa del Himalaya:** Conocida por su color rosa, ofrece un sabor dulce y rico en minerales.
- **Sal persa azul:** obtenida de las montañas rocosas y única gracias a su tono azul por la silvinita, la sal persa destaca por su fresco sabor.
- **Sal de lava negra:** mezclada con carbón vegetal comestible, aporta un sabor terroso y un tono espectacular para dar el toque final a los platos.

SALES AHUMADAS

Tanto la sal de roca como la sal marina pueden ahumarse con diversas maderas (nogal americano, roble, manzano, etc.). Estas maderas impregnan la sal con sabores ahumados, lo que la hace especialmente adecuada para sazonar carnes.

¿POR QUÉ SABEN DULCE LOS ALIMENTOS?

El azúcar es un carbohidrato simple y su función en el cuerpo es como la electricidad: viaja por la sangre para llevar combustible a cada músculo y órgano que lo necesite. En la naturaleza, esta fuente de energía pura es difícil de hallar, ya que solo se encuentra en frutas maduras y miel.

GOLOSOS

NOS ATRAE EL DULZOR DEL AZÚCAR PURO PORQUE NOS HACE SENTIR BIEN.

El sensor dulce

Las células del receptor gustativo del dulzor de nuestras papilas están conectadas directamente a los centros de recompensa del cerebro a través de los nervios gustativos, que liberan un impulso de dopamina (la hormona de la felicidad) en el cerebro cada vez que probamos algo dulce.

La célula de la papila gustativa de tipo 2 detecta el dulzor o el amargor

Los componentes básicos del azúcar

Los azúcares son en realidad un catálogo de varias moléculas, como la fructosa, la glucosa y la galactosa; cada una activa los receptores gustativos del dulzor de una forma diferente y con una intensidad de dulzor distinta.

LEYENDA Fructosa; Glucosa; Galactosa

Edulcorantes artificiales

LOS EDULCORANTES SINTÉTICOS COMO EL ASPARTAMO, LA SUCRALOSA Y LA SACARINA TIENEN UN SABOR ENTRE 200 Y 600 VECES MÁS DULCE QUE EL AZÚCAR. Son muy diferentes en estructura al azúcar natural (el aspartamo está compuesto de aminoácidos, ácido aspártico y fenilalanina), pero se unen a los receptores gustativos del dulzor y, por lo tanto, saben dulce.

+80 % MÁS DULCE QUE LA SACAROSA

FRUCTOSA

FRUCTOSA

Es el azúcar principal que se encuentra en las frutas, y está presente en la miel y en algunos jarabes. La fructosa, el más dulce de los azúcares, se utiliza mucho en los refrescos.

REACCIÓN DE MAILLARD: La fructosa puede provocar un dorado más rápido (págs. 74-75) a temperaturas más bajas que otros azúcares. Produce unos sabores más dulces y afrutados que la glucosa.

VALOR DE REFERENCIA PARA EL DULZOR

SACAROSA

FRUCTOSA + GLUCOSA

La sacarosa se obtiene de la caña de azúcar y la remolacha azucarera y es la principal molécula de azúcar usada en la cocina. En el organismo, se divide en glucosa y fructosa.

NO HAY REACCIÓN DE MAILLARD: A diferencia de otras moléculas, la sacarosa no acelera el dorado como ocurre durante la reacción de Maillard.

-20 %

GLUCOSA

GLUCOSA

Es el principal tipo de azúcar en la sangre; el cuerpo convierte los almidones y otros tipos de azúcar en glucosa. Se encuentra en algunas frutas, verduras y miel.

REACCIÓN DE MAILLARD: La glucosa puede acelerar la reacción de Maillard y, como es algo menos dulce que otros azúcares, permite obtener sabores más suaves a caramelo y matices terrosos.

-50 %

LACTOSA

GALACTOSA + GLUCOSA

También llamada azúcar de la leche, se encuentra en la leche y en algunos productos lácteos y está compuesto de glucosa y galactosa. Algunas personas desarrollan intolerancias a la lactosa.

REACCIÓN DE MAILLARD: En forma refinada, la lactosa se añade a veces a los productos horneados por su capacidad para acelerar el dorado de Maillard.

-80 % MENOS DULCE QUE LA SACAROSA

MALTOSA

GLUCOSA + GLUCOSA

También llamada azúcar de malta, la producen algunas semillas en germinación al descomponer sus almidones (malteado). Se utiliza en la elaboración de cerveza y bebidas malteadas.

REACCIÓN DE MAILLARD: La maltosa aporta sabores únicos a nuez y caramelo en la reacción de Maillard.

¿POR QUÉ TENEMOS ANTOJO DE DULCE?

Todos nacemos golosos aunque no a todo el mundo le gusten los dulces. Nuestra atracción innata por lo dulce ha sido crucial para nuestra supervivencia, comenzando por el deseo del azúcar presente en la leche materna y luego guiándonos a buscar alimentos de alto valor energético.

Las células del receptor gustativo del dulzor en las papilas están conectadas directamente a los centros de recompensa del cerebro a través de los nervios gustativos, pero, además, los picos de azúcar en sangre después de comer desencadenan una subida de dopamina que te hace sentir bien y querer más. La edad, la genética y el estilo de vida también influyen en que puedas o no resistirte a unos bombones. Por ejemplo, a los niños y adolescentes les gusta que la comida tenga un tercio más de azúcar que a los adultos. El hambre, los niveles de azúcar en sangre y las fluctuaciones hormonales durante el ciclo menstrual también pueden afectar a los antojos de azúcar. Los receptores gustativos del dulzor también varían de una persona a otra, lo que contribuye al placer que proporciona el azúcar.

AZÚCAR BLANCO

Se refina a partir de la remolacha o la caña de azúcar, y está compuesto en más de un 99 % por sacarosa, lo que le confiere un dulzor muy puro. El azúcar blanco varía en textura y tamaño de grano: el azúcar granulado tiene un grano medio (0,3-0,5 mm), adecuado para la cocina en general. El azúcar extrafino tiene cristales de 0,1-0,3 mm y es ideal para pasteles, merengues y suflés, mientras que el azúcar glas es todavía más fino (0,01-0,1 mm) y contiene pequeñas cantidades de un antiaglomerante para que no se apelmace.

Irresistiblemente dulce

EL JARABE DE MAÍZ SE OBTIENE MEDIANTE LA DESCOMPOSICIÓN DEL ALMIDÓN DE MAÍZ EN AZÚCARES MÁS SIMPLES, PRINCIPALMENTE GLUCOSA. El líquido espeso y dulce resultante puede procesarse químicamente, convirtiendo parte de la glucosa en fructosa y aumentando su dulzor para crear jarabe de maíz con alto contenido de fructosa. Los efectos del consumo de altos niveles de fructosa en la salud son motivo de gran preocupación, ya que puede contribuir a la obesidad.

AZÚCAR MORENO

El azúcar moreno se compone principalmente de cristales de sacarosa (85 % o más) recubiertos de melaza. La melaza es un jarabe espeso de caña de azúcar, de sabor fuerte y agridulce. Al azúcar moreno refinado se le vuelve a añadir melaza, mientras que el natural conserva su melaza original. El tamaño de los cristales y el sabor varían, desde el crujiente demerara hasta el terroso mascabado.

CIEN COMPUESTOS AROMÁTICOS EN LA MELAZA LE DAN AL AZÚCAR MORENO SU SABOR AMARGO Y ACARAMELADO.

Jarabes y fuentes naturales de azúcar

Los azúcares están formados por diferentes moléculas, y cada una activa el receptor gustativo de manera diferente y con una intensidad de dulzor distinta. El dulce de ingredientes como el sirope y la miel se basa en la cantidad y el tipo de azúcares que contienen.

LEYENDA DE DULZOR

- Sacarosa (fructosa + glucosa)
- Fructosa
- Glucosa
- Otros azúcares
- Agua

AZÚCAR GRANULADO

+99 % DE SACAROSA

NOTAS DE SABOR
Dulzor puro

COMPUESTOS AROMÁTICOS
Ninguno

USOS
Endulzar | Hornear
Salsas | Aderezos

20-50 %
MÁS DULCE

MIEL

40 % FRUCTOSA
30 % GLUCOSA | 17 % AGUA
13 % OTROS AZÚCARES COMO MALTOSA Y SACAROSA

NOTAS DE SABOR
Floral, afrutado, especiado o terroso, en función de la fuente del néctar

COMPUESTOS AROMÁTICOS
Benzaldehído y furfural (almendra), isovaleraldehído (manzana), linalool (floral)

USOS
Endulzar | Glasear
Pastelería | Salsas | Aderezos

40-60 %
MÁS DULCE

JARABE DE AGAVE

56-92 % FRUCTOSA, GLUCOSA Y AGUA

NOTAS DE SABOR
Suave, ligeramente floral o avainillado

COMPUESTOS AROMÁTICOS
Vainillina (vainilla), hidroxibutanona (manteca), linalool (floral)

USOS
Endulzar bebidas
Pastelería | Cocina vegana

30 %
MENOS DULCE

SIROPE DE ARCE

68 % SACAROSA
31 % AGUA
1 % OTROS AZÚCARES

NOTAS DE SABOR
Amaderado, caramelo, vainilla

COMPUESTOS AROMÁTICOS
Pirazinas (tostado, nuez), vainillina, hidroxiacetona/acetol (caramelo)

USOS
Tortitas | Gofres
Glasear | Pastelería
Endulzar bebidas

¿QUÉ ES EL AMARGOR?

El amargor es la señal de advertencia en la lengua que nos indica que no debemos tragar, ya que lo que está en la boca podría ser venenoso. En el caso de algunos alimentos, como el café, el chocolate negro y las aceitunas, muchos hemos superado esta aversión natural a su amargor.

La mayoría de las plantas o bayas tóxicas son amargas, lo que hace que nuestra aversión a los sabores amargos sea una herramienta de detección que salva vidas. Sin embargo, otras sustancias amargas pueden ser beneficiosas si se toman con moderación, como los flavonoides del té, y algunos alimentos amargos que ayudan a la digestión y estimulan el sistema inmunitario.

El amargor es un sabor complejo que interactúa con otros sabores de diferentes maneras; comprender estas interacciones nos ayuda a equilibrarlos. El amargor y el dulzor son compañeros naturales y se moderan mutuamente, por ejemplo, cuando se combinan en postres de chocolate negro. La interacción entre el amargor y la acidez es más complicada: cuando se añaden ácidos (como el zumo de limón) a las salsas en pequeñas cantidades, se potencia el sabor amargo, pero a medida que se añade más, se vuelve demasiado ácido y pierde el amargor. Las grasas también pueden afectar a los alimentos de sabor amargo. Las moléculas de grasa grandes atrapan los compuestos amargos y atenúan su efecto. Esto se observa en platos que utilizan productos lácteos cremosos como el tiramisú, en el que el café amargo se suaviza con mascarpone y nata, que son ricos en grasas.

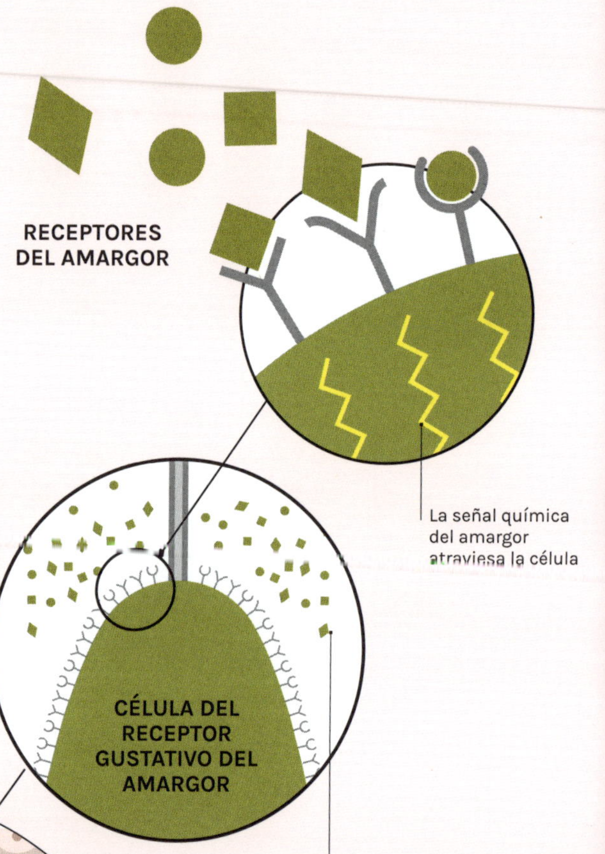

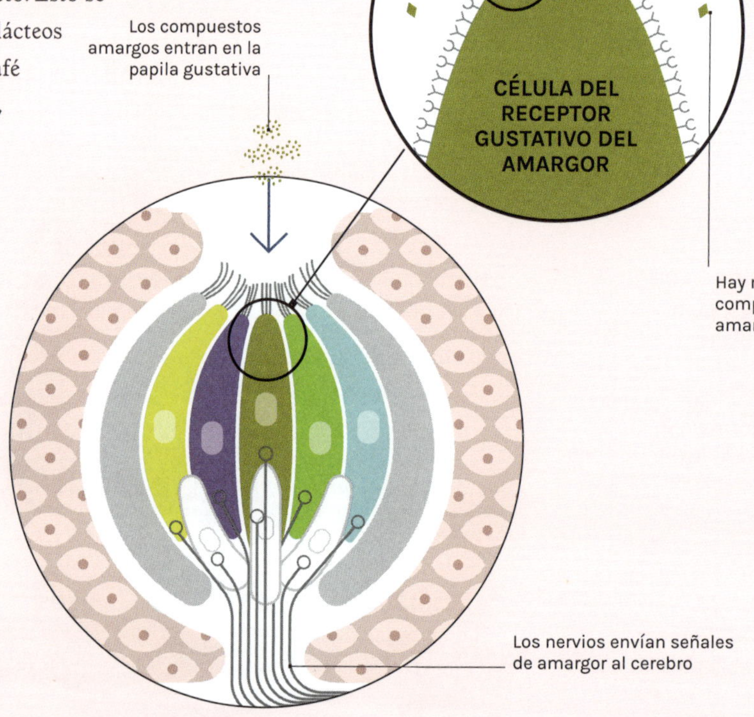

Sabores amargos

Los sabores dulce, salado, ácido y umami proceden cada uno de un único receptor gustativo que detecta una o varias sustancias. Al menos 25 receptores detectan los sabores amargos y actúan conjuntamente para evitar que posibles toxinas entren en el organismo.

Célula de la papila gustativa de tipo 2: detecta el sabor dulce, amargo o umami

Los alimentos amargos deben su sabor a diversos compuestos químicos. Mucha gente muestra preferencia por estos alimentos con el paso del tiempo (págs. 60-61).

¿CÓMO PUEDO UTILIZAR EL AMARGOR EN LA COCINA?

En general, no queremos que el amargor predomine en un plato, pero añadir un toque de amargor de fondo va de maravilla en preparaciones dulces, así como en platos contundentes, grasos y de sabores intensos. La clave está en saber cómo y cuándo hacerlo.

Quizá conozcas algunas formas de utilizar el amargor para equilibrar los sabores de los alimentos. El amargor intenso del chocolate negro o del café con azúcar es una combinación clásica de dulce y amargo, y si le echas azúcar o nata al café, ya conocerás el delicado arte de equilibrar el amargor con el dulce o la grasa. Sin embargo, hay muchas otras formas de incorporar sabores amargos en la cocina.

CONOCER LOS INGREDIENTES

Aunque la esencia del amargor es la misma en todos los ingredientes, su duración y calidad pueden variar enormemente. Los taninos, las grandes moléculas que dan sensación de sequedad y rugosidad (págs. 204-205), aportan un sabor amargo. Los que contienen los vinos tintos y el té negro en particular persisten más que los demás compuestos amargos. Del mismo modo, el alcohol puede crear un efecto prolongado al activar los receptores gustativos del amargor y provocar una sensación de calor o ardor al fondo de la garganta (págs. 214-215). El lúpulo, que antes se añadía a las cervezas por sus cualidades conservantes, ahora se utiliza principalmente para dar sabor. Contiene ácidos alfa intensamente amargos que dejan un regusto persistente. Los pomelos contienen una potente sustancia amarga llamada naringina, sobre todo en las variedades más claras. Utiliza estos ingredientes amargos de sabor duradero con moderación, sobre todo en platos abundantes que también contengan elementos dulces, ácidos y salados, para evitar que el amargor eclipse los demás sabores.

EL MOMENTO Y LA CANTIDAD IMPORTAN

Cómo y cuándo se incorpora el amargor a un alimento influye en cómo se percibe en boca: añadir especias, vino tinto u hojas de laurel a las salsas

ANTES DE LA COCCIÓN
INFUSIONA ESPECIAS, VINO TINTO O LAUREL EN LAS SALSAS PARA OBTENER UN AMARGOR SUAVE.

DURANTE LA COCCIÓN
LA CARAMELIZACIÓN CREA SABORES INTENSOS Y AMARGOS QUE APORTAN COMPLEJIDAD.

DESPUÉS DE LA COCCIÓN
AÑADE RALLADURA DE LIMÓN O MATCHA PARA APORTAR TOQUES AMARGOS FRESCOS Y VIBRANTES.

Cuándo añadir amargor
Puedes añadir sabores amargos a un plato en cualquier etapa del proceso de cocción, con resultados diferentes.

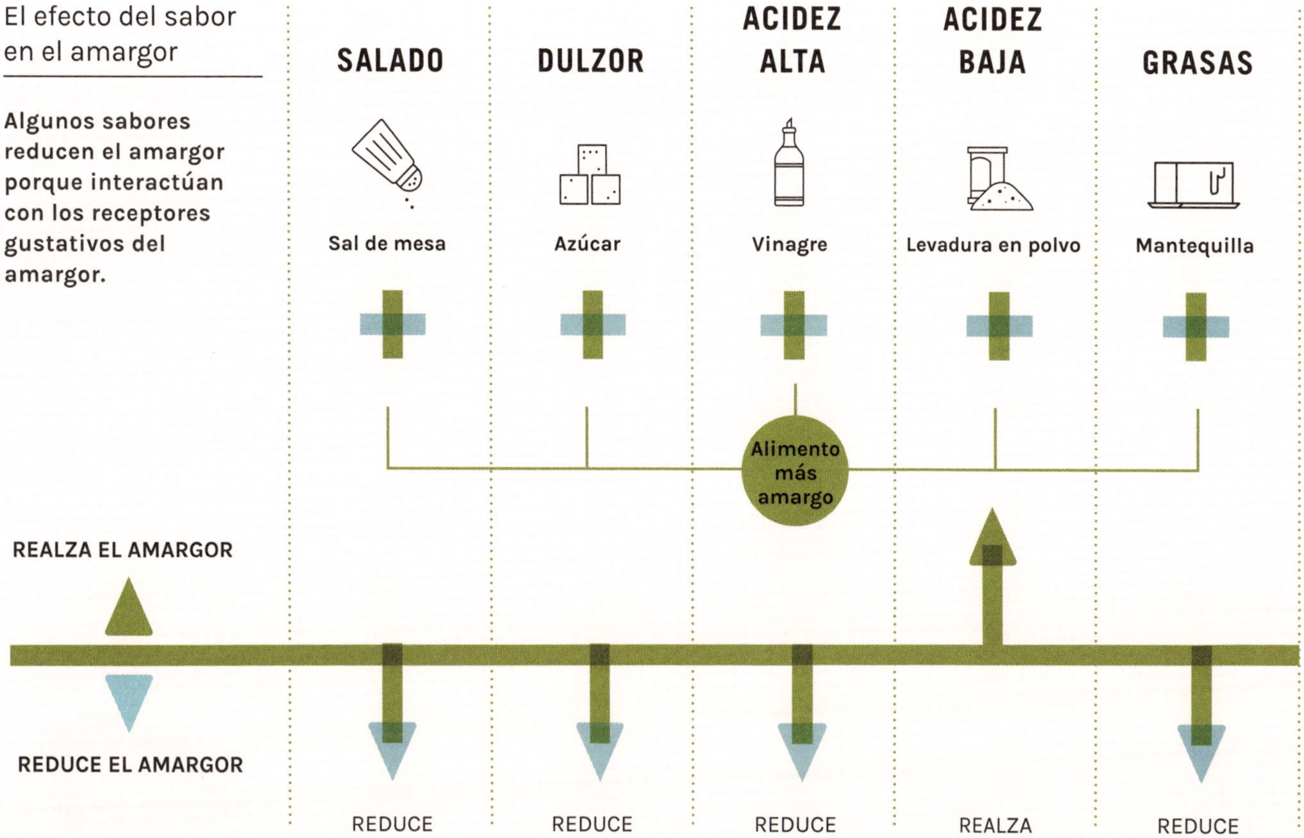

aumenta suavemente el amargor de un plato. Frotar café o cacao sobre carnes rojas asadas resulta delicioso, y crea una capa de amargor que combina a la perfección con sabores intensos. Del mismo modo, espolvorear té verde o matcha sobre la superficie de un helado da un golpe inicial de amargor intenso, seguido de una sensación más duradera y envolvente. Si estos ingredientes se incorporaran en una fase temprana y se mezclaran con el helado, el efecto sería distinto. El tamaño de las verduras también afecta a la experiencia del amargor: los trozos medianos son un golpe de frescura para el paladar, mientras que cortadas en rodajas finas (chiffonade) ofrecen un contraste más sutil. También puedes añadir kale, verduras amargas, endibia o achicoria a un guiso o curri para contrastar los bocados amargos y obtener una deliciosa complejidad de sabor.

CREAR AMARGOR

Además de los ingredientes, también podemos introducir amargor en el método de cocción. El dorado de Maillard (págs. 74-77) y la caramelización de azúcares (págs. 78-79) aportan matices amargos; cuanto más se prolongan estos procesos, mayor es el amargor. Carbonizar la superficie de los alimentos o cocer el azúcar hasta obtener un caramelo oscuro sirve para compensar el dulzor; por ejemplo, chamuscando ligeramente la carne o las verduras que luego se aderezarán con un condimento dulce, o quemando con soplete la parte superior de una crème brûlée.

¿QUÉ ES EL UMAMI?

A día de hoy, la palabra «umami» (del japonés, «sabrosura») es común en la literatura gastronómica, pero no fue hasta 2002 cuando se reconoció como el quinto sabor básico. Sin embargo, su existencia era conocida desde la antigüedad.

Ya en el siglo v a. c., los antiguos romanos utilizaban una salsa de pescado fermentado, el garum, como condimento para realzar el sabor. En 1825, el escritor gastronómico francés Jean-Anthelme Brillat-Savarin notó algo que le daba un sabor inconfundible a su caldo de carne, pero que no era ni dulce, ni ácido, ni amargo. Lo llamó «osmazône». Luego, en 1908, el científico japonés Kikunae Ikeda extrajo umami puro de un caldo de algas marinas en forma de diminutos cristales blancos de glutamato (glutamato monosódico, GMS). Sin embargo, los científicos del mundo occidental tardaron casi un siglo en aceptarlo y reconocerlo oficialmente.

UN NUTRIENTE ESENCIAL

El umami le indica a nuestro cuerpo que un alimento contiene un nutriente esencial para la vida, en este caso, proteínas. Muchos dicen que no saben a qué sabe el umami: esto se debe a que nunca se les ha dicho que existía. Las culturas occidentales aprenden los nombres de lo dulce, ácido, salado y amargo, pero no de lo sabroso. Todos los bebés conocen el umami: desde muy pequeños gritan de alegría si les cae un poquito en la lengua, y la leche materna tiene un fuerte sabor umami.

RECEPTORES DEL UMAMI

Los receptores gustativos del umami están en la punta del mismo tipo de células de las papilas gustativas (tipo 2) que detectan lo amargo y lo dulce (págs. 12-13). Cuando los alimentos que contienen moléculas de umami llegan a estos receptores gustativos, envían una señal al cerebro para que sepamos que comemos fragmentos de proteínas. El glutamato es uno de los veinte componentes básicos (llamados aminoácidos) de las proteínas y es el principal impulsor del sabor umami.

Las **setas** son una rica fuente de umami: cuanto más oscuras, mejor. Añadir setas de cualquier forma a un plato le dará un toque umami.

Desintegración de proteínas

Las carnes y algunas verduras contienen glutamato de forma natural en cantidades variables, pero para liberar más, las proteínas deben descomponerse. La cocción es la forma más básica de hacerlo, mientras que el secado, el curado, la maduración y la fermentación dan tiempo a que las proteínas se descompongan, lo que hace que se disparen los niveles de glutamato.

Atrapar el umami

Los sensores moleculares del umami esperan el paso de una molécula llamada glutamato. Cuando el sensor molecular se cierra alrededor de un glutamato, una señal eléctrica se lanza hacia el cerebro a lo largo de un nervio en la base de la célula y viaja con los otros mensajes gustativos al centro del sabor en el cerebro (págs. 48-49).

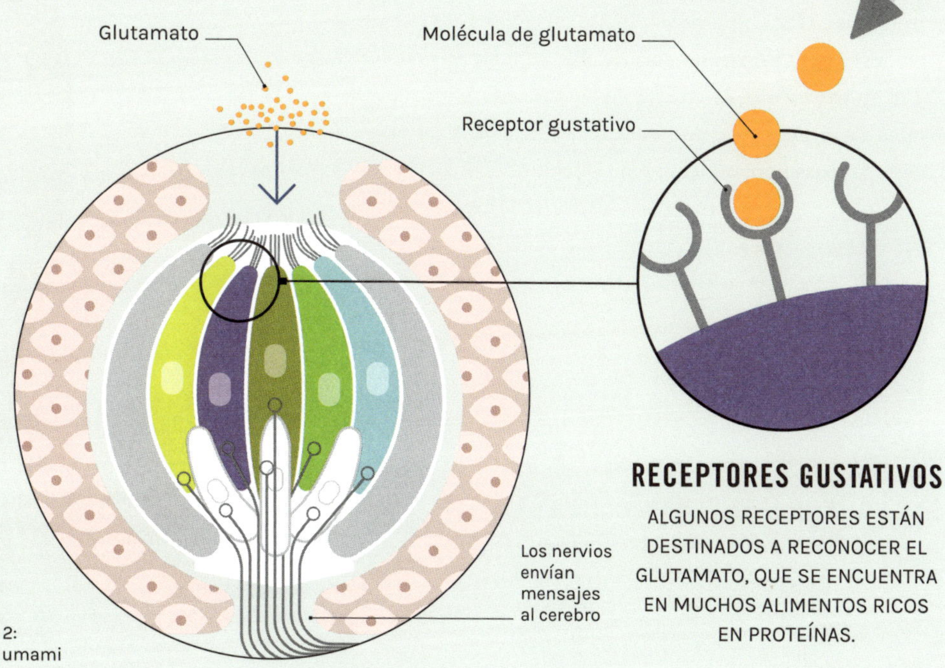

RECEPTORES GUSTATIVOS

ALGUNOS RECEPTORES ESTÁN DESTINADOS A RECONOCER EL GLUTAMATO, QUE SE ENCUENTRA EN MUCHOS ALIMENTOS RICOS EN PROTEÍNAS.

Célula de la papila gustativa de tipo 2: detecta los sabores dulce, amargo y umami

¿CÓMO REALZAR EL UMAMI?

El umami aporta a los alimentos un sabor reconfortante y saludable. Además de realzar los demás sabores de un plato, aporta su propia dimensión gustativa, al tiempo que atenúa la acidez y el amargor.

Al igual que los alimentos ricos en glutamato, la sensación gustativa del umami nos hace disfrutar de otros alimentos nutritivos, como el pescado azul, las setas y ciertas verduras. Las tres sustancias que amplifican el umami (inosinato, guanilato y adenilato, un intensificador menos potente) se llaman ribonucleótidos, las partes digeridas de la maquinaria genética de una planta o un animal. Estas moléculas hacen que la boca del receptor gustativo del umami se cierre aún más alrededor de un glutamato capturado, enviando una señal de umami magnificada al cerebro. Esto no solo aumenta el umami, sino que multiplica varias veces la fuerza de la señal y hace que se dispare el sabor.

Es fácil añadir umami: desde un chorrito de salsa de soja en un salteado hasta una cucharada de miso en salsa de caramelo o un poco de parmesano sobre fruta fresca. Para un umami puro, añade glutamato monosódico (GMS). Potencia el sabor como la sal y se utiliza de forma similar. Para obtener el máximo sabor, sustituye aproximadamente un tercio de la sal que añadirías normalmente por GMS.

Potenciadores del umami

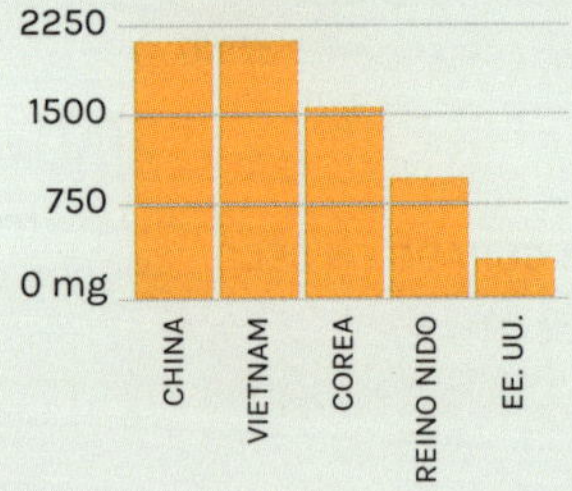

Consumo (mg) por persona y día de GMS: Las estadísticas hablan por sí solas: el uso de GMS en la cocina es significativamente mayor en las culturas asiáticas que en Occidente.

No le tengas miedo al GMS

EL GLUTAMATO DEL GMS NO DIFIERE DEL QUE SE ENCUENTRA EN EL QUESO, LA CARNE DE VACUNO, LAS ALGAS MARINAS O CUALQUIER OTRO INGREDIENTE RICO EN UMAMI. Apodado «síndrome del restaurante chino» después de que un médico se quejara de los síntomas que padecía cuando comía comida china en 1968, el mundo médico pronto difundió la idea de que el glutamato monosódico causaba todo tipo de males, como dolores de cabeza y palpitaciones. Desde entonces se ha demostrado que todo es falso, pero el estigma sigue.

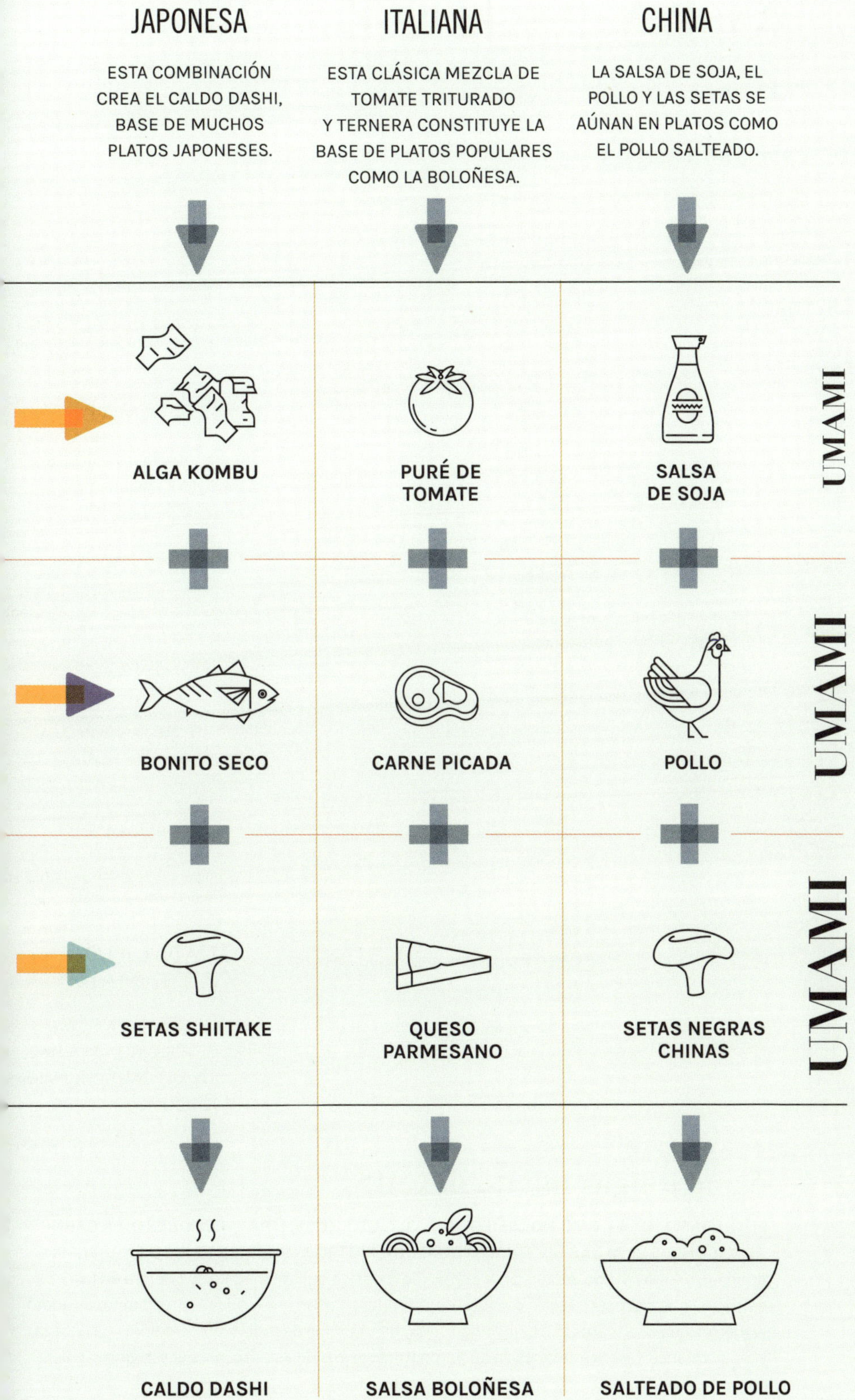

Ricos en umami

SALSA DE SOJA OSCURA
(1000-1700 mg de glutamato/100 g)
Un ingrediente básico en muchas cocinas para añadir profundidad y salinidad.

QUESO PARMESANO
(1200-1680 mg de glutamato/100 g)
Rállalo sobre pasta, ensaladas y algunos platos dulces.

PASTA DE MISO
(200-700 mg de glutamato/100 g)
Queda bien en salsas, sopas y marinados.

PURÉ DE TOMATE
(700 mg de glutamato/100 g)
Da intensidad y acidez a guisos, salsas y sopas.

SHIITAKE SECO
(1060 mg de glutamato/100 g)
Úsalo en sopas y guisos.

SALSA DE PESCADO
(300-1500 mg de glutamato/100 g)
Común en la cocina del sudeste asiático para dar profundidad de sabor.

ANCHOAS
(630 mg de glutamato/100 g)
Se puede añadir a salsas o utilizar como base para aliños.

ALGAS MARINAS
(1600-3000 mg de glutamato/100 g)
Utilízalas secas en caldos y sopas o frescas en ensaladas o salteados.

ALGA KOMBU
(300-3000 mg de glutamato/100 g)
Utilízala en sopas o ensaladas para conseguir un sabor umami terroso y un toque salado.

LEVADURA NUTRICIONAL
(2800 mg de glutamato/100 g)
Popular entre veganos, tiene un sabor umami parecido al del queso.

JAMÓN CURADO EN SECO
(340 mg de glutamato/100 g)
Añade un elemento umami sabroso y salado.

¿QUÉ ES LA ACIDEZ?

Cuando pensamos en alimentos de sabor ácido, nos viene a la cabeza el estremecimiento de lamer un limón. Esta reacción es una protección contra el daño, ya que los sabores ácidos son una advertencia de alimentos nocivos, que pueden estar en mal estado o ser corrosivos para los dientes.

El sensor de acidez

Los ácidos contienen una gran cantidad de iones de hidrógeno. Estos activan los receptores del ácido dentro de las papilas gustativas, que pasan rápidamente por el canal receptor y envían una señal eléctrica de sabor al cerebro.

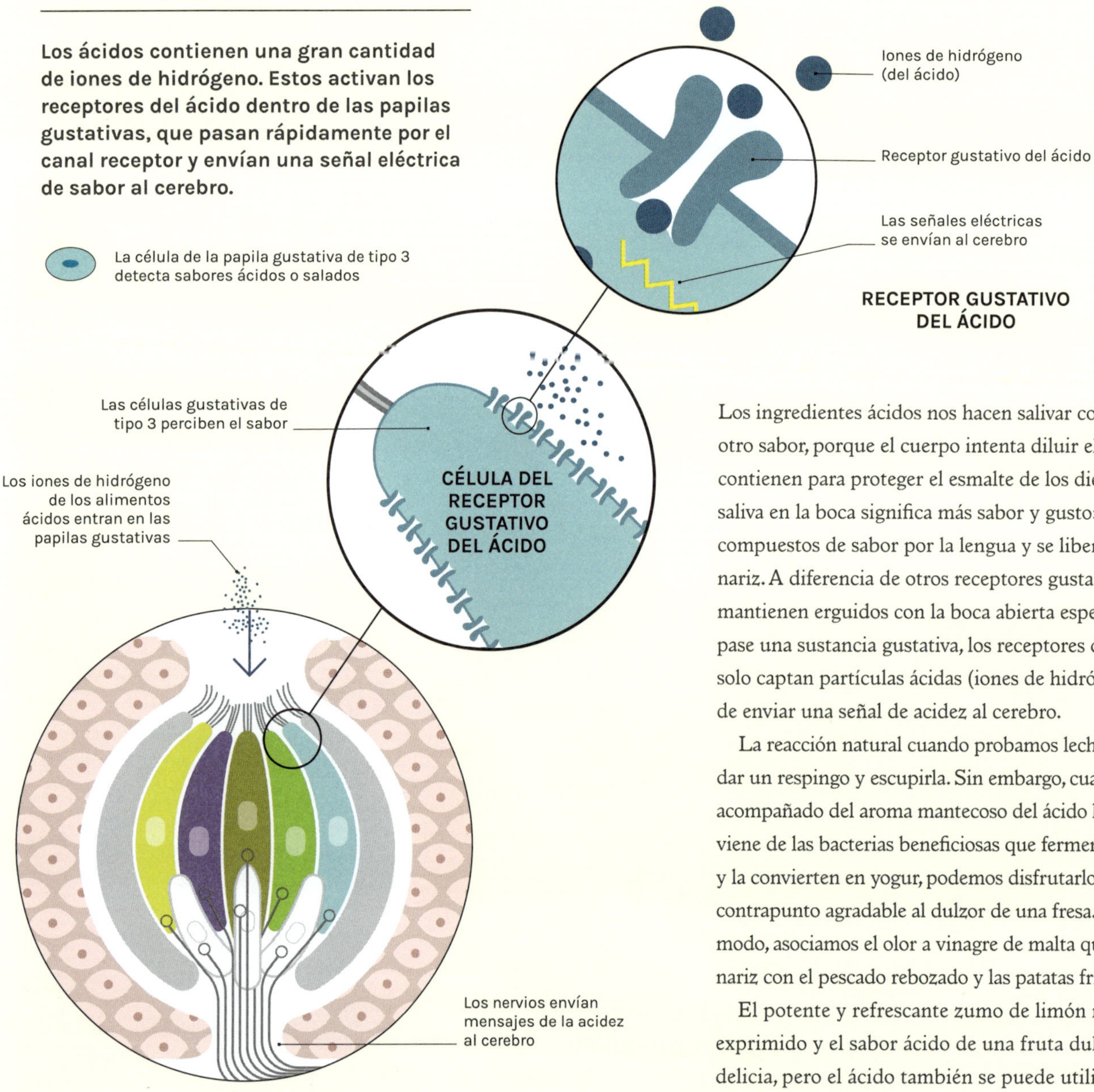

Los ingredientes ácidos nos hacen salivar como ningún otro sabor, porque el cuerpo intenta diluir el ácido que contienen para proteger el esmalte de los dientes. Más saliva en la boca significa más sabor y gusto: pasan más compuestos de sabor por la lengua y se liberan en la nariz. A diferencia de otros receptores gustativos que se mantienen erguidos con la boca abierta esperando a que pase una sustancia gustativa, los receptores del ácido solo captan partículas ácidas (iones de hidrógeno) antes de enviar una señal de acidez al cerebro.

La reacción natural cuando probamos leche agria es dar un respingo y escupirla. Sin embargo, cuando esto va acompañado del aroma mantecoso del ácido láctico que viene de las bacterias beneficiosas que fermentan la leche y la convierten en yogur, podemos disfrutarlo como un contrapunto agradable al dulzor de una fresa. Del mismo modo, asociamos el olor a vinagre de malta que limpia la nariz con el pescado rebozado y las patatas fritas.

El potente y refrescante zumo de limón recién exprimido y el sabor ácido de una fruta dulce son una delicia, pero el ácido también se puede utilizar para realzar un plato. El ácido purificado no tiene compuestos aromáticos, por lo que el vinagre destilado (ácido acético) es pura acidez. Otros ácidos tienen compuestos aromáticos. Si se añaden justo antes de servir, sus sabores se manifiestan con intensidad, mientras que si se añaden antes se pierden más. Incorpora los ácidos al principio de la cocción para que impregnen el plato de sabores más fuertes y para aprovechar sus otros efectos culinarios. Reserva los vinagres balsámicos de sabor intenso para el final, para que resalten. Usa la acidez para equilibrar lo dulce, lo amargo y el umami y para contrarrestar la grasa: un chorrito de zumo de limón justo antes de servir puede compensar cualquier exceso de aceite; espolvorear un poco de zumaque al final puede realzar las carnes a la parrilla; mientras que una cucharada de yogur después de cocinar contrarresta la grasa de un curri o guiso pesado. El ácido también reduce el amargor: prueba añadir un par de gotas de zumo de limón al café y obtendrás una bebida con un final más suave, o un chorrito de vinagreta sobre hojas amargas.

¿Cuánta acidez?

Una diferencia de un punto en el pH equivale a una diferencia de diez veces en acidez. Los limones son cien veces más ácidos que las naranjas; las manzanas Granny Smith, diez veces más ácidas. Comprender la acidez ayuda a equilibrar los sabores.

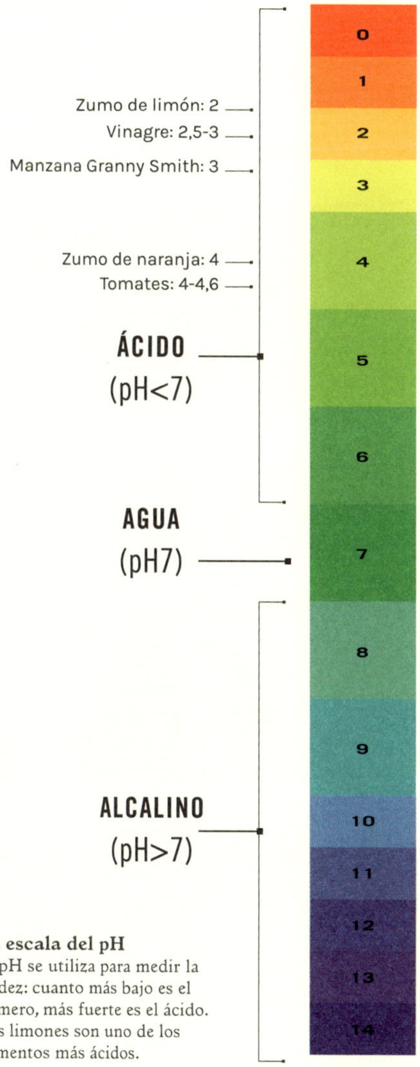

La escala del pH
El pH se utiliza para medir la acidez: cuanto más bajo es el número, más fuerte es el ácido. Los limones son uno de los alimentos más ácidos.

¿CÓMO PUEDO COCINAR CON ÁCIDOS?

Una gota de ácido en forma de zumo de cítricos o vinagre puede transformar un plato. Al igual que la sal, los ácidos son grandes potenciadores del sabor: resaltan los sabores más desdibujados y realzan cada componente.

Los ácidos no solo son importantes para el sabor, sino que pueden alterar químicamente casi todos los procesos culinarios. Los ácidos «cocinan» la carne y el pescado al descomponer sus fibras musculares y proteínas, como en el ceviche de pescado. Los adobos y las salsas ácidas aplicadas a la carne primero la endurecen y luego la ablandan, a medida que las proteínas se coagulan y descomponen.

Los ácidos también coagulan las proteínas del huevo: un chorrito de vinagre hace que los huevos escalfados queden menos fibrosos y un poco de zumo de limón al batir hace que los huevos revueltos queden más esponjosos y los merengues más ligeros y subidos. También «cocinan» las proteínas de la leche, cuajando la leche, el yogur y la nata: añádelos a las salsas lácteas justo antes de servir para evitar este problema.

ALMIDONES

Los ácidos fortalecen el pegamento (llamado hemicelulosa) que cohesiona las plantas, endureciendo las verduras cocinadas en agua ácida y alargando su tiempo de cocción. En la elaboración de mermeladas, los ácidos ayudan a que otro pegamento vegetal, la pectina, forme una gelatina firme. Los ácidos también descomponen los almidones, diluyendo las salsas y ayudando a separar la pasta cocida.

COLORES Y CARAMELIZACIÓN

Al destruir la clorofila, los ácidos vuelven de color verde las verduras cuando se cocinan en agua ácida, aunque fortalecen los pigmentos rojos, haciendo que las cerezas y la col roja sean más intensas y vibrantes. El ácido ralentiza la reacción de Maillard (págs. 74-75),

Ácido: el ingrediente multiuso

Los ingredientes ácidos pueden utilizarse de muchas maneras, sirven como potenciadores del sabor cuando se añaden en pequeñas cantidades y eliminan la grasa en cantidades mayores. He aquí algunos de sus usos.

AZÚCAR

Modulación del dulzor
El azúcar compensa la acidez del yogur natural, lo que los convierte en compañeros ideales, como en los parfaits de frutas.

PROTEÍNA

«Desnaturalización» de proteínas
Los ácidos hacen que las moléculas de proteínas se deshagan, «cociéndolas» y endureciéndolas, como se ve en los huevos escalfados más firmes en agua acidificada.

ALMIDÓN

Potenciador de reacciones químicas
El ácido ayuda a que la pectina, un tipo de pegamento vegetal, se endurezca como una mermelada y realce los pigmentos naturales.

VITAMINA C

A LOS HUMANOS LES ENCANTAN LOS CÍTRICOS ÁCIDOS PORQUE CONTIENEN VITAMINA C, BENEFICIOSA PARA LA SALUD.

lo que significa que los alimentos fritos y a la parrilla son más claros y menos sabrosos. En cambio, ralentiza la caramelización del azúcar y evita la formación de cristales, lo que da como resultado un caramelo más suave (págs. 78-79).

ALIMENTOS ALCALINOS

Los ingredientes alcalinos, como la levadura en polvo, actúan de forma opuesta a los ácidos. En repostería, el bicarbonato de sodio produce dióxido de carbono cuando se mezcla con un ácido (cremor tártaro, suero de leche o zumo de limón), lo que hace que la masa suba. También intensifica el color de las verduras verdes, pero las vuelve blandas, y acelera la reacción de Maillard para que las cebollas se caramelicen más rápido y las carnes y verduras se doren más al freírlas o asarlas.

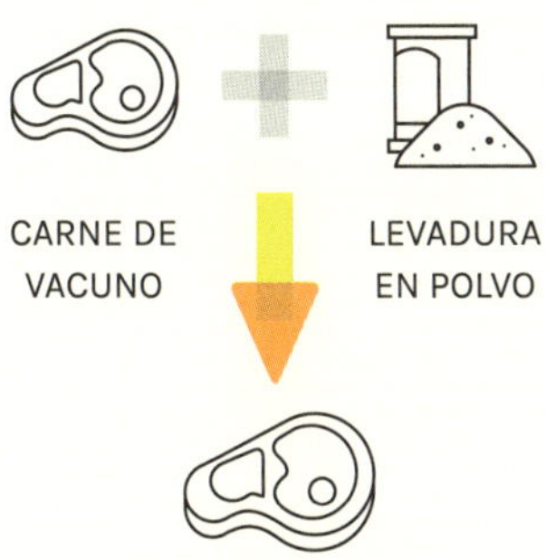

ÁLCALIS

Los antiácidos
Los álcalis neutralizan los ácidos y aceleran el dorado. Añadir un poco de levadura en polvo a un aliño para carne da un acabado más crujiente.

¿QUÉ ES LA SENSACIÓN EN BOCA?

La boca contiene una asombrosa variedad de sensores, preparados y listos para detectar texturas. Las sensaciones de la comida o bebida en la boca se combinan y crean lo que llamamos «sensación en boca», otra piedra angular del sabor.

La boca alberga un conjunto de sensores microscópicos, desde la punta de la lengua hasta la parte trasera del paladar duro, que envían señales al cerebro para crear una experiencia de sabor (págs. 10-11). Un conjunto de sensores nos permite experimentar la textura de los alimentos: ya sea una tostada áspera y seca; un fideo de trigo suave; un caramelo duro y quebradizo; una hoja de lechuga tierna; palomitas de maíz crujientes, o un puré de patatas espeso. Por lo general, solo nos damos cuenta si la textura parece incorrecta o no cumple con nuestras expectativas: pan húmedo, zanahorias blandas o manzanas arenosas, etc. De hecho, que no nos guste una textura es una de las principales razones por las que nos desagrada un plato. Las preferencias de textura son muy personales: hay estudios que sugieren que cada persona se inclina por uno de los cuatro grupos de sensación en boca. A los llamados «masticadores» les gusta mascar chicle; los «crujidores» adoran las patatas fritas y la pasta hojaldrada; los que disfrutan de la cremosidad del yogur y el helado son «aplastadores»; mientras que los «paladeadores» son fanáticos de los caramelos duros que disfrutan saboreando la comida durante mucho tiempo.

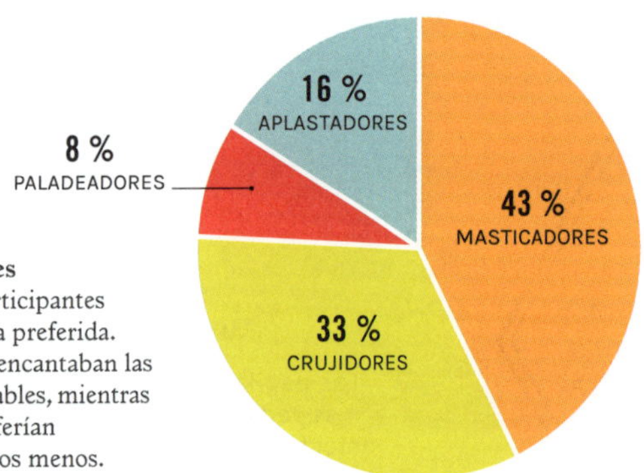

Una encuesta a consumidores agrupó a los participantes según su textura preferida. A la mayoría le encantaban las texturas masticables, mientras que los que preferían succionar eran los menos.

EN LA BOCA

EN CUANTO EL ALIMENTO CRUZA LOS LABIOS, ENTRA EN ACCIÓN UNA CONSTELACIÓN DE SENSORES QUE DETECTAN SU TEXTURA.

Sentir la textura y crear la sensación en boca

En ninguna otra parte de nuestro cuerpo hay un conjunto tan rico de nervios sensibles como en la boca. En cada superficie hay una hilera de sensores pequeños e invisibles, cada uno sintonizado con un sentido distinto. Todas estas sensaciones en boca se envían al cerebro, donde convergen con las del gusto y el olor para crear el sabor.

EL PALADAR

COMO LA LENGUA, EL PALADAR ESTÁ CUBIERTO DE SENSORES, CON NERVIOS PARA DETECTAR EL TACTO, LA VIBRACIÓN, LA TEMPERATURA Y EL DOLOR.

Justo detrás de los dientes, el paladar rugoso es una parte dura y con bultos del cielo de la boca. Está atravesado por terminaciones nerviosas y es muy muy sensible, como las yemas de los dedos.

Hacia la parte posterior del paladar, la suave rugosidad posterior es menos sensible, pero aun así es fundamental para crear una impresión general de sensación en boca, con receptores para el tacto ligero y la temperatura.

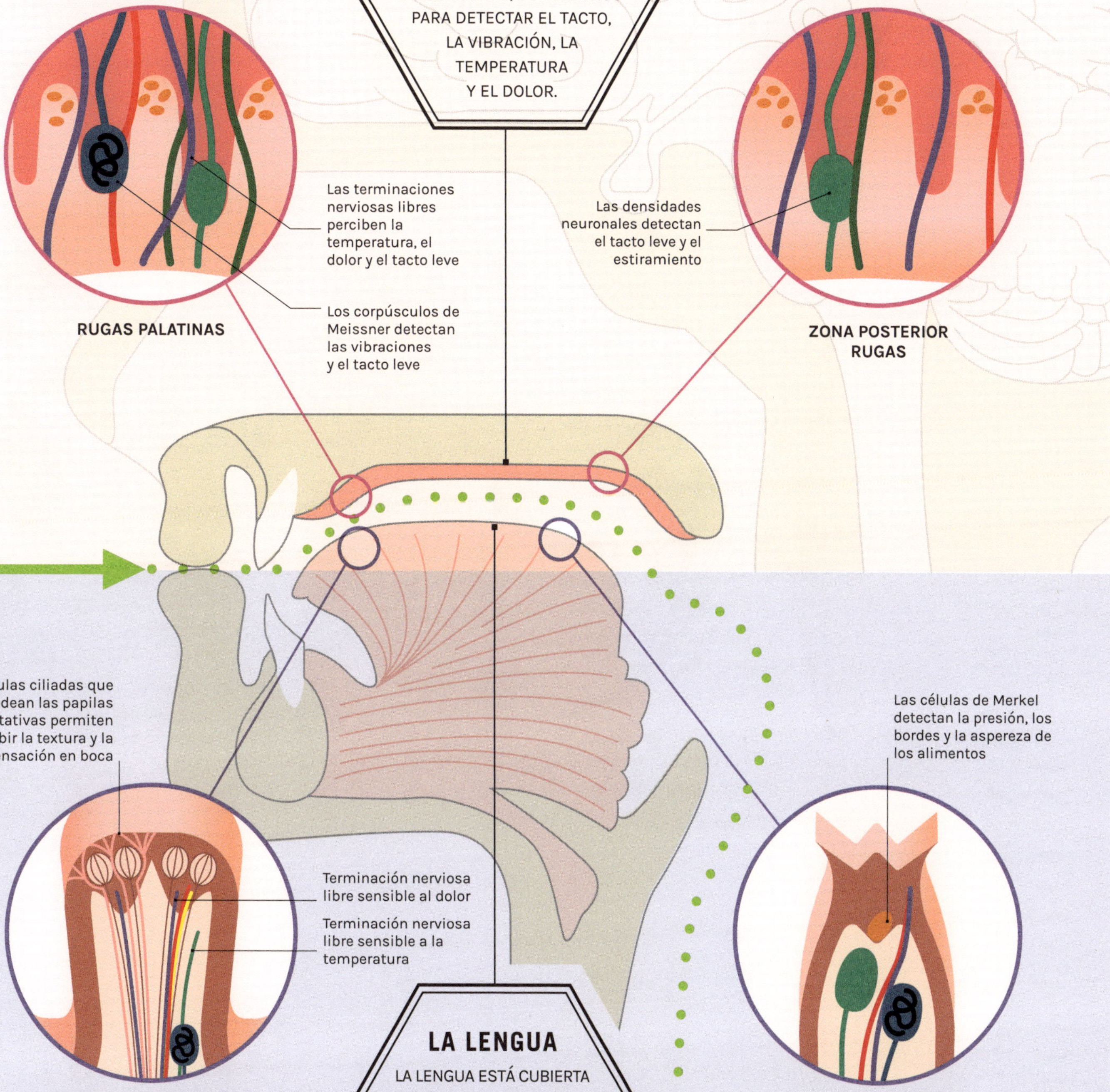

LA LENGUA

LA LENGUA ESTÁ CUBIERTA DE BULTITOS (PAPILAS); LA MAYORÍA PERCIBE LA TEXTURA, NO EL SABOR. LA LENGUA PALPA LA COMIDA Y DETERMINA LA SENSACIÓN EN BOCA.

PAPILAS FUNGIFORMES

Repartidas por la punta y los laterales de la lengua hay papilas que contienen las papilas gustativas con receptores gustativos, así como terminaciones nerviosas que detectan la vibración, la temperatura, el tacto y el dolor.

PAPILAS FILIFORMES

Las papilas filiformes, ubicadas en la superficie central de la lengua, no detectan sabores, sino texturas a través de grupos de células especializadas, terminaciones nerviosas y receptores del tacto, el dolor, la temperatura y la presión.

¿CÓMO POTENCIA EL SABOR LA TEXTURA?

El paladar está acostumbrado a un amplio abanico de texturas: secas, jugosas, pegajosas, cremosas, aceitosas, fibrosas, filamentosas, arenosas, crujientes, etc. La textura crea sabor no solo en el proceso físico de comer, sino también en las asociaciones de nuestra imaginación.

Si un ingrediente ha perdido su textura original, se puede romper la ilusión del sabor con lo que nos resultará insípido. Comprender cómo la textura, la sensación en boca y el sabor repercuten entre sí puede potenciar tus dotes culinarias. Por ejemplo, hacer un kétchup con tropezones en lugar de suave intensificará su sabor. Poner vainilla en un postre cremoso lo hará aún más cremoso y echar nata en un plato caliente lo hará parecer más fresco. Añadir textura a un alimento aumenta su acidez (piensa en los dulces recubiertos de azúcar).

Añadir dulzura a un alimento espeso hará que se perciba más denso, mientras que añadirle acidez le dará una textura más ligera en boca. Meter unas patatas fritas blandas en el horno para que recuperen la textura crujiente les devolverá el sabor. Derretir un ingrediente sólido en un líquido liberará más compuestos de sabor e intensificará el aroma y el gusto: rebajar una salsa permitirá que se vaporicen más moléculas aromáticas y se potencie el sabor. Añadir grasa aumentará la humedad, de ahí que

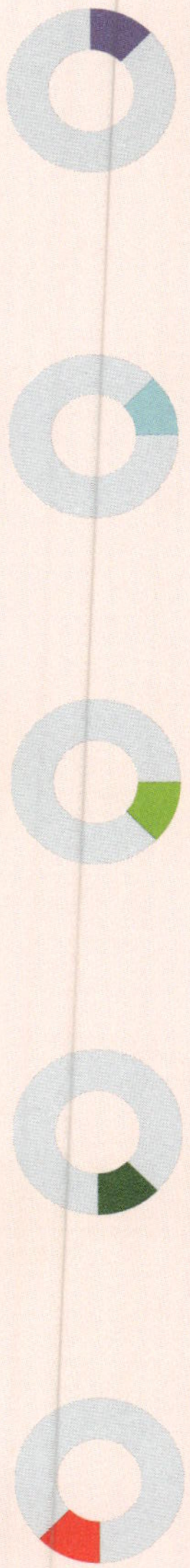

VISCOSIDAD
La textura espesa y viscosa de la miel o el sirope cubre la lengua de dulzor.

UNTUOSIDAD
El chocolate crujiente da paso a la intensidad cremosa y amarga a medida que se derriten los copos.

CRUJIDO
Al masticar los copos de cereales, resalta su sabor tostado y a frutos secos.

CROCANCIA
Las almendras tostadas y laminadas liberan sus potentes compuestos aromáticos a nuez con cada bocado.

MASTICABILIDAD
Las pasas suaves y carnosas son un placer en cada bocadito y perduran en el paladar.

las carnes magras y sin grasa, como la pechuga de pavo, tengan un sabor seco a pesar de tener el mismo contenido de agua que otras carnes.

Cada cultura ha ido perfeccionando la forma de manipular la textura y la sensación en boca de los ingredientes mediante técnicas como la fritura, el encurtido, el corte en rodajas, el escaldado, el cocido al vapor y el confitado. Aprender a combinar ingredientes para satisfacer tus preferencias de textura es una mezcla de arte y ciencia.

LA TEXTURA CRUJIENTE SE ASOCIA CON LA SABROSURA EN TODO EL MUNDO. EL IDIOMA JAPONÉS TIENE

7

TÉRMINOS DIFERENTES PARA REFERIRSE A LO

CRUJIENTE

La ciencia de los cereales

En general, preferimos los alimentos con varias texturas a los que tienen una sola, por lo que es importante variar las texturas dentro de un plato para hacerlo más interesante y aumentar el disfrute.

CREMOSIDAD

Un yogur entero que se deshace en la boca te deja una intensa sensación sedosa.

JUGOSIDAD

La explosión de jugos de bayas dulces y ácidos crea una sensación refrescante y deliciosa.

SUAVIDAD

Las semillas de chía remojadas y los cereales como la avena dan cuerpo a un desayuno ligero.

=

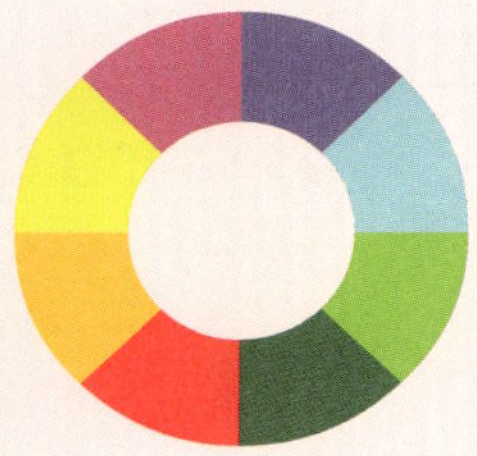

EL BOL PERFECTO

¿POR QUÉ NECESITAMOS GRASA?

Anthony Bourdain escribió una vez que la mantequilla es «casi siempre lo primero y lo último que un chef pone en la sartén». El secreto poco glamuroso que se esconde tras los alimentos más sabrosos es que las grandes cantidades de grasa, sobre todo la mantequilla, confieren un sabor sublime a la mayoría de las cosas.

La grasa en la lengua

Los receptores de grasa de la lengua envían señales al cerebro que hacen que la comida sea apetecible. Un receptor es una proteína que se une a los ácidos grasos, los componentes básicos de la grasa.

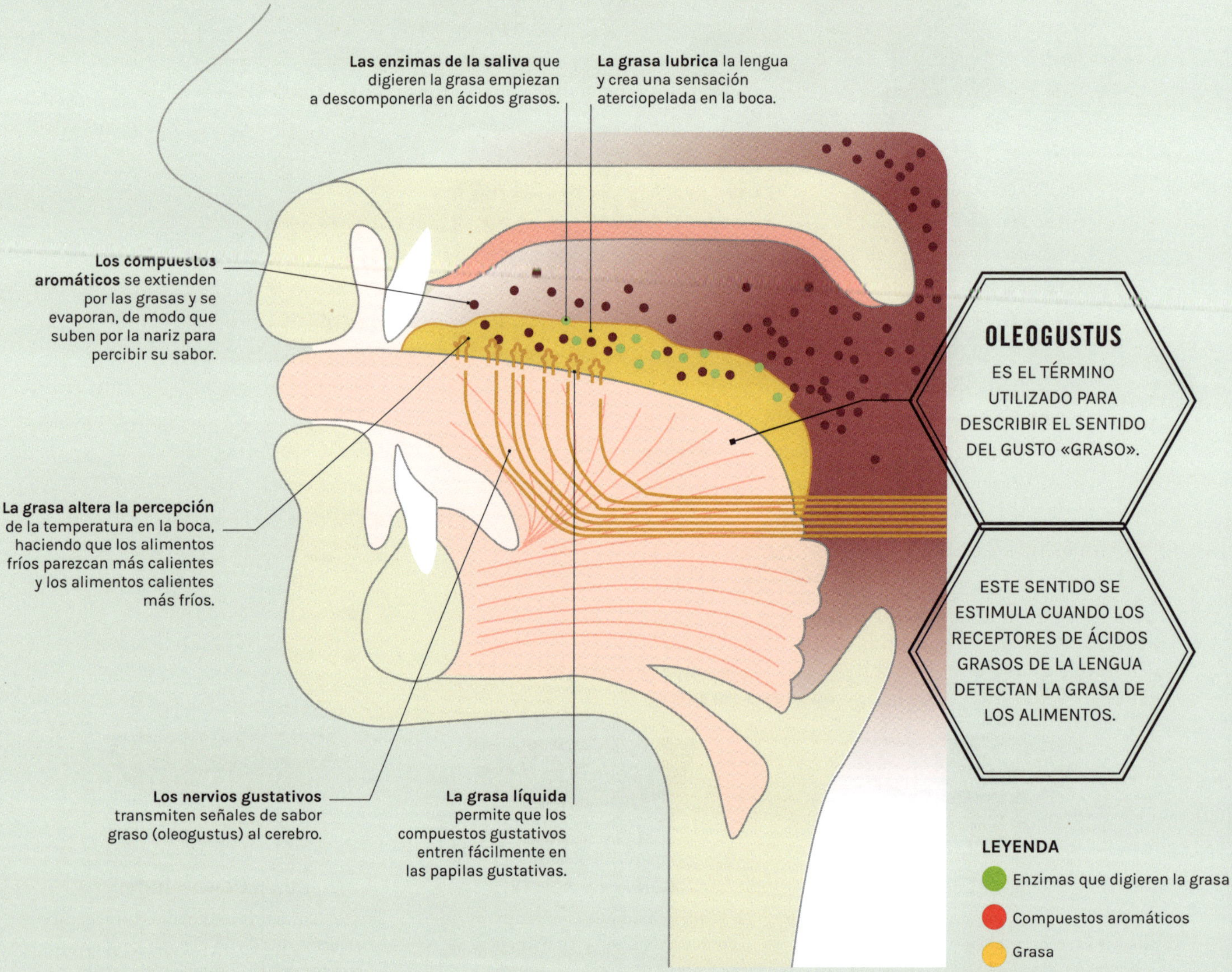

Estamos predispuestos a desear la grasa. Es el combustible más denso y calórico que nuestro cuerpo puede conseguir; si no hubiéramos evolucionado para desear y atiborrarnos de alimentos llenos de grasa, nuestros antepasados habrían perecido en épocas de hambruna. La grasa es una de las tres partes de la trinidad impía de la grasa, el azúcar y la sal, a las que todos nos sentimos atraídos y de las que está repleta la comida basura.

No se puede engañar a las papilas gustativas cuando se trata de grasas. Pese a los esfuerzos de los fabricantes de alimentos, las versiones de bajo contenido en grasa suelen ser una réplica insatisfactoria de la versión original, por mucho azúcar, sal y saborizantes que añadan. Los científicos ahora saben que esto se debe en parte a que hay receptores de grasa en la lengua, lo que podría convertirla en el sexto sabor básico (oleogustus) junto con el dulce, el salado, el amargo, el ácido y el umami. Estos sensores moleculares en la lengua (sobre todo en la parte posterior) detectan moléculas llamadas ácidos grasos, los componentes básicos de las grasas.

UN SABOR ESENCIAL

Además de gusto, la grasa aporta sabor. La mayoría de los compuestos aromáticos se disuelven y se dispersan en el aceite, pero no en el agua, lo que hace que la grasa sea esencial para que los sabores impregnen un plato. Compuestos como el cinamaldehído en la canela y el anetol en el hinojo son ejemplos de compuestos aromáticos transportados en sus aceites esenciales, diminutas gotas presentes en las semillas y los tallos de las plantas. Los sabores de las carnes como la ternera proceden sobre todo de la grasa animal durante la cocción (págs. 146-147).

SENSACIÓN EN BOCA Y TEXTURA

De todos los ingredientes culinarios, las grasas son las que más poder tienen para transformar la sensación en boca de un plato. Sin la grasa, es casi imposible conseguir una sensación en boca exquisita y aterciopelada. La razón por la que carnes como el pavo pueden estar secas tras cocinarlas no es por falta de humedad, sino por falta de grasa. Un pastel o una galleta sin grasa tendrán una miga seca y harinosa. La grasa también modera la sensación de calor o frío de los alimentos en la boca, por lo que los alimentos fríos, como el helado, parecen menos fríos, y los platos calientes, como los guisos, más templados.

COCINADO

Un aceite no es más que una grasa que se mantiene líquida a temperatura ambiente y es a menudo imprescindible para cocinar a las altas temperaturas necesarias para la reacción de Maillard (págs. 74-77). Los aceites más utilizados son el de oliva y el de girasol. Los alimentos rebozados que se echan en una sartén con aceite muy caliente chisporrotearán y se inflarán con el vapor atrapado, formando así una corteza voluminosa, crujiente y dorada. Por el contrario, si se añaden ingredientes acuosos a una sartén caliente, la temperatura bajará a menos de 100 °C (212 °F), el punto de ebullición del agua, lo que impedirá que se doren más.

La grasa en la cocina

Los aceites actúan como una «interfaz térmica» de la sartén, a través de la cual el calor pasa uniformemente a los alimentos. El uso de más aceite crea sabores más crujientes y sabrosos, aunque no es la opción más saludable.

SIN ACEITE

Cuando echas alimentos a una sartén caliente sin aceite, el calor pasa a los alimentos solo donde toca la sartén y los puede quemar.

CON POCO ACEITE

De esta manera, el calor se distribuye por toda la sartén y los alimentos se doran de manera uniforme.

CON MUCHO ACEITE

Cocinar alimentos totalmente sumergidos en aceite les da un exterior crujiente y mantiene la humedad del interior.

¿QUÉ GRASAS DEBO UTILIZAR?

En la cocina se pueden utilizar muchos tipos de grasas. Estas se dividen en saturadas e insaturadas, dependiendo de si son sólidas o líquidas a temperatura ambiente.

La elección de la grasa depende del sabor que se desee conseguir y del método de cocción.

PUNTO DE HUMO

El aceite se calienta mucho más que el agua, pero tiene un límite. En su «punto de humo», las moléculas de grasa se desintegran con el calor y desprenden un humo negro y acre. Los alimentos adquieren un sabor rancio y se producen sustancias químicas nocivas, como la acroleína. El punto de humo varía entre 160 °C (320 °F) y 220 °C (428 °F), según el tipo y la pureza de la grasa. Los aceites refinados y sin sabor tienen los puntos de humo más altos porque las impurezas y los compuestos de sabor se queman con facilidad. Reserva los aceites más sabrosos (aceites de oliva virgen extra, aceites de frutos secos, etc.) para el toque final o las ensaladas en lugar de usarlos para cocinar.

SATURADAS FRENTE A INSATURADAS

Las grasas «saturadas», como la mantequilla, la manteca de cerdo, el sebo y el aceite de coco, son sólidas a temperatura ambiente porque sus moléculas de grasa se agrupan con fuerza. Suelen tener puntos de humo elevados, pero no siempre se utilizan para freír porque son perjudiciales si se consumen con demasiada frecuencia.

Las grasas «insaturadas» son líquidas y se denominan aceites. Sus moléculas de grasa tienen ramificaciones retorcidas, lo que impide que se apilen fácilmente en un sólido. Para gozar de buena salud, disfrútalas con moderación.

Grasas líquidas (insaturadas)

Grasa líquida
Los ácidos grasos líquidos no son lineales porque contienen dobles enlaces entre pares de átomos de carbono. Esto evita que se agrupen con fuerza, por lo que no se solidifican fácilmente.

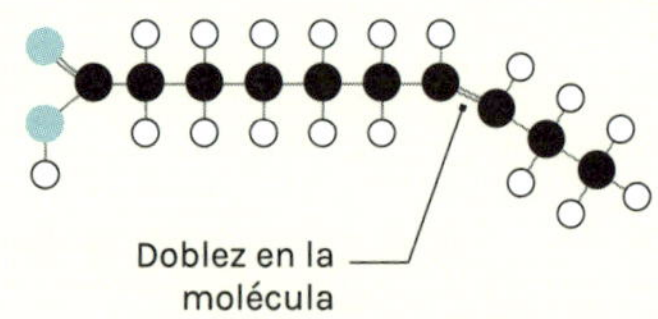

MOLÉCULA DE GRASA INSATURADA

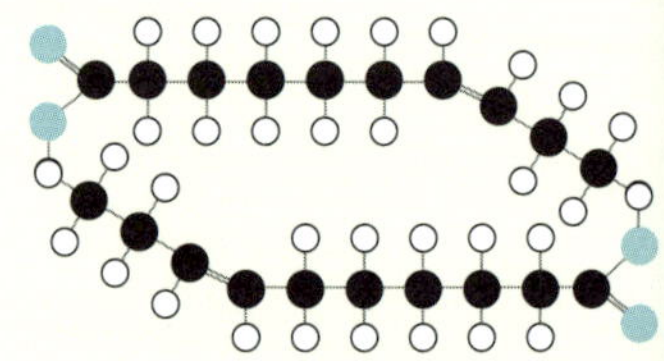

DISPOSICIÓN DE LAS MOLÉCULAS

	ACEITE DE OLIVA	ACEITES VEGETALES	ACEITES DE FRUTOS SECOS
	VIRGEN EXTRA VIRGEN REFINADO SABOR LIGERO	SOJA | MAÍZ | GIRASOL CÁRTAMO | COLZA | CACAHUETE AGUACATE REFINADO	NUEZ SÉSAMO AVELLANA
SABOR	Va desde intenso, afrutado y picante (virgen extra) hasta insípido (refinado/puro/ligero).	Todos tienen un sabor neutro y un punto de humo alto. Los aceites de cocina multiusos suelen ser mezclas.	Tienen un sabor muy fuerte y se utilizan para dar el toque final. El de avellana tiene un punto de humo inusualmente alto.
USOS	El aceite virgen extra es mejor para terminar/rociar; el ligero es ideal para freír y hornear.	Ideal para hornear, freír, asar y dorar.	Se usa mejor como aderezo final.
PUNTO DE HUMO	Muy variable: VIRGEN EXTRA 175-210 °C (347-410 °F) REFINADO/PURO/LIGERO 200-240 °C (392-464 °F)	COLZA/CANOLA 205 °C (401 °F) AGUACATE REFINADO 270 °C (518 °F)	NUEZ 160 °C (320 °F) SÉSAMO 177 °C (350 °F) AVELLANA 221 °C (430 °F)

A TEMPERATURA AMBIENTE

ESTAS GRASAS SON SÓLIDAS A TEMPERATURA AMBIENTE.

Grasas sólidas (saturadas)

Grasa sólida
Las moléculas de las grasas duras o sólidas tienen una estructura recta. Los ácidos grasos se agrupan de forma más compacta, por lo que son más densos que las grasas insaturadas. Así pues, tienen un punto de fusión más alto y son sólidos a temperatura ambiente.

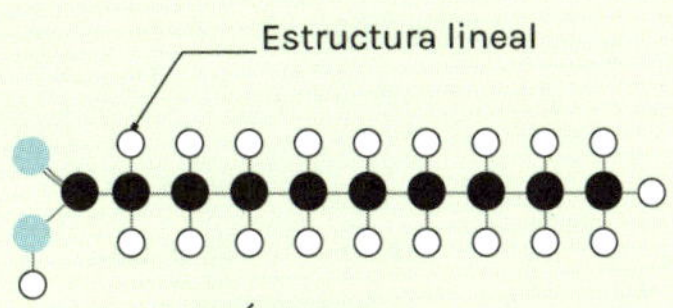

MOLÉCULA DE GRASA SATURADA

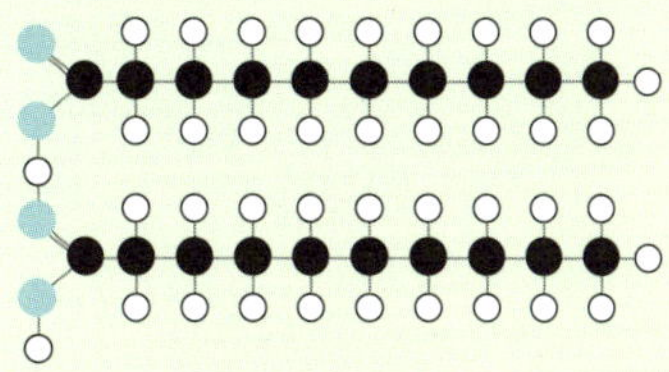

DISPOSICIÓN DE LAS MOLÉCULAS

LEYENDA
- Hidrógeno
- Oxígeno
- Carbono

	 **ACEITE DE COCO** SIN REFINAR VIRGEN	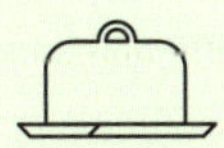 **MANTEQUILLA** SIN SAL SALADA CULTIVADA	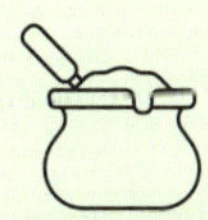 **GHEE** MANTEQUILLA CLARIFICADA	 **MANTECA DE CERDO** GRASA ANIMAL
SABOR	Se derrite a 24 °C (75 °C), es sólido a temperatura ambiente y aporta un marcado sabor a coco.	Añade intensidad y dulzura a los platos. Las mantequillas europeas suelen ser cultivadas (parcialmente fermentadas), lo que les da más acidez, sabor y aroma.	Se eliminan los sólidos lácteos para obtener grasa butírica pura con un punto de humo alto, ideal para cocinar a altas temperaturas. Tiene sabor a nuez y a mantequilla.	Derivado del cerdo, el sabor único y ligeramente cárnico de la manteca de cerdo va bien para hornear, saltear o freír. Tiene un punto de fusión más alto que la mantequilla.
USOS	Útil para todo tipo de cocción y horneado, y para dar sabor a coco.	Muy sabrosa y muy apreciada por los chefs. Ideal para untar y dar el toque final, así como para freír con poco aceite.	Cocción a alta temperatura; muy utilizada en la cocina india.	La manteca de cerdo refinada es ideal en repostería y excelente para hacer hojaldre.
PUNTO DE HUMO	180 °C (356 °F)	APROX. 150 °C (300 °F)	252 °C (485 °F)	180 °C (356 °F)

¿POR QUÉ NOS APETECE TANTO EL PICANTE DE LOS CHILES?

Los chiles contienen la misma sustancia química que provoca escozor en los ojos y ardor en la cara que utilizan las fuerzas policiales en el espray de pimienta. Esta desagradable sustancia química, llamada capsaicina, se desarrolló en las plantas de chile para evitar que los microbios, insectos y mamíferos (como nosotros) se comieran sus frutos.

El picante (pungencia) no es un gusto ni un sabor; es un dolor idéntico al de la quemadura. Aunque los niveles de tolerancia difieren, el picante eleva los sabores de un plato y aporta una dimensión excitante, activando los circuitos emocionales del cerebro y aumentando la actividad en su centro del sabor (págs. 48-49), además de activar las glándulas salivales.

Cocines lo que cocines, sea dulce o salado, vale la pena preguntarse si un toque de picante podría hacerlo aún mejor. Como actúa sobre las papilas gustativas, un poco de picante intenso realza el salado y atenúa el amargo. El picante también contrarresta la acidez, suavizando los ingredientes muy ácidos, aunque si se pone demasiado, el plato será demasiado fuerte.

ENDORFINAS Y DOPAMINA

Los seres humanos parecemos únicos en nuestra afición por ese dolor ardiente al comer; la mayoría de los animales lo rechazan. Para nosotros, el dolor viene acompañado de una oleada de calmantes naturales del cuerpo similares al opio (las endorfinas), que producen una pequeña euforia cuando el ardor desaparece, como la sensación natural de euforia que se siente después de hacer ejercicio intenso. Este subidón también produce una agradable descarga de dopamina, la hormona cerebral de la recompensa que se libera después de una montaña rusa o una película de miedo (lo que posiblemente explique por qué los amantes de las emociones fuertes prefieren la comida picante). Cuando aprendemos a tolerar esa molestia, nos sentimos atraídos por las comidas picantes como las polillas por la luz.

La capsaicina se une a los nervios del dolor por calor

Después de mezclarse con la saliva, los compuestos picantes se filtran en las capas superiores de la lengua y se unen a los sensores moleculares de temperatura (receptores TRPV1) de las fibras del dolor que detectan el ardor y las activan.

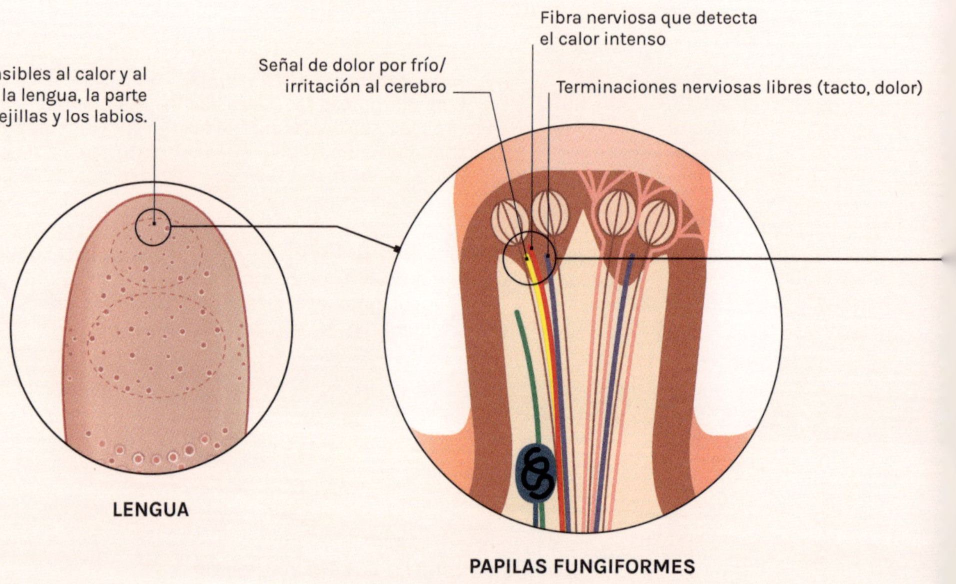

EL PODER ABRASADOR DE LOS CHILES

Los chiles generan un calor picante porque la capsaicina, el compuesto activo que contienen, «sobrecarga» las mismas fibras nerviosas que envían mensajes de ardor al cerebro cuando te quemas. Estas normalmente solo se activan por encima de los 43 °C (110 °F). El cerebro no distingue entre el calor de un vindaloo y la tortura de un sorbo de té hirviendo: la señal es la misma. El ardor persiste hasta que el cuerpo degrada la sustancia química, normalmente al cabo de 15 minutos. Beber agua no acelera este proceso, y el burbujeo de las bebidas gaseosas empeora el ardor. La leche, el yogur y la nata agria lo suavizan gracias a la proteína láctea que contienen, la caseína, que se adhiere a la molécula de capsaicina.

Los receptores TRPV1 (en las fibras nerviosas que detectan el calor intenso) están en distintas partes del cuerpo. La capsaicina se une a estos receptores de la lengua y envía una alerta al cerebro. Otras sustancias químicas picantes en la mostaza, el ajo y la cebolla alteran un nervio del dolor llamado TRPA1, que envía un mensaje dolorosamente frío o irritante al cerebro. Los compuestos pungentes se disuelven en grasas/aceites, pero no tanto en agua, por lo que deben cocinarse o mezclarse en aceites para impregnar un plato.

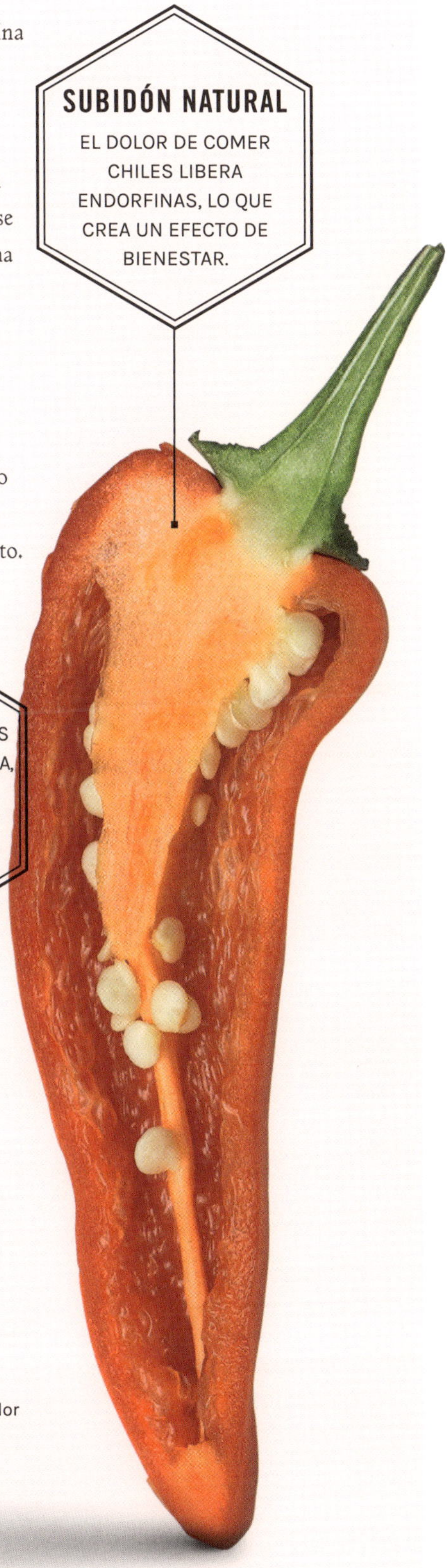

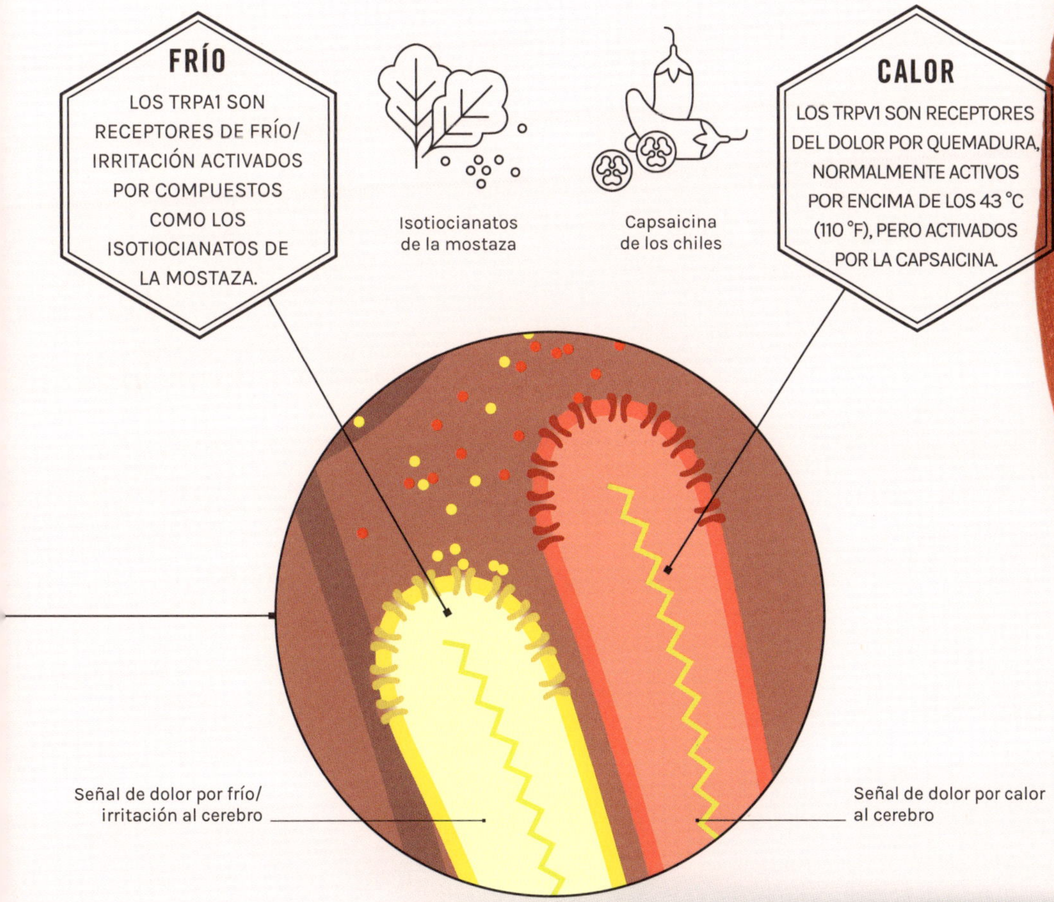

NERVIOS SENSIBLES AL FRÍO Y AL CALOR

¿QUÉ INGREDIENTES SON PICANTES?

Aunque la capsaicina es un compuesto picante, no es la única opción. Otros producen sensaciones únicas y reaccionan de manera distinta al cocinarse.

AJO Y CEBOLLA: ALICINA

La alicina solo se forma en el ajo y la cebolla cuando están cortados o machacados, y tiene un grado de picante distinto al de la capsaicina. Se descompone con el tiempo y se destruye a unos 70 °C (158 °F). La cocción suaviza el picor del ajo y la cebolla, permitiendo que afloren sabores más suaves (págs. 94-97). La alicina activa los receptores TRPV1 y TRPA1, lo que contribuye a su picor único y algo refrescante.

WASABI Y MOSTAZA: ISOTIOCIANATOS

Los isotiocianatos, que se encuentran en el wasabi y la mostaza, activan los nervios del dolor que tiene el receptor TRPA1, que también es sensible a las bajas temperaturas y a irritantes como el humo. Se vaporizan fácilmente en la boca y proporcionan una sensación de descongestión nasal. Las semillas de mostaza enteras deben romperse y humedecerse: los isotiocianatos solo se forman cuando una enzima defensiva llamada mirosinasa se desprende de las células dañadas, se mezcla con agua y reacciona con moléculas específicas, formando sinalbina en la mostaza blanca y sinigrina en la mostaza negra y marrón, conocidas como isotiocianatos.

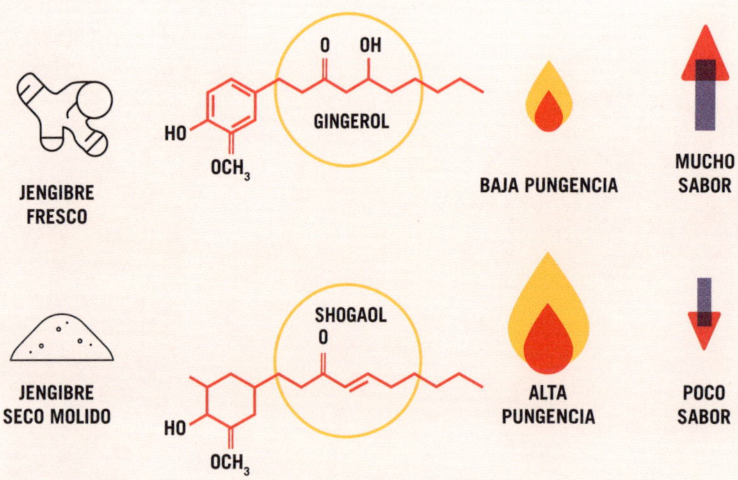

Jengibre fresco vs. jengibre molido: cuando el jengibre fresco se seca y se muele, aumenta su picor, ya que el gingerol caliente se convierte en shogaol ardiente. Sin embargo, en este proceso se pierde el 20 % de los compuestos aromáticos.

Semillas de mostaza

HE AQUÍ CÓMO EXTRAER TODO EL SABOR Y EL PICANTE DE LAS SEMILLAS DE MOSTAZA:

1. MOLER

EN PRIMER LUGAR, ROMPE O MUELE LAS SEMILLAS DE MOSTAZA PARA LIBERAR LA ENZIMA MIROSINASA. ESTO INICIARÁ EL PROCESO QUÍMICO PARA PRODUCIR COMPUESTOS PICANTES.

2. EMPAPAR

PARA UN SABOR MÁS INTENSO, REMOJA LAS SEMILLAS TRITURADAS EN AGUA, VINAGRE O CERVEZA PARA QUE LA ENZIMA ACTÚE SOBRE LAS MOLÉCULAS LLAMADAS GLUCOSINOLATOS, TRANSFORMÁNDOLAS EN ISOTIOCIANATOS PICANTES.

3. TOSTAR

TUESTA LAS SEMILLAS DE MOSTAZA ESCURRIDAS EN UNA SARTÉN SECA A FUEGO MEDIO, PARA RESALTAR LOS COMPUESTOS DE SABOR A NUEZ Y PIRAZINA DE LA REACCIÓN DE MAILLARD (PÁGS. 74-77). EL CALOR POR ENCIMA DE LOS 60 °C (140 °F) DESACTIVA LA MIROSINASA, LO QUE REDUCE LA PUNGENCIA.

JENGIBRE: GINGEROL

Al igual que la capsaicina, el gingerol, que se encuentra en el jengibre, interactúa con los receptores TRPV1, pero en un lugar de unión diferente, lo que da como resultado un calor menos intenso. Cuando se seca, el gingerol se convierte en shogaol, que es dos veces más picante, lo que le da al jengibre molido un calor más fuerte.

CANELA: CINAMALDEHÍDO

El cinamaldehído, presente en la canela, activa el receptor TRPA1, que da una suave sensación de calor y hormigueo (pág. 186).

GRANOS DE PIMIENTA: PIPERINA

Además de la piperina, los granos de pimienta contienen otros diecinueve compuestos picantes, todos menos potentes que la capsaicina. Estos resisten bien las temperaturas de cocción y se unen colectivamente a los receptores TRPV1 y TRPA1, lo que les da un calor suave y único.

CHILE Y GUINDILLA: CAPSAICINA

La parte más picante del chile no son las semillas, sino la pulpa blanca. Raspa esta parte para eliminar al menos la mitad de la capsaicina, junto con las semillas amargas. Si cueces los chiles antes, la capsaicina se infundirá en el aceite y se mezclará con el plato, lo que desarrollará los sabores de los chiles (págs. 180-181).

LOS ISOTIOCIANATOS

PICANTES SE ENCUENTRAN EN LAS SEMILLAS DE MOSTAZA, ASÍ COMO EN EL RÁBANO PICANTE Y EL BRÓCOLI.

EL GINGEROL

ES EL COMPUESTO DEL JENGIBRE FRESCO RESPONSABLE DE SU PICOR.

EL SABOR Y EL CEREBRO

¿CÓMO EXPERIMENTA EL CEREBRO EL SABOR?

En realidad, el sabor es una ilusión que se crea en el cerebro. Comer implica no solo todos nuestros sentidos, sino todo lo que nos hace humanos.

Imagina que muerdes un tomate fresco recién cogido de la mata. En menos de un segundo, cuando la pulpa toca la superficie de la lengua, las señales de sabor dulce, ácido y umami viajan a través de los nervios hasta la base misma del cerebro (el tronco encefálico).
Aquí, los impulsos eléctricos han llegado a las zonas más primitivas del cerebro, el tálamo y la amígdala, y pronto se encuentran con las señales de aroma afrutado enviadas desde la parte posterior de la nariz (pág. 56).

El gusto y el olfato se abren camino a través de diminutos cables biológicos hacia el «centro del sabor» del cerebro, mezclándose y fusionándose en un mensaje dulce, ácido y afrutado. El centro del sabor se encuentra en la corteza orbitofrontal, una pequeña área directamente encima de los ojos. Se ha preparado para recibir una sensación de tomate,

El viaje del sabor

El gusto de la lengua y el aroma de la nariz se funden a medida que se dirigen al centro del sabor. La información visual y los recuerdos también desempeñan una función esencial en la percepción del sabor.

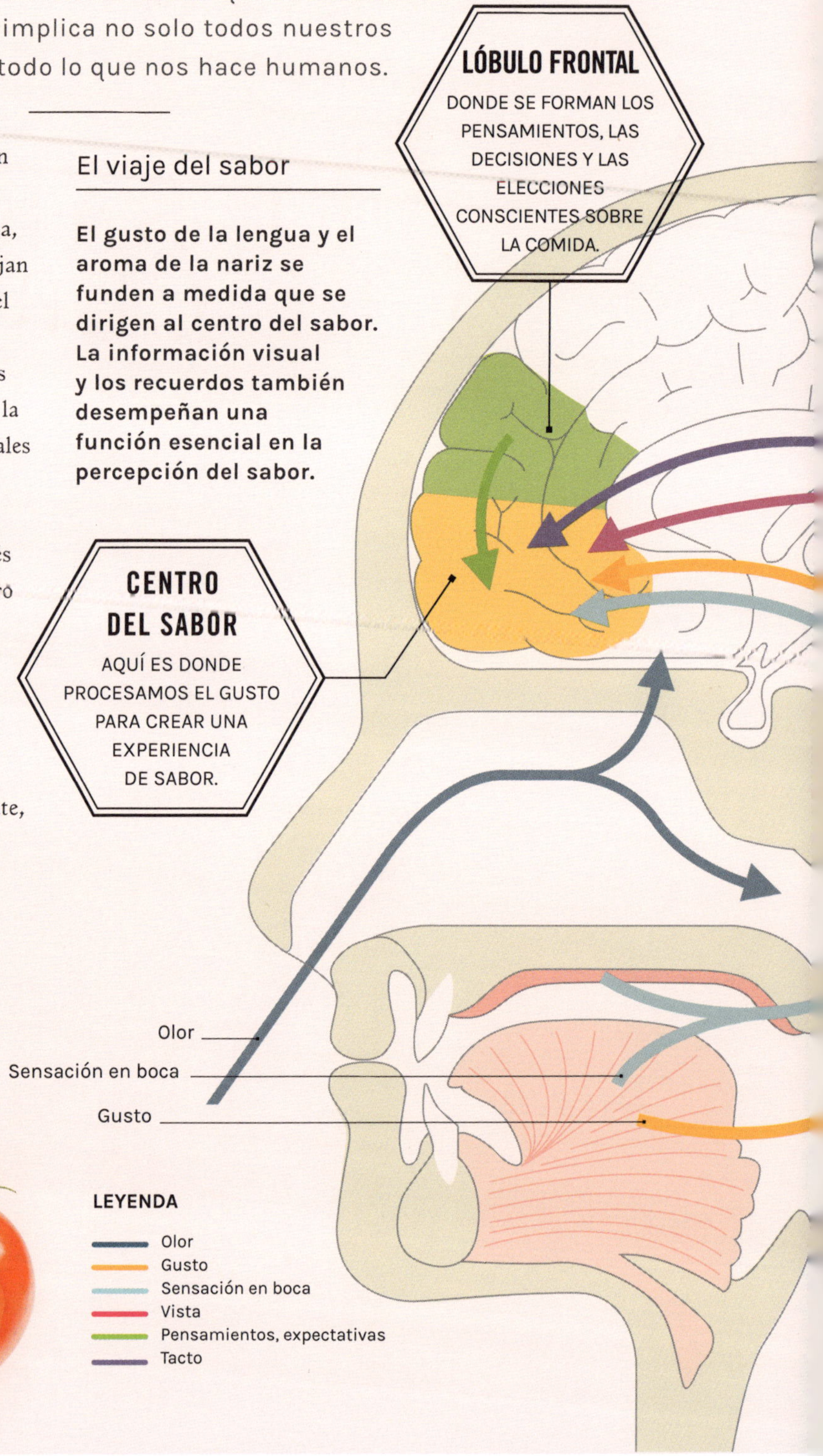

LÓBULO PARIETAL

LA PARTE DEL CEREBRO QUE PROCESA LA TEXTURA Y LA TEMPERATURA DE LOS ALIMENTOS.

CORTEZA VISUAL

DONDE EL CEREBRO PROCESA LA INFORMACIÓN SOBRE EL ASPECTO DE LOS ALIMENTOS.

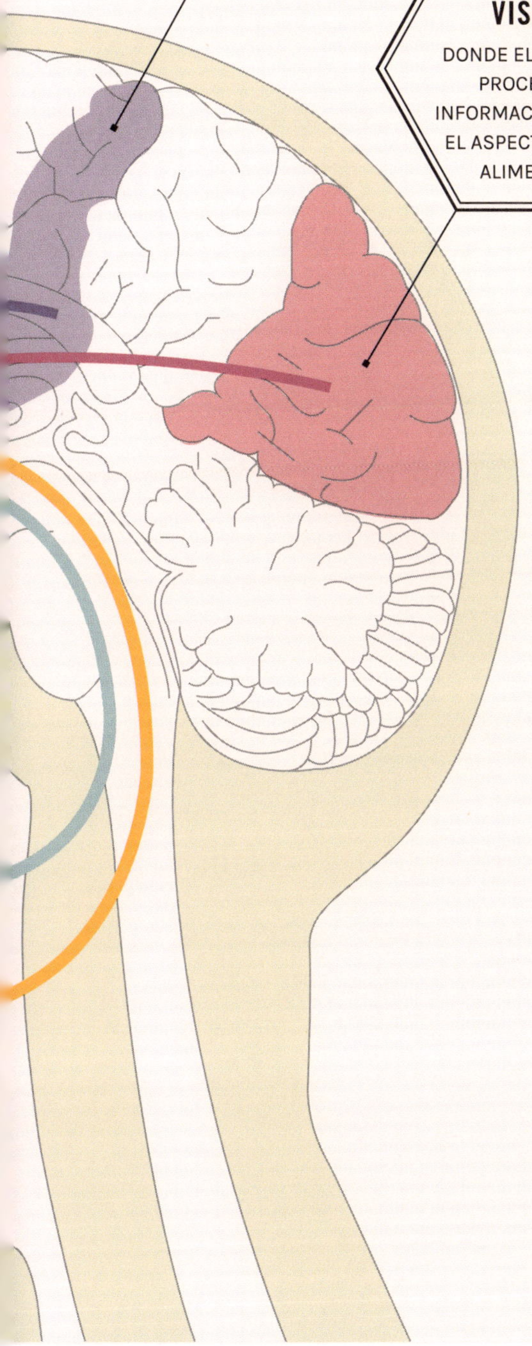

ya que ha visto la piel roja de la fruta enviada desde la corteza visual en la parte posterior del cerebro unos momentos antes, así como las señales anticipatorias que llegan de las áreas de pensamiento vecinas, lo que intensifica la experiencia. A medida que se forma el sabor, los circuitos emocionales cobran vida y los recuerdos se evocan con la comunicación entre los centros del sabor y de la memoria. Los sonidos de chasquido en los oídos y la sensación jugosa en la boca y la lengua se transmiten de una manera similar, aportando suculencia y rematando el placer de comer un tomate maduro.

CÓMO TODO ENCAJA

Los científicos que emplean nuevas tecnologías de escaneo han descubierto que la complejidad de la experiencia del sabor se refleja en una red igualmente intrincada de conexiones dentro del cerebro. El aroma y el sabor de los alimentos se perciben como un rostro: reconocemos el pan recién horneado al instante, como a un amigo. Antes se creía que cada sentido (gusto, aroma y sensación en boca) recorría su propio camino a través del cerebro. Ahora sabemos que los sentidos se fusionan casi en cuanto sus mensajes llegan al cerebro.

Sentido del tacto

OTROS SENTIDOS, COMO EL TACTO, SE FUSIONAN EN SU VIAJE HACIA EL CENTRO DEL SABOR.

Tocar la comida antes de comerla hace que los sabores sean más intensos que cuando se come con un utensilio. La comida parece tener una textura más suave cuando estás sentado en una silla mullida y con los dedos apoyados en una tela suave, en comparación con cuando estás sentado en una silla dura tocando un trozo de papel de lija.

Sinfonía

AL IGUAL QUE LOS DISTINTOS INSTRUMENTOS QUE TOCAN EN UNA SINFONÍA, CADA INTÉRPRETE DE LA EXPERIENCIA DEL SABOR PUEDE SER DIRIGIDO:

VISTA

LOS ALIMENTOS DE COLORES MÁS BRILLANTES TIENEN UN SABOR MÁS INTENSO (PÁGS. 50-51)

SONIDO

LOS ALIMENTOS MÁS CRUJIENTES TIENEN UN SABOR MÁS FRESCO

TACTO/SENSACIÓN EN BOCA

LOS ALIMENTOS MÁS ESPESOS PARECEN MÁS RICOS

PENSAMIENTO

EL AUMENTO DE LAS EXPECTATIVAS POTENCIA EL SABOR (PÁGS. 52-53)

EMOCIÓN

LA ANTICIPACIÓN Y LAS EXPECTATIVAS SON IMPORTANTES, Y LOS ESTADOS DE ÁNIMO POSITIVOS AUMENTAN EL DULZOR (PÁGS. 52-53)

¿CÓMO CAMBIA EL SABOR DE LOS ALIMENTOS SEGÚN SU APARIENCIA?

Casi todo el mundo ha oído la frase «la comida entra primero por los ojos»; es el cliché más usado en el mundo culinario. Al parecer, la pronunció por primera vez el famoso gastrónomo romano del siglo I d. C., Marco Gavio Apicio, aunque nunca la escribió.

La frase capta la idea de que el aspecto de un alimento influye enormemente en cómo sabe. En realidad, la experiencia del sabor comienza mucho antes de que lo veas (págs. 52-53). Sin embargo, el centro del sabor del cerebro absorbe con avidez la información de nuestras áreas de procesamiento visual, lo que significa que la apariencia de la comida influye en que sepa o no deliciosa.

LA IMPORTANCIA DEL COLOR

La vista humana es una de las mejores del reino animal y vemos más colores que la mayoría de los mamíferos. Nuestros antepasados desarrollaron la vista para distinguir las frutas y hojas más seguras y nutritivas, que tienen un sutil tono rojizo, entre la densa vegetación del bosque. A día de hoy, las bebidas de color rojo o rosa también saben más dulces, al igual que la Coca-Cola que se bebe o se sirve en una lata o botella roja. Enseguida aprendemos a qué saben los colores: los yogures de fresa saben más a fruta cuando son de color rojo; el helado de menta sabe más a menta cuando lleva colorante verde. Partiendo de esta base científica, los fabricantes tiñen los guisantes en conserva de verde para darles un sabor más fresco. Tintar los alimentos de forma incorrecta pone de manifiesto lo poderosa que es la vista: un vaso de zumo de naranja teñido de rojo intenso probablemente sabrá a cereza, fresa o arándano, dependiendo de cuál te resulte más familiar.

COCINAR CON COLOR

Como chef, puedes acentuar los sabores de tus ingredientes realzando sus tonos naturales o generar confusión cambiándoles el color. Los colores son muy importantes a la hora de preparar frutas y verduras:

- Conserva el color natural de las que se oxidan después de cortarlas poniéndolas en un recipiente con agua y unas gotas de zumo de limón.
- Realza los pigmentos escaldando las verduras antes de congelarlas, saltearlas o asarlas. Mételas en agua hirviendo durante 1-2 minutos y luego enfríalas; esto acabará con las enzimas autodestructivas de la planta que degradan sus pigmentos cuando se calientan lentamente.

MARRÓN
Terroso, asado

PIGMENTOS COMUNES:
Melanoidinas de la reacción de Maillard (carnes asadas, café)

VERDE
Fresco, herbáceo

PIGMENTOS COMUNES:
Clorofila (espinacas, judías verdes)

BLANCO
Suave, neutro

PIGMENTOS COMUNES:
Sin pigmentos ni antocianinas (patatas, coliflor)

AZUL
Intenso, rico, a veces ácido

PIGMENTOS COMUNES:
Antocianinas (arándanos, berenjenas)

Los sabores son una fusión de todos los sentidos y el color es clave. Por ejemplo, los alimentos más anaranjados saben más dulces, las hojas más verdes son más frescas y el rojo hace que la comida picante sea más ardiente.

ROSA

Dulce, afrutado

PIGMENTOS COMUNES: Antocianinas (pomelo rosa); astaxantina (camarones, salmón)

NEGRO

Fuerte, intenso

PIGMENTOS COMUNES: Melaninas (ajo negro); antocianinas (arroz negro)

NARANJA

Dulce, cítrico

PIGMENTOS COMUNES: Betacaroteno (zanahorias, batatas); betacriptoxantina (naranjas)

ROJO

Dulce, maduro

PIGMENTOS COMUNES: Licopeno (tomates); antocianinas (cerezas, fresas)

AMARILLO

Ácido, refrescante

PIGMENTOS COMUNES: Carotenoides (plátanos, maíz); Curcuminas (cúrcuma, azafrán)

¿CÓMO INFLUYE LA EXPECTATIVA EN EL SABOR?

El aspecto de los alimentos afecta a su sabor, pero la experiencia del sabor comienza mucho antes, incluso antes de que el aroma llegue a tus fosas nasales. Comprender la expectación, que da forma al sabor, llevará tu experiencia gastronómica a otro nivel.

Las áreas frontales del cerebro que se encargan del pensamiento influyen en gran medida en el sabor dentro del centro del gusto (págs. 48-49) y el centro del apetito. Las emociones positivas también aumentan el sabor y nuestra satisfacción general con la comida.

Crea un ambiente y una puesta en escena acordes con el estilo de la comida: la decoración, la música y la disposición de una sala influyen en gran medida en la experiencia gastronómica, alimentando la expectativa. Hay estudios que demuestran que sentar a los comensales demasiado juntos empeora su experiencia, sobre todo en las culturas occidentales. Fomenta un ambiente distendido: la buena comida y la bebida son casi siempre placeres que se disfrutan más en compañía, lo que mejora el ánimo y realza la experiencia del sabor.

Cuando sirvas comida, cuéntales a tus invitados más sobre ella: cómo la descubriste y por qué la has elegido. Además de crear anticipación y expectativas, esto impregnará cada elemento de la comida con emoción y significado, realzará el sabor y hará que los comensales se lleven un recuerdo imborrable.

A los humanos y a otros animales les gusta la novedad y su apetito aumenta cuando se les ofrece una gran variedad de manjares. Aprovéchalo incluyendo la mayor cantidad posible de aromas, sabores, texturas y gustos en el plato.

Elementos sociales y contexto cultural
La presencia de otras personas y el entorno social general influyen considerablemente en el disfrute de una comida. Las expectativas culturales sobre la etiqueta a la hora de comer y la presentación de los alimentos también marcan la experiencia gastronómica.

Música
El tempo y el tipo de música de fondo pueden afectar el ritmo de la comida, así como el estado de ánimo.

Gama de colores cálidos
Se cree que los colores cálidos, como el rojo y el amarillo, estimulan el apetito.

Mobiliario y espacio
Un asiento cómodo y un espacio adecuado mejoran la experiencia, ya que aumentan la comodidad y reducen el estrés.

Detalles adicionales
Las flores y los cuadros contribuyen a crear un ambiente agradable para comer.

LA LUZ TENUE

CREA UN AMBIENTE RELAJADO, LO QUE PROLONGA LA DURACIÓN DE LA COMIDA.

PLANIFICACIÓN Y TIEMPOS DEL ÁGAPE

El hambre es el impulso biológico más fuerte que tenemos, que altera el estado de ánimo, el comportamiento y los pensamientos. Las hormonas del hambre activan el centro del apetito, en una región llamada hipotálamo, y aumentan el olfato y el gusto, lo que hace que los pensamientos giren incontrolablemente hacia la comida. Aprovecha estos impulsos naturales dejando que el olor de la comida se extienda por el comedor. El aroma de la comida es capaz de abrirnos el apetito como ningún otro y llega a la amígdala cerebral, la parte animal del cerebro que despierta emociones. Tienta aún más a los comensales dejándoles ver la comida unos minutos antes de servirla.

Sirve un pequeño entrante antes del plato principal: masticar y comer estimula el centro del apetito y la digestión, lo que magnifica la experiencia del sabor cuando llega el plato principal. Cuando prepares varios platos o un menú con un entrante, procura no servir demasiados alimentos ricos en proteínas (carnes, legumbres, pescado) al principio, porque estos alimentos más difíciles de digerir disminuyen el apetito, lo que impide disfrutar de lo que está por venir. Hacen que disminuya la hormona del hambre y que las hormonas de saciedad (GLP-1 y PYY) se distribuyan por la sangre.

Por último, ve con calma con el postre: un mayor intervalo entre el plato principal y el postre favorecerá el apetito al permitir que se vacíe el estómago lleno. Así podrás saborear mejor el broche final del ágape.

¿SABEN MEJOR LOS ALIMENTOS BIEN PRESENTADOS?

Las modas y los estilos vienen y van: porciones en miniatura, platos minimalistas, comidas deconstruidas, ingredientes amontonados. Ahora, la ciencia empieza a identificar cómo podemos presentar la comida en el plato para que tenga el mejor sabor.

Nada atrae y retiene nuestra atención como las imágenes de comida, y los experimentos con neuroimagen sugieren que mirar la comida provoca un aumento del flujo sanguíneo en el cerebro, lo que desencadena la producción de hormonas que estimulan el apetito. Los artistas siempre han pintado cuencos de fruta y banquetes fastuosos, y hoy en día el 70 % de los adultos jóvenes y de mediana edad afirman que hacen fotos o vídeos de su comida. Los experimentos no solo han demostrado que estamos dispuestos a pagar más del doble por un plato si tiene una presentación bonita, sino también que sabe mejor. Un emplatado elegante nunca hará que una comida mediocre sepa bien, pero sí hará que un plato excelente sepa aún mejor.

FONDOS EN CONTRASTE

Si la comida es un arte, entonces el plato es el lienzo, y su color, tamaño y forma influyen en el sabor de los alimentos. En la gastronomía occidental, casi todas las comidas se sirven en un plato redondo de porcelana blanca, mientras que en la cultura japonesa se valora la «armonía», y los cuencos y platos son de colores y formas que se adaptan a cada elaboración. En cambio, en muchas otras culturas es habitual compartir el plato o el cuenco. Hay estudios que demuestran que el color de un plato debe contrastar con la comida, de modo que destaque sobre el fondo. Los platos blancos y redondos parecen intensificar los sabores dulces, mientras que los oscuros y angulosos resaltan más los salados.

PLATO ORDENADO VS. PLATO DESORDENADO

Un aspecto que se reitera en las investigaciones es que la pulcritud importa. Y otro hallazgo de peso es la importancia del equilibrio en un plato, donde todos los componentes se disponen alrededor de un punto central, y no a un lado. A los chefs se les ha enseñado durante mucho tiempo la regla de tres, que consiste en emplatar siempre un número impar de elementos: tres, cinco o siete vieiras, gambas o raviolis son más apetecibles. Aun así, los estudios han puesto la teoría patas arriba y demuestran que no se sostiene. Nos atraen más elementos, siempre y cuando el plato no esté abarrotado y haya mucho espacio libre cerca del borde.

COLOCACIÓN

Deja un espacio libre de 13 mm desde el borde del plato, procurando no llenarlo demasiado y dejando al menos un tercio vacío.

PLATO APETITOSO CON ESPACIO ALREDEDOR

PLATO DEMASIADO LLENO

Emplatado tradicional
Un plato tradicional de «carne y dos verduras». Un buen trozo de proteína, normalmente carne o pescado, más carbohidratos. Ninguno de los ingredientes está en contacto; el comensal puede elegir cómo combinar los sabores en cada bocado.

LA PROTEÍNA

SUELE SER EL ELEMENTO PRINCIPAL DE UN PLATO, CON ACOMPAÑAMIENTOS COMO VERDURAS Y GUARNICIONES.

Un plato elegante
Una disposición atractiva. Las salsas combinan los elementos y las guarniciones añaden color y toques de sabor. El chef ha elegido la combinación de sabores.

Formas en el plato

Colocar los alimentos de distintas formas en el plato puede influir en cómo disfrutas de la comida. Se pueden colocar diferentes elementos de modo que aumenten el apetito.

ARCOS, REMOLINOS Y TRAZOS

Hacer estas formas con las salsas introduce un elemento de movimiento y fluidez, que guía la mirada a través el plato.

EMPLATADO EN TRÍO

Este método suele utilizarse para presentar el mismo ingrediente preparado de tres formas diferentes.

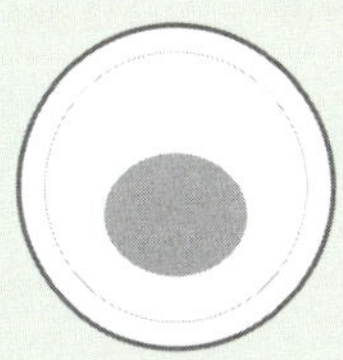

ELEMENTO PRINCIPAL DESCENTRADO

Si el elemento principal está descentrado, debe colocarse lo más cerca posible del comensal.

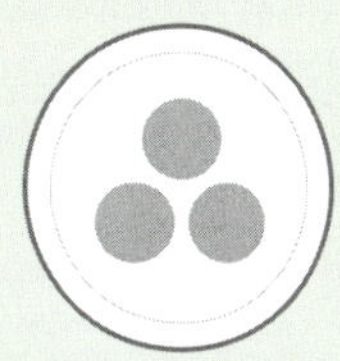

TRIÁNGULOS

Si se colocan los ingredientes en forma triangular, los estudios demuestran que los comensales prefieren que apunten en dirección contraria a ellos.

LÍNEA ÚNICA

Los estudios demuestran que a los comensales les parece más sabrosa la comida con un elemento recto cuando apunta hacia la derecha y en dirección contraria a ellos.

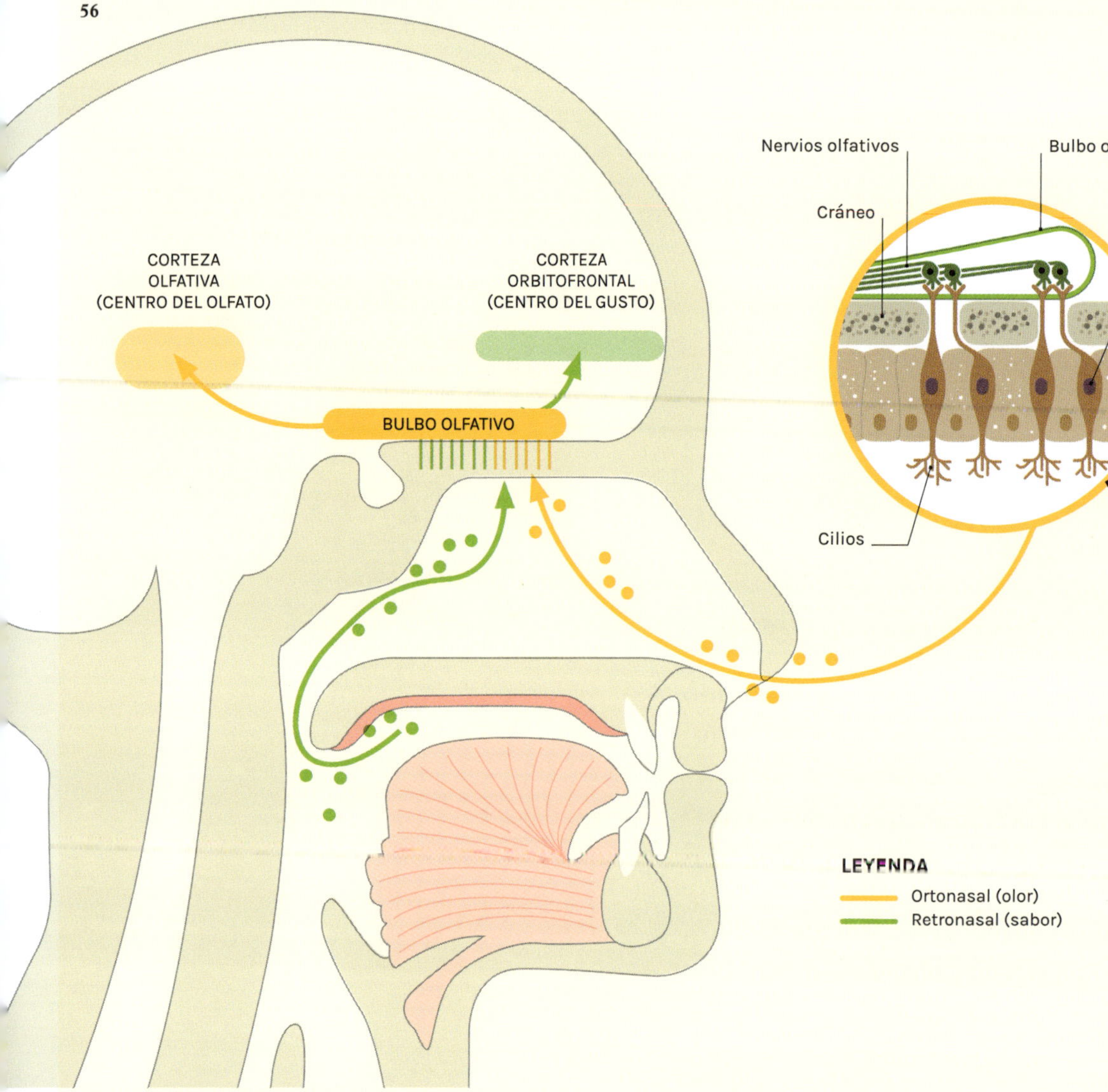

Vía ortonasal
Cuando olemos comida, una parte del cerebro, el bulbo olfativo, procesa y refina las señales de aroma, convirtiéndolas en «imágenes olfativas» para que el cerebro las reconozca, de la misma manera que reconocemos caras.

EL BULBO OLFATIVO CONTIENE **50.000.000** DE CÉLULAS OLFATIVAS MICROSCÓPICAS QUE DETECTAN LOS OLORES.

¿CÓMO AFECTA EL OLOR AL SABOR?

Algunas encuestas muestran que el olfato es el sentido que menos valoramos y que más nos gustaría perder. Sin embargo, si lo perdiéramos, nos confinaríamos en un mundo de comida insípida: los científicos coinciden en que entre el 75 y el 95 % del sabor de los alimentos proviene del sentido del olfato.

La nariz humana es grande en comparación con la de nuestros parientes primates. Se ha hecho más grande a lo largo de varios milenios para filtrar, limpiar, calentar y humidificar el aire que respiramos. Aunque nuestra capacidad para detectarlos no es tan fuerte como la de otros mamíferos, distinguimos alrededor de un billón de olores. A diferencia de la mayoría de los animales, olemos la comida «por vía retronasal» mientras comemos, lo que significa que, cuando se trata de experimentar el sabor, salen a la palestra los auténticos poderes de la nariz.

OLOR Y SABOR

Como te dirá cualquiera con la nariz tapada, sin el sentido del olfato, la comida pierde sabor y se vuelve sosa. El sabor parece provenir de la lengua, pero esto es una alucinación: nuestro cerebro «pinta» los aromas de la comida en la superficie de la lengua, convenciéndonos de que el sabor viene de ahí.

CÓMO FUNCIONA EL OLFATO

Dentro de la nariz, en lo alto de la cavidad nasal, hay una pequeña área llamada epitelio olfativo, donde se produce la detección de olores. Ahí dentro hay 50 millones de células olfativas microscópicas que detectan olores, cada una con cilios colgantes en forma de tentáculos cubiertos de mucosa. Tienen receptores moleculares que pueden captar una parte concreta de un compuesto aromático al pasar: sustancias en el aire que dan a los alimentos su aroma y sabor (págs. 66-67). Cuando quedan atrapados en la mucosa, estos compuestos son detectados por uno o más de los 300 a 400 tipos de células olfativas, lo que provoca que se envíe una señal eléctrica al cerebro. La combinación de tipos de células activadas se graba en el cerebro como una «imagen» que es única para ese olor. Es como tener un teclado con 400 teclas diferentes tocando un acorde, cada una con un aroma único.

LAS RUTAS DEL AROMA

Hay dos rutas para que la percepción de los aromas llegue al cerebro. La vía ortonasal, por la que los compuestos aromáticos entran en la cavidad nasal a través de las fosas nasales, se experimenta como olor. Cuando los mismos aromas proceden de la comida en la boca, se traducen en sabor. Este segundo olor toma una ruta distinta, la retronasal, hacia el cerebro, donde los aromas a levadura, tostado y malta se traducen en el sabor delicioso y único del pan, por ejemplo.

NOTAS DE SABOR DE LOS COMPUESTOS AROMÁTICOS

LAS SUSTANCIAS QUÍMICAS DE LOS ALIMENTOS Y BEBIDAS QUE PRODUCEN LOS OLORES QUE PERCIBIMOS (PÁGS. 66-67) SE CLASIFICAN EN CATEGORÍAS:

Células aromáticas
El sabor único de un alimento se debe a los receptores olfativos activados combinados con los sabores básicos. La fruta del dragón tiene un aroma más complejo, con sabores agridulces, que la col, que es más amarga.

CADA PERSONA TIENE UN SISTEMA DE

300-400

RECEPTORES OLFATIVOS

LOS COMPUESTOS AROMÁTICOS ACTIVAN DIFERENTES TIPOS DE RECEPTORES OLFATIVOS PARA CREAR SABOR.

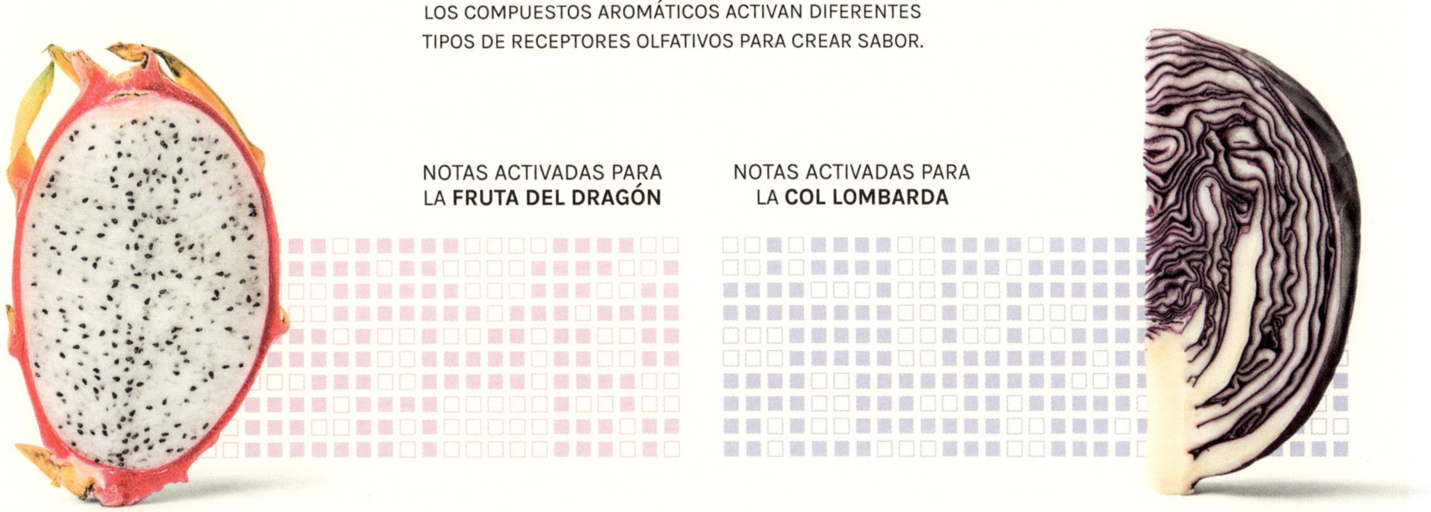

¿POR QUÉ TENEMOS GUSTOS TAN DIFERENTES?

Si alguna vez te ha sorprendido que otra persona aborrezca un alimento que a ti te encanta, o viceversa, sabrás que la experiencia de cada persona con el sabor es diferente y, a menudo, estas diferencias pueden ser profundas. Comprender esto ayuda a crear platos para todos los paladares.

Nuestra genética determina que no todos nacemos con los mismos poderes gustativos. Se estima que los adultos tienen entre 2000 y 8000 papilas gustativas, y aquellos con un número mayor tenemos la suerte de poseer un sentido del gusto más agudo.

Los investigadores descubren continuamente nuevos genes que dotan a los humanos de poderes gustativos excepcionales, pero una cuarta parte de las personas son «superdegustadoras»: han heredado un receptor de amargor potenciado (TAS2R38), que les permite detectar mejor los cambios sutiles en los ingredientes. Los superdegustadores pueden tener más papilas gustativas, o no. Para ellos, los dulces son más dulces, las cosas saladas más saladas y el umami más intenso. Esto es una ventaja con trampa: el amargor de las coles de Bruselas y otras verduras de hoja verde suele ser repulsivo para ellos, y el café y el alcohol son un trago amargo. El picante de la guindilla y la efervescencia de las burbujas son más pronunciados todavía. Los alimentos salados y grasos también carecen del atractivo que tienen para aquellos que no poseen dicho «superpoder».
Los bebés superdegustadores son más difíciles de destetar y suelen ser quisquillosos con la comida.

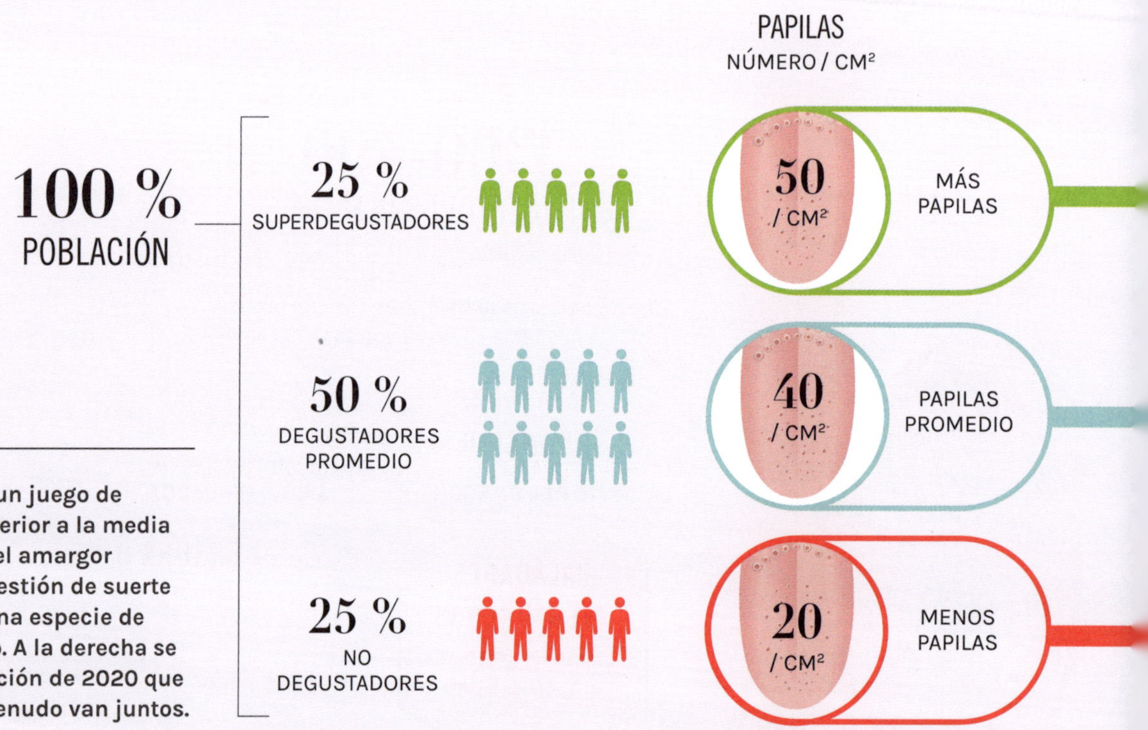

La ciencia tras los superdegustadores

Que hayas nacido con un juego de papilas gustativas superior a la media o tengas un receptor del amargor superpotenciado es cuestión de suerte genética. Podrías ser una especie de superdegustador... o no. A la derecha se muestra una investigación de 2020 que ilustra que ambos a menudo van juntos.

AROMA

La mayor parte de la experiencia del sabor proviene del aroma de la comida, que pasa de la boca a la parte posterior de la nariz (págs. 56-57). Nadie nace con un conjunto completo de receptores olfativos: a algunos les faltan o no funcionan del todo. Es como si a cada uno de nosotros se nos hubiera dado un piano con un juego único de teclas que faltan y un puñado de teclas defectuosas que tocan notas falsas.
Por lo tanto, un sabor puede ser sinfónico para algunos, pero discordante para otros.

Uno de los receptores olfativos de nuestra escala de 400 aromas se llama OR6A2 y, cuando no funciona bien (como ocurre en hasta el 17 % de las personas de ascendencia europea y el 21 % de las de Asia oriental), hace que el agradable sabor herbáceo y ligeramente cítrico de la hoja de cilantro se perciba como un desagradable sabor a jabón (págs. 188-189). Del mismo modo, las personas a las que la carne de cerdo les huele a sudor o a orina suelen tener un receptor de aroma «OR7D4» demasiado sensible.

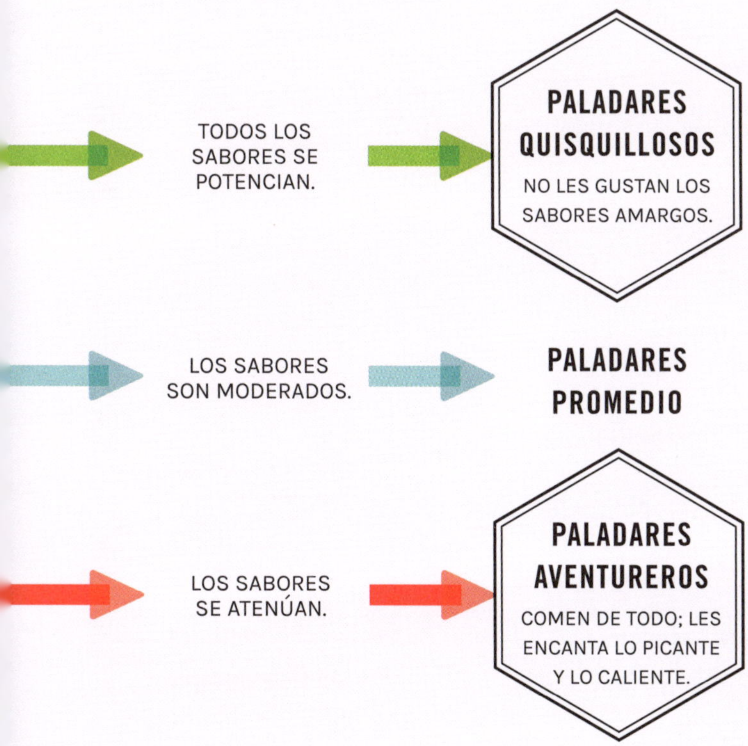

Sabor a manzana

Si muerdes una manzana, los receptores olfativos detectan sus diferentes aromas y envían mensajes al cerebro. Las personas que carecen de más receptores pueden percibir menos sabores de la manzana.

EL SABOR QUE EXPERIMENTAMOS DEPENDE DE CUÁNTOS RECEPTORES OLFATIVOS Y GUSTATIVOS TENGAMOS.

TODOS TENEMOS HASTA **400** RECEPTORES OLFATIVOS EN LA NARIZ.

LEYENDA

- 2,5 receptores olfativos
- Receptores olfativos de la manzana
- Falta de receptores olfativos de manzana

TODOS LOS RECEPTORES GUSTATIVOS DEL AROMA DE MANZANA ACTIVADOS

PERSONA A

Le faltan algunos receptores gustativos del aroma de manzana.

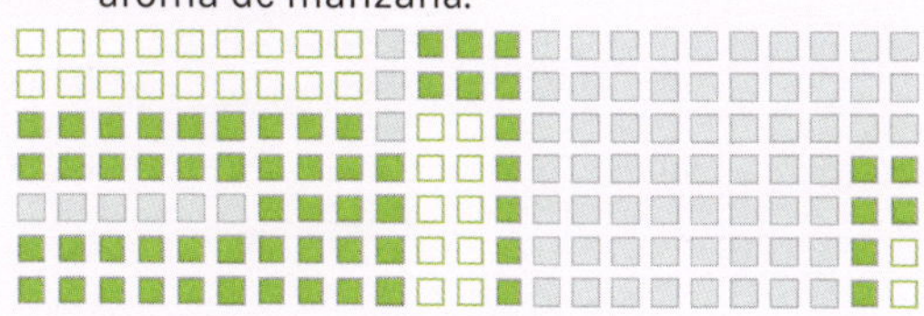

PERSONA B

Le faltan más receptores gustativos del aroma de manzana.

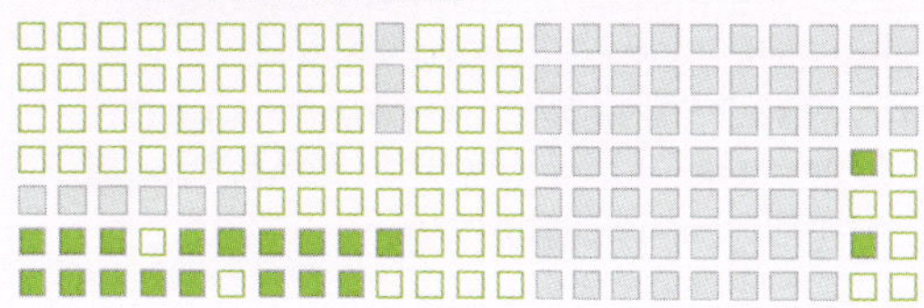

¿CAMBIA EL GUSTO CON LA EDAD?

Las células de las papilas gustativas se reciclan cada semana o dos, pero su número total disminuye a medida que envejecemos. Al llegar a la edad adulta, hemos perdido un tercio de las papilas gustativas, lo que explica por qué los alimentos nos parecen mucho más intensos cuando somos jóvenes y por qué las personas mayores suelen echarle sal a todo.

Además de la reducción de las papilas gustativas, el número de células receptoras del olfato en la cavidad nasal también se reduce drásticamente después de los sesenta años, lo que atenúa aún más la percepción del sabor.

El gusto también puede verse afectado por sus fuertes vínculos con los centros de memoria emocional del cerebro. Una mala experiencia puede bastar para provocar una repulsión duradera hacia un sabor concreto. Esto afecta especialmente si la experiencia ocurre cuando somos jóvenes. Cualquiera que haya tenido una mala experiencia con el marisco o se haya sentido indispuesto tras excederse con una bebida alcohólica determinada en su juventud evitará esos sabores en el futuro. Se tarda más en acostumbrarse a los sabores fuertes, aunque es más fácil si la madre los ha consumido durante el embarazo o la lactancia.

Todos nacemos predispuestos a que nos guste lo dulce y nos desagrade lo amargo, pero prácticamente todas las demás preferencias de sabor se han aprendido en algún momento del pasado, aunque no lo recordemos, sobre todo si ocurrió en el útero.

Durante el embarazo, algunos compuestos aromáticos pasan al bebé a través de la placenta y la leche materna, lo que graba en el cerebro la idea de que ese alimento es seguro. Los estudios demuestran que las mujeres embarazadas que siguen una dieta rica en especias y alimentos de sabor fuerte tienen menos probabilidades de tener un hijo quisquilloso con la comida.

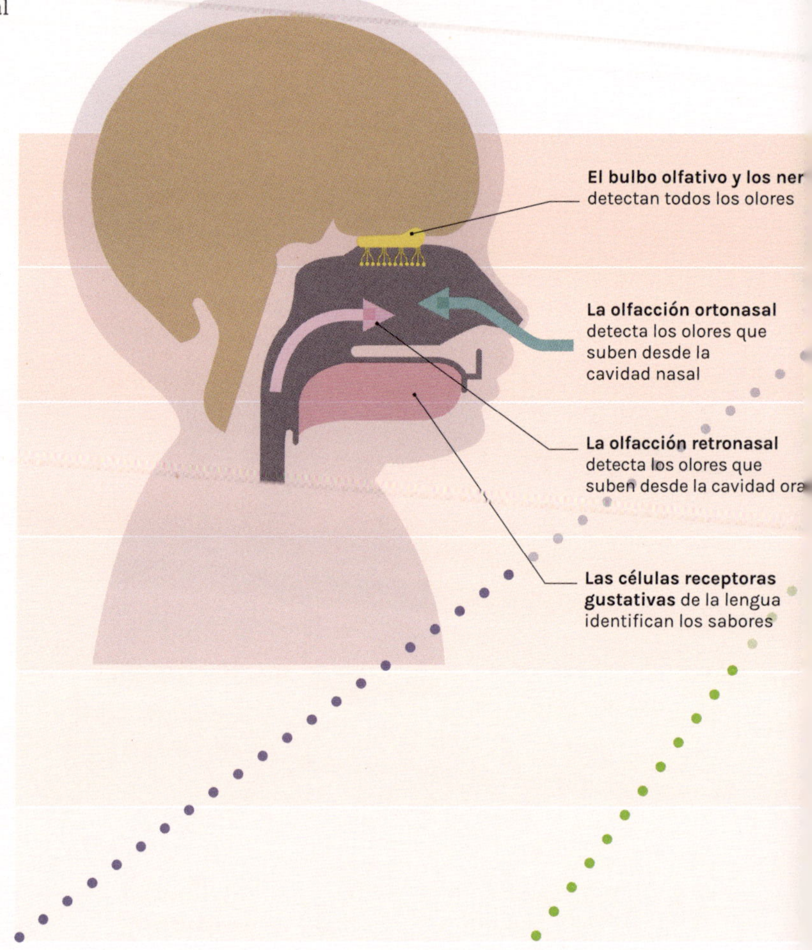

Percepción de los aromas a lo largo de la vida

Con el tiempo, los gustos que experimentamos cambian y evolucionan. Esto está relacionado con el número de papilas gustativas que tenemos y nuestro sentido del olfato, que disminuye drásticamente con la edad. Las mujeres tienen más receptores olfativos que los hombres, por lo que generalmente identifican más sabores.

AL NACER

Los bebés nacen con más papilas gustativas que los adultos y son sensibles al gusto. Biológicamente, los bebés tienden a preferir los sabores dulces y aborrecen los amargos.

PRIMEROS AÑOS DE VIDA

A medida que los niños pequeños pasan a los alimentos sólidos, siguen siendo sensibles al sabor y prefieren los sabores salados y dulces.

Otros factores

NUESTRA PERCEPCIÓN DEL SABOR TAMBIÉN SE VE AFECTADA A LO LARGO DE LA VIDA POR FACTORES COMO EL ENTORNO, LA BIOLOGÍA Y EL ESTILO DE VIDA. Los alimentos a los que estamos expuestos de niños y que comemos al crecer influyen en nuestro gusto durante el resto de la vida. Algunos estudios también señalan que, según el tipo de personalidad, se prefieren unos sabores u otros. Por ejemplo, una personalidad extrovertida puede preferir sabores más picantes. También hay afecciones físicas, como el Alzheimer, que pueden influir en la percepción del gusto.

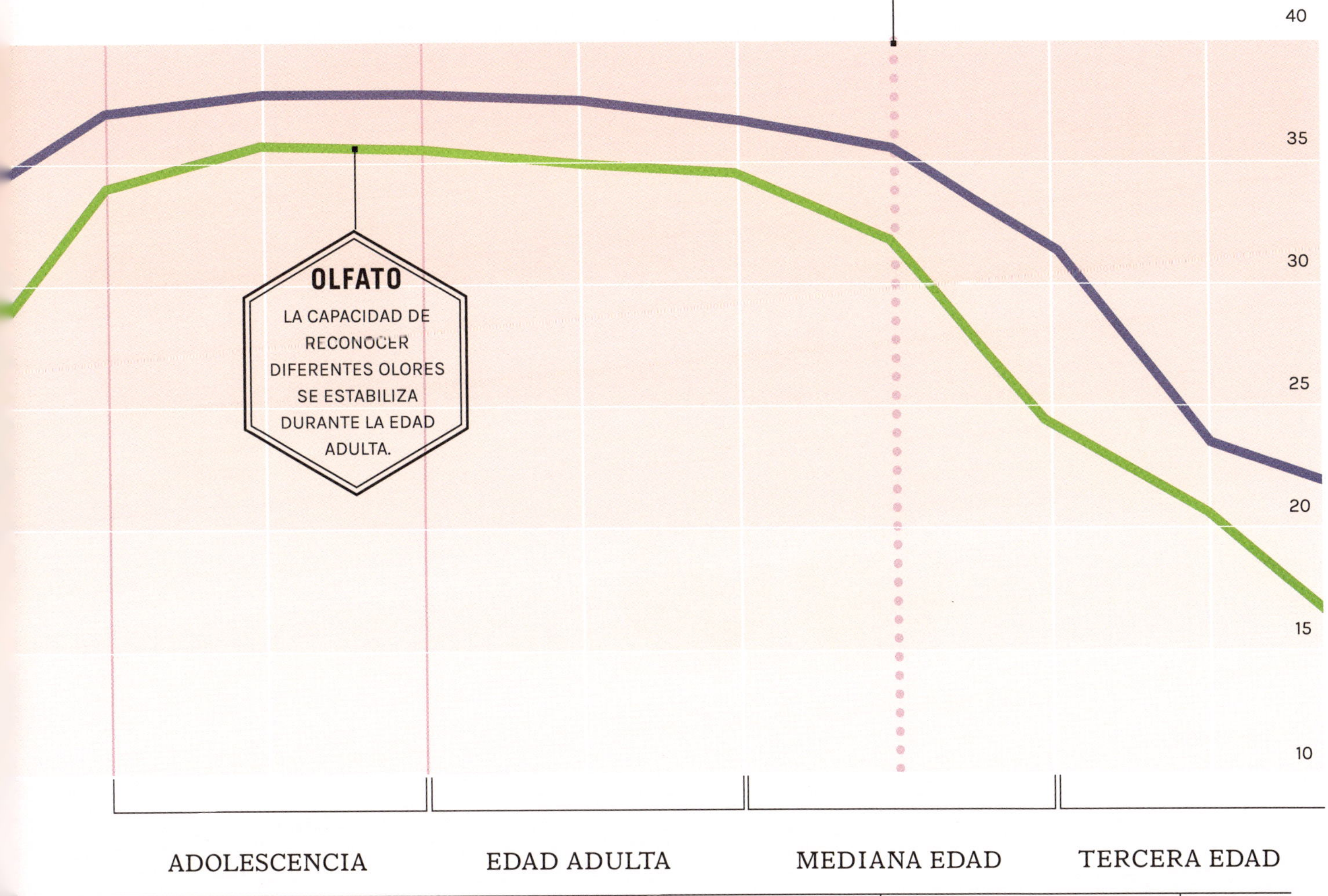

Los cambios hormonales durante la adolescencia influyen en el gusto, lo que da lugar a una preferencia por sabores más fuertes, incluyendo alimentos salados y picantes.

En la adultez, las papilas gustativas son menos sensibles y estamos acostumbrados a una gama más amplia de sabores. El gusto varía de una persona a otra y aún puede evolucionar.

Con el tiempo, el número de papilas gustativas disminuye y el sentido del olfato se debilita. Estos cambios afectan a nuestra percepción del sabor.

En las últimas etapas, preferimos alimentos con sabores más fuertes porque las papilas gustativas se debilitan. Los medicamentos también pueden afectar las papilas gustativas.

¿CÓMO SE RELACIONAN EL SONIDO Y EL SABOR?

Ya sea que burbujee, se aplaste, cruja o estalle en la boca, el sonido de la comida (y el lugar donde la estés comiendo) tiene gran influencia en su sabor.

Por raro que parezca, si no puedes oír bien, tampoco puedes saborear del todo: hay estudios que demuestran que las personas sordas no perciben el sabor de los alimentos con tanta intensidad como las oyentes. Como el sabor es una ilusión creada en el cerebro (pág. 48), el sonido prepara nuestra mente para lo que está a punto de experimentar, aumentando así la expectación del sabor. El ruido de un paquete de patatas fritas y el crujido al comerlas evocan un sabor de frescura, independientemente de la calidad de la patata. El chocolate sabe más a chocolate si cruje con fuerza; creemos que una cerveza es de primera calidad si el botellín se abre con un silbido, y asociamos la suave efervescencia del vino espumoso con el champán de alta calidad en lugar del Prosecco más barato.

AGUDO = DULCE Y ÁCIDO

LOS SONIDOS AGUDOS AMPLIFICAN LOS SABORES DULCES Y ÁCIDOS.

BAJO = AMARGOR

LOS SONIDOS GRAVES O DISCORDANTES AUMENTAN EL AMARGOR.

STACCATO = CRUJIENTE

LA PERCEPCIÓN DE FRESCURA O CROCANTEZ SE POTENCIA CON EL CRUJIDO.

El sabor a tono

El sonido converge con la vista, el gusto y el aroma en el centro gustativo del cerebro, y las investigaciones muestran que las señales auditivas pueden inclinar la balanza de formas sorprendentes. Algunos académicos creen que esto apunta a un lenguaje alimentario primario, ya que los bebés dan gritos de alegría con los sabores dulces y refunfuñan con un «puaj» con los alimentos amargos.

Como sabrá cualquier entusiasta de la cocina, no solo comemos con los oídos, también cocinamos con ellos: desde el chisporroteo de un pescado en una sartén lo bastante caliente hasta el reconfortante burbujeo de la pasta al hervir, los sonidos de la cocina son como las instrucciones del GPS para un cocinero. Los ruidos característicos pueden hacer que los sabores sean más llamativos: si el tono es el adecuado, los ingredientes de una buena comida cantarán juntos en armonía.

Y no solo importa el chasquido y el crujido de lo que hay en el plato: el ruido ambiental afecta al sabor e incluso puede alterar la elección de los alimentos. El ruido estático, el zumbido o el silbido, como el de un avión, amortiguan los sabores, lo que explica en parte por qué la comida en un vuelo es tan insípida (a menudo le ponen más sal para compensarlo). El siguiente gráfico muestra los resultados de un experimento que analizó los efectos del ruido de fondo en la percepción del sabor.

SILENCIOSO

EN ENTORNOS SILENCIOSOS, LA COMIDA SABÍA MÁS SALADA, PERO UN POCO MENOS DULCE.

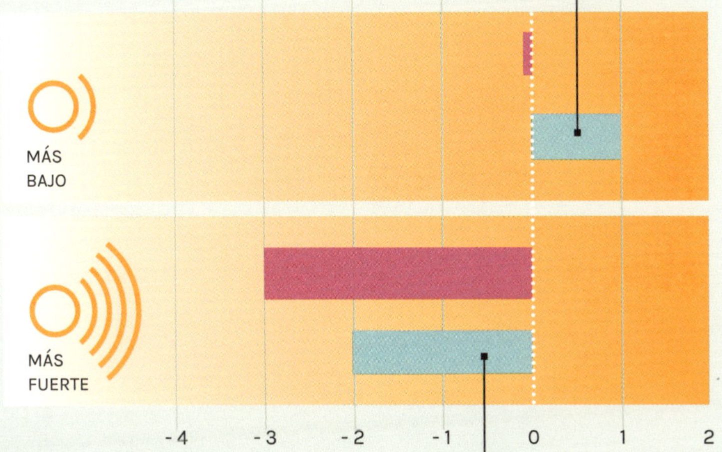

RUIDO E INTENSIDAD DEL SABOR

LEYENDA

- Percepción del dulce
- Percepción del salado

MÁS FUERTE

UN RUIDO DE FONDO MÁS FUERTE HACÍA QUE LA COMIDA SUPIERA MENOS DULCE Y MENOS SALADA.

SUAVE = CREMOSIDAD

LOS SONIDOS SUAVES Y FLUIDOS REALZAN LA SENSACIÓN DE TEXTURA CREMOSA.

Comer al ritmo de la música

LA ACTIVIDAD ELÉCTRICA EN EL CEREBRO LATE AL RITMO DE CUALQUIER MÚSICA o ritmo que oigamos, por lo que la velocidad a la que comemos tiende a seguir el ritmo de la música. La música lenta invita a entretenerse, a saborear la comida y la conversación, mientras que las melodías alegres incitan a los comensales a comer y terminar rápidamente. El género musical también influye: los experimentos han demostrado una y otra vez que la música clásica mejora la calidad aparente de los alimentos que comemos.

ACTIVANDO EL SABOR

¿QUÉ SON LOS COMPUESTOS DE SABOR?

Para los humanos, el aroma es sabor. Somos únicos entre los mamíferos porque olemos la comida mientras la tenemos en la boca, en un proceso llamado olfato retronasal. Muchos otros animales, como los perros, no huelen la comida mientras la mastican, simplemente la olfatean, la mastican y la tragan.

Los compuestos químicos transportados por el aire en los alimentos son los que transmiten los aromas (olores) que son fundamentales para el sabor. Cuando el cóctel de compuestos aromáticos de un alimento conocido inunda la cavidad nasal, lo reconocemos al instante, de forma inconsciente y automática. La habilidad de un sumiller o catador profesional es distinguir los aromas y notas individuales. Cada toque de humo de leña, cada nota de hierba verde y cada aroma de melocotón proviene de un compuesto aromático.

PERFIL DE LOS COMPUESTOS AROMÁTICOS

Los científicos usan dispositivos para tomar muestras del aire que sale de las fosas nasales de una persona mientras come, con el fin de captar con precisión el perfil de los compuestos aromáticos que circulan por la nariz cuando se mastica y se traga la comida. Los extraños nombres químicos enmascaran su poder evocador: el dulce aroma del plátano proviene del acetato de isoamilo, y la intensidad de la carne asada proviene del 4-mercapto-3-metil-2-butanol. Esta información es valiosísima para los fabricantes de alimentos, que pueden embotellarlos y utilizarlos como aromatizantes. Los compuestos aromáticos son un tipo de compuesto de sabor: las moléculas que constituyen la esencia real del sabor de un alimento. El chocolate, por ejemplo, es una mezcla de unos 300 compuestos aromáticos. Hay más de 25.000 tipos conocidos de moléculas de compuestos aromáticos, algunas de las cuales se denominan «compuestos gustativos» y actúan sobre la lengua (como el azúcar y la sal) para crear los sabores básicos.

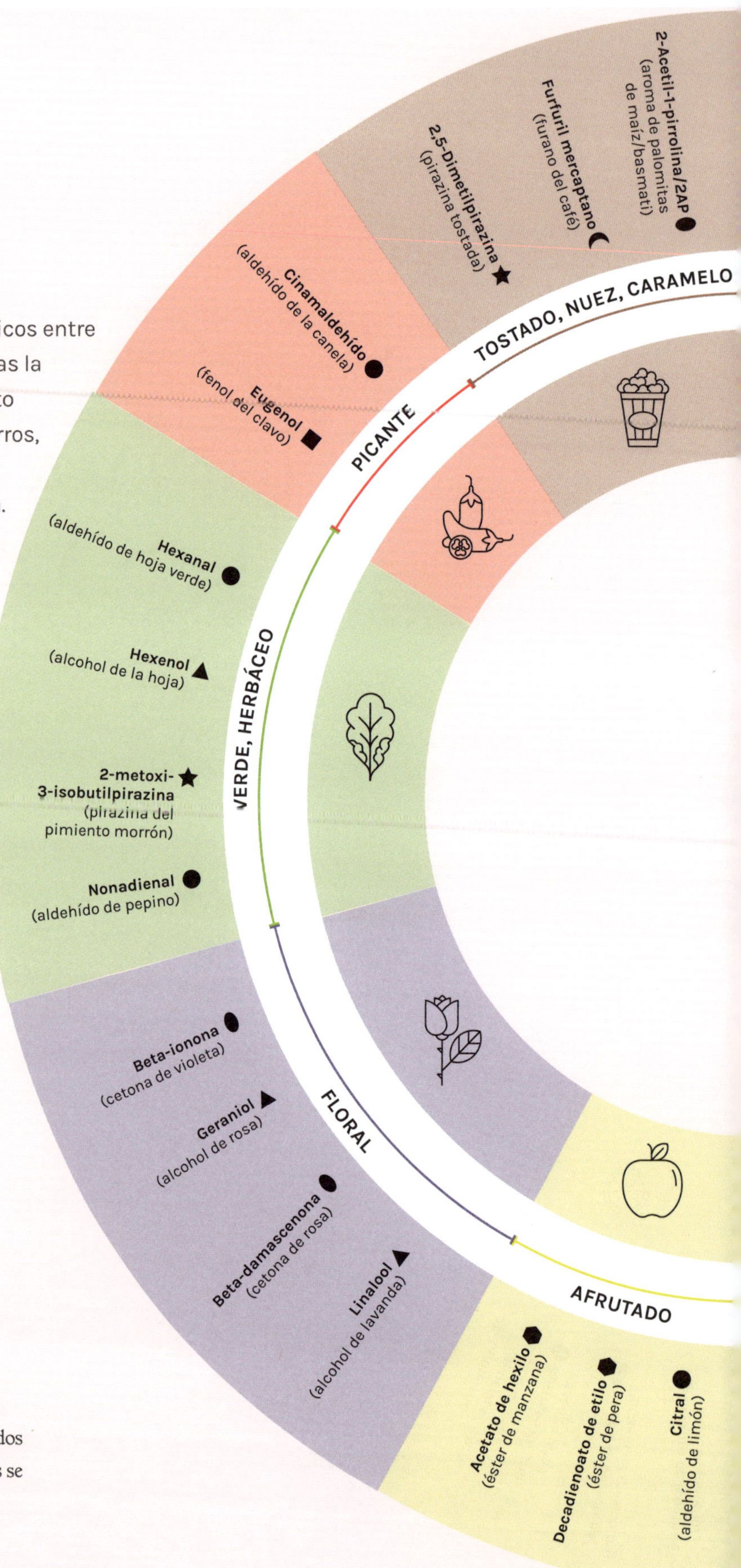

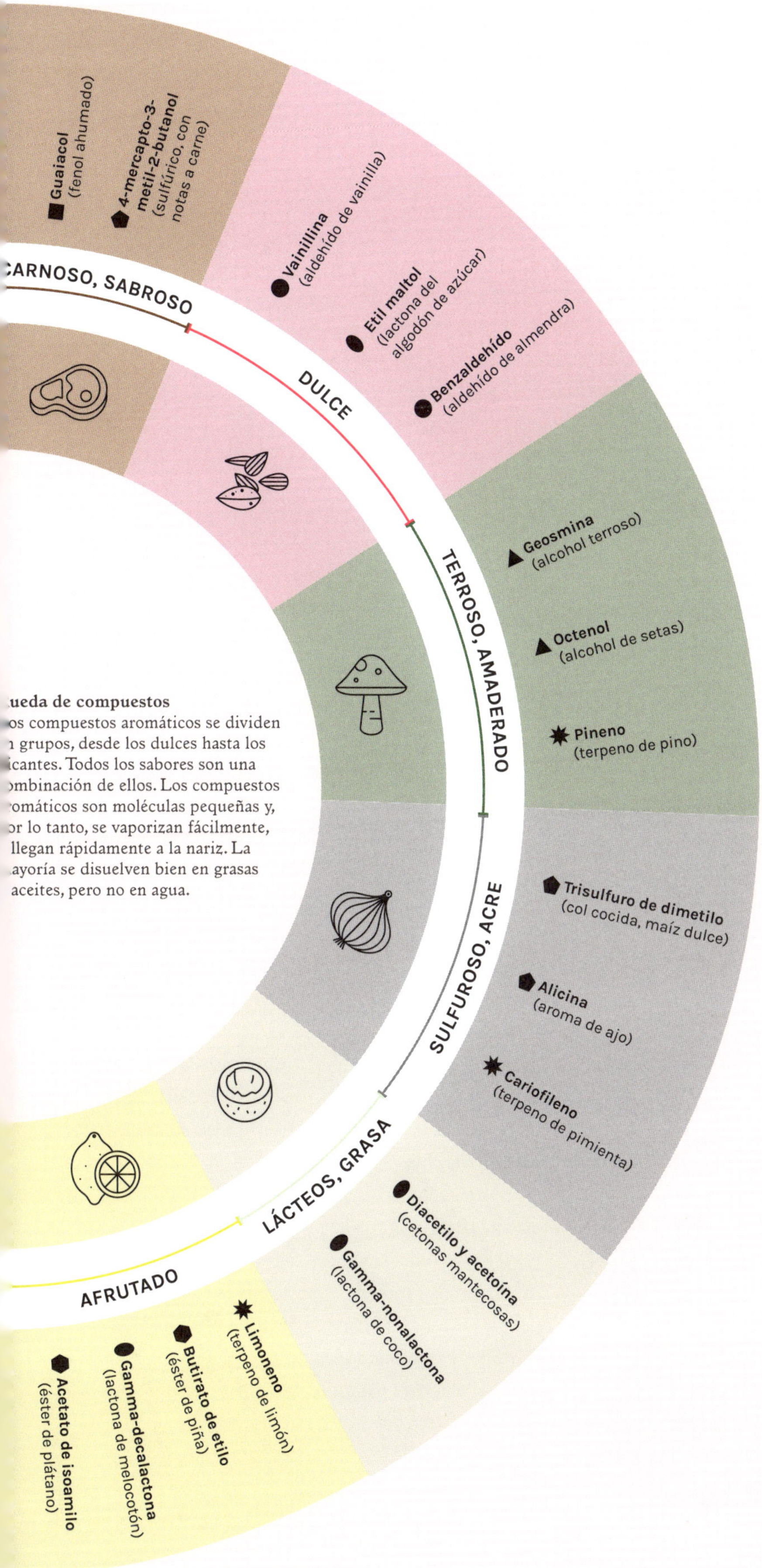

…ueda de compuestos
…os compuestos aromáticos se dividen …n grupos, desde los dulces hasta los …icantes. Todos los sabores son una …ombinación de ellos. Los compuestos …omáticos son moléculas pequeñas y, …or lo tanto, se vaporizan fácilmente, …llegan rápidamente a la nariz. La …ayoría se disuelven bien en grasas …aceites, pero no en agua.

Familias de compuestos aromáticos

●

ALDEHÍDOS

Responsables de los sabores a nuez, fruta y hierba.

●

CETONAS Y LACTONAS

Notas mantecosas, cremosas y afrutadas que dan riqueza a los aromas.

▲

ALCOHOLES

A diferencia del etanol (págs. 213-214), estos aumentan la complejidad del sabor y pueden tener un aroma dulce, picante o incluso medicinal.

■

FENOLES

Se encuentran a menudo en alimentos ahumados o carbonizados y dan sabores amargos y astringentes.

⬟

COMPUESTOS DE AZUFRE

Notas picantes, saladas o sulfurosas que añaden profundidad a los alimentos asados o ricos en umami.

⬢

ÉSTERES

Responsables de los sabores afrutados.

★

PIRAZINAS

Contribuyen a los sabores tostados, a nuez y achocolatados, producidos en la reacción de Maillard (págs. 74-77).

✸

TERPENOS

Se encuentran en muchas plantas y producen sabores amaderados, especiados y cítricos.

☾

FURANOS

Notas tostadas, con aroma a nuez y caramelizadas, esenciales en parrilladas y horneados.

¿CUÁL ES LA CIENCIA DETRÁS DE LAS COMBINACIONES DE ALIMENTOS?

VAINILLA

Algunos alimentos están hechos el uno para el otro, desde el reconfortante manto de la mozzarella, el tomate y la mejorana encima de una pizza, hasta la tentadora trinidad del jengibre, el ajo y la salsa de soja. Pero ¿qué pasa con los que no combinan? Pues también hay formas de crear armonía en esos casos.

PIMIENTA

Si lo piensas, la mayoría de los maridajes son muy extraños. ¿Por qué una fruta cocida (el tomate) sabe mejor cuando se unta en un producto lácteo fermentado (mozzarella) y se realza aún más con una pizca de hojas verdes picadas (mejorana)? Cada cultura tiene sus maridajes peculiares, y este misterio lleva mucho tiempo confundiendo a gastrónomos y científicos por igual.

En la década de 1990, el chef británico Heston Blumenthal y el maestro del sabor François Benzi se pusieron manos a la obra para intentar descifrar este enigma culinario. Al final, dieron con la teoría del «maridaje de sabores», y llegaron a la conclusión de que los alimentos que saben bien juntos también comparten muchos compuestos de sabor (págs. 66-67).

IMPACTO DEL MARIDAJE DE SABORES

Cuando los científicos confirmaron la teoría de la combinación de sabores en 2011 analizando 56.498 recetas de diferentes cocinas del mundo junto con los compuestos de sabor que contienen, el mundo culinario no daba crédito. Aparecieron libros, webs y empresas de maridaje de alimentos, que afirmaban que los datos sobre los compuestos de sabor permitirían a los cocineros hacer combinaciones de alimentos inverosímiles y deliciosas. Y, aun así, por cada fan del maridaje de sabores, hay un crítico tanto en los círculos académicos como en los de los chefs. La teoría se sostiene bien en las cocinas occidentales (en la lasaña, por ejemplo, cada ingrediente combina muy bien con otro), pero no siempre funciona en otros lugares. Algunos también señalan, con razón, que la teoría no dice nada sobre la textura y la sensación en boca de un ingrediente, su nivel relativo de sal, dulzor, acidez , sabrosura o las cantidades de los distintos compuestos de sabor que tiene cada uno.

EL CHOCOLATE Y EL QUESO AZUL COMPARTEN AL MENOS

73

COMPUESTOS DE SABOR.

LOS INGREDIENTES VARÍAN

Los ingredientes individuales varían enormemente. La carne de vacas alimentadas con pasto tiene una mezcla de compuestos de sabor sutilmente distinta a la de las vacas alimentadas con grano. Cada fruta tiene sus propios compuestos de sabor en función del suelo en que se cultiva, de su grado de madurez, de la variedad y de si crece en una parte más soleada de la planta (que la vuelve más dulce). Sin embargo, la teoría de los maridajes de sabores es una buena herramienta para crear nuevos platos. Utiliza las combinaciones comunes y poco comunes del capítulo cuatro como punto de partida para tu creatividad.

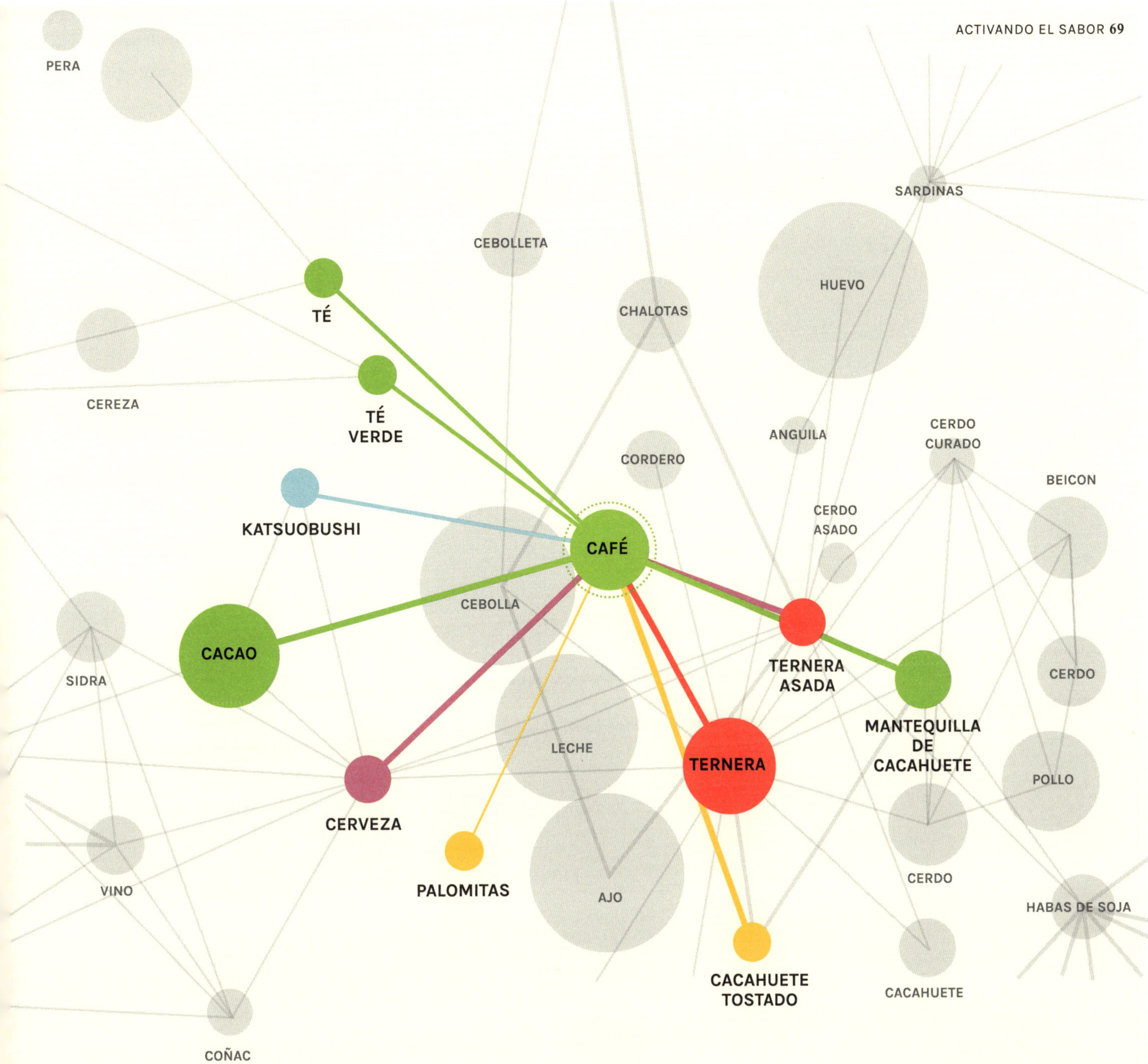

Red de aromas

Esta es una pequeña parte de la red original de maridaje de sabores de 2011, que conecta ingredientes que comparten un número significativo de compuestos de sabor. El grosor de la línea indica el número de compuestos compartidos y el tamaño de los ingredientes refleja la frecuencia con que se utilizan en las recetas. Los ingredientes similares, como las carnes, se agrupan, a la vez que surgen nuevas conexiones inesperadas.

LEYENDA

- Carnes
- Plantas
- Frutos secos/ semillas/legumbres
- Bebidas alcohólicas
- Pescado

¿CÓMO TENDER PUENTES ENTRE SABORES?

Aunque los libros, webs y muchos chefs confían ciegamente en la teoría del maridaje de sabores, esta dista mucho de ser infalible, y la idea empezó a tambalear cuando los investigadores descubrieron que la teoría solo funciona para la cocina occidental. La solución a este enigma llegó del lugar menos esperado.

Pese a los éxitos de la teoría del maridaje de sabores, las cocinas del sudeste asiático, India, África occidental y algunas del sur de Europa suelen hacer todo lo contrario, combinando ingredientes que tienen menos probabilidades de compartir compuestos de sabor. Se trata de alimentos que deberían chocar y desentonar al comerlos juntos, pero que acaban siendo deliciosos.

La respuesta al enigma del maridaje inverso llegó cuando Telefónica le encargó a un académico que descifrara la vasta red de conexiones de sabores que se observan en las cocinas del mundo. Esperaban que su experiencia en redes informáticas les permitiera crear una herramienta que los mejores chefs pudieran utilizar para alcanzar nuevas cotas gastronómicas.

UN PUENTE HACIA EL SABOR

El investigador principal, Tiago Simas, hizo los cálculos y, en colaboración con el célebre chef español Ferran Adrià, descubrió que dos ingredientes incompatibles pueden combinarse armoniosamente cuando un tercer ingrediente hace de «puente» entre ambos. Este tercer ingrediente combina con cada uno de los ingredientes no compatibles y los une (ver al lado). En la teoría de maridaje de sabores, los ingredientes como el cacao,

DIFERENCIAS MUNDIALES

EN TODO EL MUNDO, LAS COCINAS UTILIZAN DISTINTOS ELEMENTOS DE COMBINACIÓN Y MARIDAJE DE ALIMENTOS.

ALBARICOQUE

TOMATE

WHISKY

Maridaje o puente

El albaricoque y el whisky comparten pocos compuestos de sabor, por lo que saben mal cuando se consumen juntos. Sin embargo, tanto el albaricoque como el whisky comparten compuestos de sabor con el tomate, por lo que cuando se añade tomate, el sabor es armonioso.

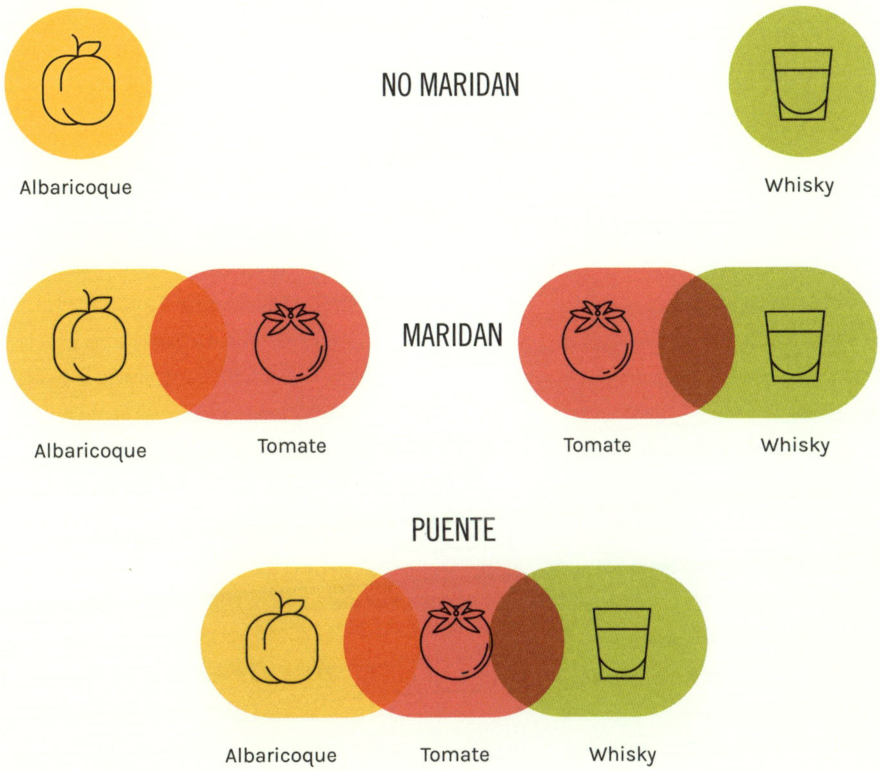

el café y los quesos son los más importantes, pero con el puente de sabores, los tés, los vinos, los tomates y un sinfín de ingredientes menos conocidos cobran protagonismo. De repente, esta confusa galaxia de combinaciones de alimentos internacionales se cristalizó en un todo lógico.

Tiago también creó una herramienta digital para fusionar ingredientes y crear recetas cada vez más imaginativas. Para descubrir tus propios puentes alimentarios, consulta las bases de datos virtuales que se centran en los compuestos de sabor. A menudo sugieren maridajes de alimentos, lo que te permite identificar un ingrediente que puede armonizar dos elementos que, de otro modo, serían incompatibles.

Cuando tengas los ingredientes principales, piensa en la textura y la densidad. Puedes introducir diferentes texturas utilizando diversas técnicas de cocina, como freír u hornear.

También puedes experimentar con las proporciones e incorporar otros sabores. Por ejemplo, puedes aportar acidez con un ácido como el zumo de limón, dulzor con azúcar o sazonar con sal. Para dar el toque final, plantéate elaborar una salsa o guarnición complementaria.

Aunque se ha investigado mucho, aún no tenemos todas las respuestas. Los platos tradicionales japoneses y surcoreanos a menudo rompen las reglas de maridaje de sabores y las de los puentes, y emparejan ingredientes que no deberían maridar bien.

¿QUÉ IMPORTANCIA TIENE LA TEMPERATURA DE SERVICIO?

Pocos restaurantes servirían un plato principal que no esté muy caliente y tampoco se les ocurriría ofrecer vino tinto directamente de la nevera. Puede que la temperatura de servicio no sea el tema más... candente, pero sí que afecta al éxito o fracaso de los sabores.

Si alguna vez has notado que el helado sabe demasiado dulce cuando se derrite o que el café se vuelve desagradablemente amargo cuando se enfría, sabrás que la temperatura de los alimentos afecta a su sabor. Muchos alimentos saben mejor cuando no están demasiado calientes ni demasiado fríos. Las papilas gustativas están más activas a temperaturas cercanas a la temperatura corporal. Por eso, por ejemplo, el chocolate negro, los tomates y el queso se toman mejor a temperatura ambiente. Por cada grado por encima o por debajo de 37 °C (99 °F), todos los sabores básicos se atenúan (véase el gráfico).

TEMPERATURA CORPORAL

LAS PAPILAS GUSTATIVAS FUNCIONAN MEJOR A UNOS 37 °C/99 °F.

ENCENDER EL SABOR

Si la ciencia dice que las papilas gustativas rinden mejor cuando prueban alimentos tibios, ¿por qué insistimos en que nos sirvan la comida caliente? Pues, en gran medida, por la misma razón por la que una barra de pan caliente llena una cocina de un olorcito delicioso, pero una fría no. Cuanto más caliente está un alimento, más compuestos aromáticos se evaporan y se esparcen por el aire, despertando los sentidos. Cuando el alimento caliente está en la boca, estas sustancias transportadas por el aire inundan la cavidad nasal e intensifican el sabor (págs. 56-57). La pérdida de gusto al servir caliente queda compensada por el aumento del sabor que aportan estos aromas.

Algunos alimentos también cambian por completo cuando se calientan: las salsas y las natillas se vuelven más líquidas, el chocolate se derrite y la grasa se ablanda, liberando más compuestos aromáticos y dejando que más moléculas de sabor se deslicen por la lengua, empapando así las papilas gustativas. El resultado es una sensación en boca más rica y suculenta.

Los alimentos calientes también se degradan si se dejan enfriar antes de comerlos, lo que los hace menos apetecibles. Las salsas y natillas forman una película poco atractiva en la superficie. Los alimentos con una capa crujiente, como las patatas fritas y las verduras asadas, se ablandan. Los almidones cocidos también se endurecen, lo que hace que el arroz, la pasta, la masa de pizza y los panes planos fríos o refrigerados se vuelvan duros y correosos.

¿CALIENTE O FRÍO?

La psicología y las expectativas son importantes con respecto a la temperatura «correcta» de servicio. Los alimentos calientes evocan recuerdos reconfortantes de comidas caseras y bienestar. Los refrescos se sirven fríos porque los percibimos más refrescantes y nos calman más la sed. Sin embargo, esto solo es cierto para algunos: a los norteamericanos les gustan las bebidas heladas mientras comen, mientras que los europeos las prefieren a temperatura ambiente y los asiáticos tienden a beber agua caliente o té, según muestran las encuestas.

El vino tinto se sirve a temperatura ambiente y el vino blanco frío porque los expertos dicen que la temperatura ambiente realza el aroma y la complejidad de un tinto al tiempo que suaviza sus taninos (págs. 210-211), mientras que el frío resalta la acidez y los sabores de fruta fresca de los vinos blancos. Sin embargo, los estudios dicen que esto es solo una ilusión. Unas temperaturas de servicio más cálidas mejoran el aroma de todos los vinos, pero hay muy poca diferencia en las notas de cata entre las temperaturas de servicio del vino (4-23 °C/39-73 °F).

Temperatura del gusto y el aroma

Un estudio sobre la intensidad del sabor de los alimentos consumidos a distintas temperaturas demostró que nuestro gusto se intensificaba cuando los alimentos estaban a temperatura corporal y disminuía cuando estaban más calientes o más fríos.

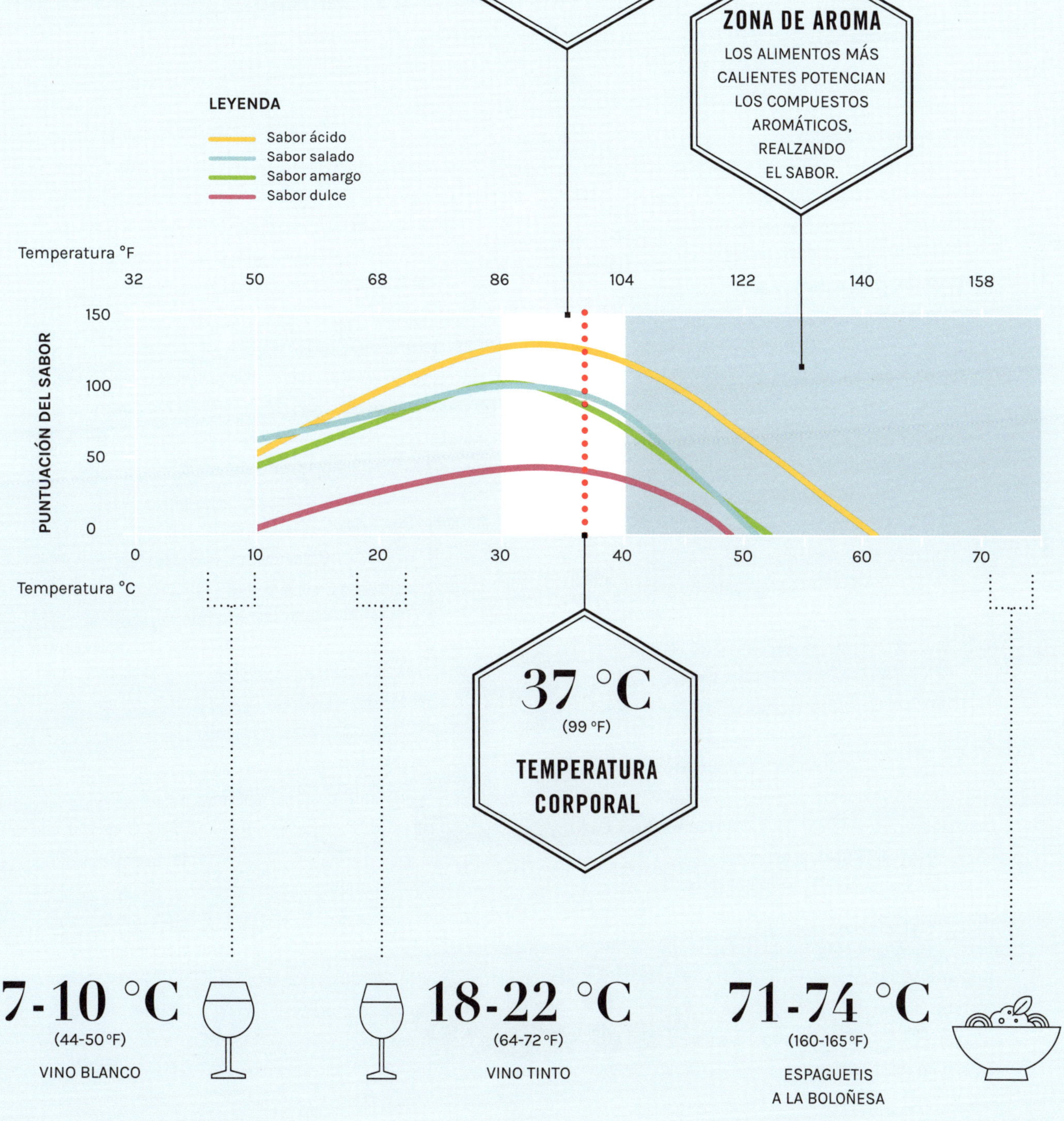

¿QUÉ ES LA REACCIÓN DE MAILLARD?

En 1911, el científico francés Louis-Camille Maillard observó unas gotitas de líquido marrón en el fondo de su matraz. Había descubierto lo que se convertiría en la piedra angular de la química del sabor, ahora llamada reacción de Maillard: la alquimia que hace que todos nuestros alimentos favoritos tengan un sabor tan delicioso.

Cada filete bien sellado, cada piel de pescado crujiente, cada corteza de pan aromática y cada grano de café tostado deben su exquisitez al proceso de Maillard, a veces llamado reacción de «pardeamiento».

REACCIONES QUÍMICAS

En la reacción se produce una cascada de reacciones químicas. Se liberan cientos de compuestos aromáticos: pirazinas con sus sabores a nuez y tostado; lactonas con notas cremosas y de coco, y compuestos azufrados de sabor cárnico (tioles), entre otros.

CONDICIONES ÓPTIMAS

Básicamente, la magia de Maillard solo ocurre cuando la superficie de los alimentos se calienta más que la temperatura del agua hirviendo (100 °C/212 °F). Nunca se obtiene esa corteza crujiente en una carne asada o el crocante de una patata asada hirviéndola o cocinándola al vapor. También significa que la capa exterior debe secarse antes de dorarse. Secar a toquecitos y salar la superficie de los alimentos puede hacer que las reacciones empiecen con fuerza.

ACEITE COMO ACELERANTE

El aceite acelera la reacción de Maillard y la velocidad de cocción, ya que forma un puente líquido resbaladizo y muy caliente (interfaz térmica) entre los alimentos y la superficie de cocción, lo que permite que el calor entre rápidamente y de manera uniforme. Si la comida se calienta demasiado (por encima de 180 °C/356 °F), se quemará y chamuscará enseguida y, en una sartén sin aceite, solo los bordes de la parte inferior de la comida tocarán la superficie caliente, lo que hará que algunas partes se quemen y ennegrezcan.

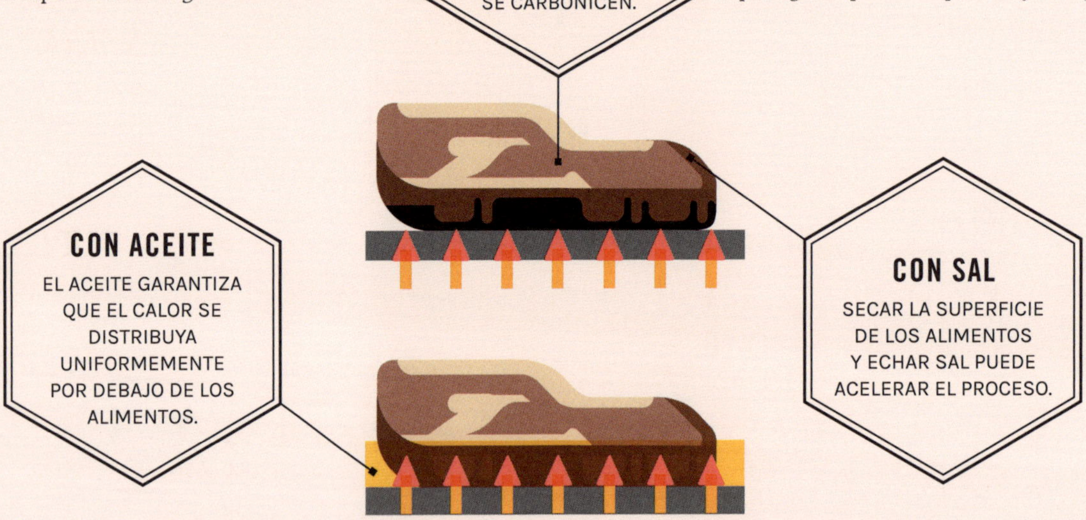

PARA HACER CAFÉ
EMPIEZA CON

GRANOS DE CAFÉ VERDE

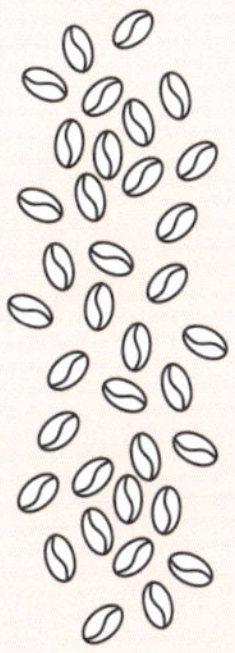

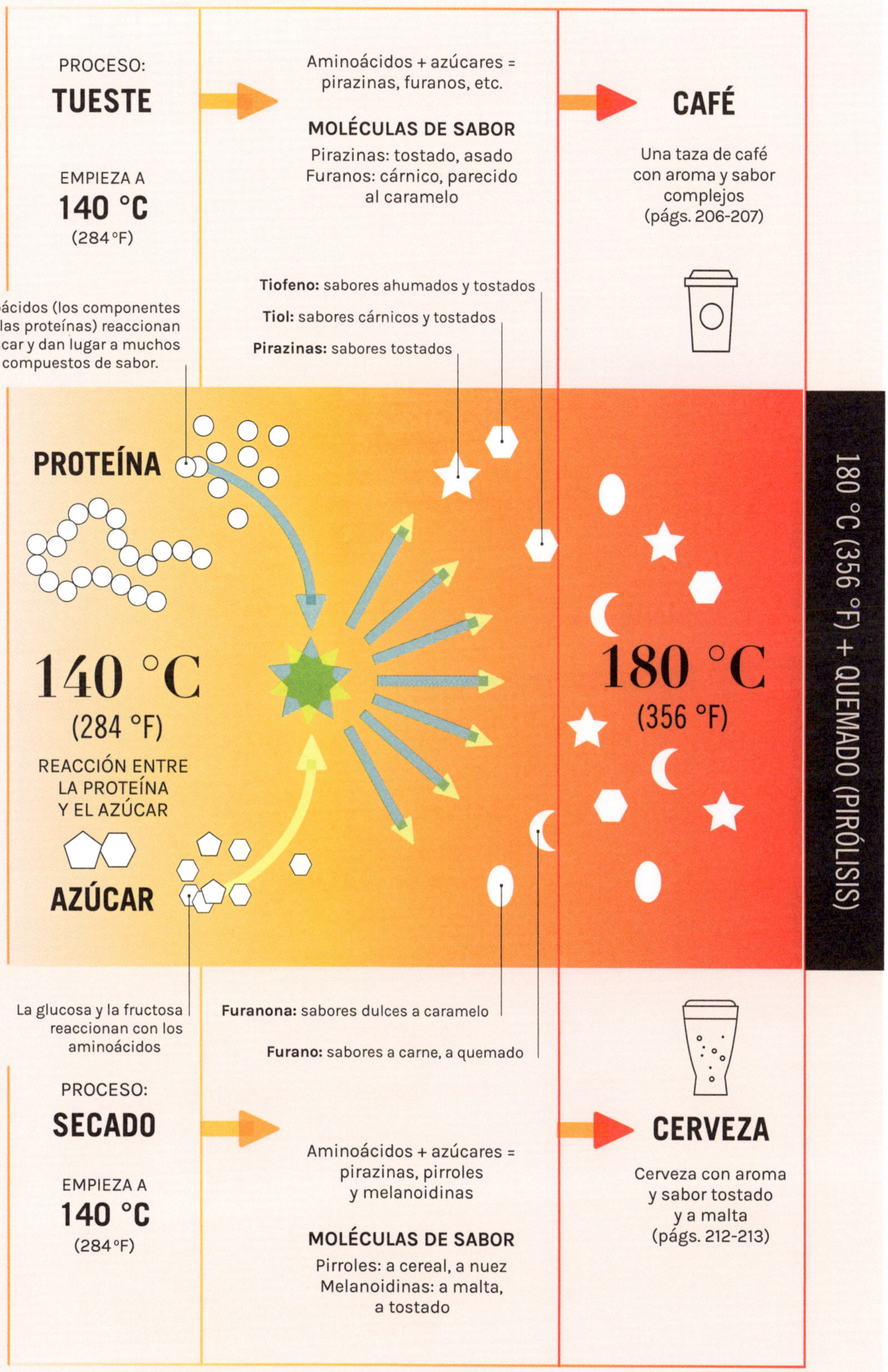

Sumando calor

A unos 140 °C (284 °F) y más, los fragmentos de proteína y los restos de azúcar de la superficie de los alimentos se fusionan momentáneamente antes de desintegrarse en muchos compuestos químicos nuevos. Los compuestos de sabor resultantes hacen que nuestros alimentos y bebidas favoritos, incluidos el café y la cerveza, tengan buen sabor. A 180 °C (356 °F), las moléculas se rompen, los alimentos se queman (pirólisis) y se producen compuestos acres y amargos.

PARA HACER
CERVEZA
EMPIEZA CON

CEBADA GERMINADA

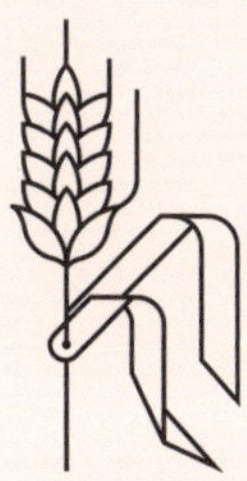

¿CÓMO CONTROLAR LA REACCIÓN DE MAILLARD?

Con un poco de magia química, podemos acelerar o ralentizar la reacción de Maillard. Echando más leña al fuego, puedes amplificar los tentadores aromas terrosos y a nuez de la reacción de Maillard.

Mezcla miel en un adobo para acelerar las reacciones y mejorar el sabor; vierte nata en azúcar hirviendo a fuego lento para añadir proteínas de la leche y azúcar (lactosa) para la reacción de Maillard, creando sabores a caramelo y toffee; unta la masa o el pan con huevo para agregar proteínas y obtener una corteza gruesa.

ÁCIDO Y ALCALINO

La reacción de Maillard también es sensible a los niveles de ácido (págs. 32-33). Añadir zumo de limón o vinagre frena todo el proceso, así que ten cuidado al añadir ácidos a los adobos. Por el contrario, añadir un álcali, como bicarbonato de sodio, acelera la creación del sabor de Maillard. Las claras de huevo ricas en proteínas también son ligeramente alcalinas, por lo que son el doble de efectivas para dorar.

Para que las patatas asadas queden más sabrosas, echa media cucharadita de bicarbonato de sodio al agua de cocción cuando esté hirviendo para que la superficie se vuelva alcalina. Del mismo modo, cuando sales la carne, añadir un poco de bicarbonato de sodio a la sal antes de asarla (una proporción de 3:1 de sal por bicarbonato de sodio) acelerará la reacción de Maillard.

Azúcares que aceleran la reacción

No todos los azúcares participan en la reacción de Maillard, solo aquellos que los químicos denominan «azúcares reductores». Tendemos a pensar que todos los azúcares son iguales, pero a nivel químico, hay muchos tipos. Las moléculas de azúcar que crean este efecto dorado o pardeado son la fructosa, la glucosa, la lactosa y la maltosa (pág. 19).

QUÉ USAR

ESTOS AZÚCARES REDUCTORES SON NECESARIOS PARA QUE SE PRODUZCA LA REACCIÓN DE MAILLARD. SE ENCUENTRAN EN VARIOS INGREDIENTES NATURALES.

FRUCTOSA	GLUCOSA	LACTOSA	MALTOSA
FRUTA	FRUTA | MIEL | MELAZA	LECHE	BEBIDAS MALTEADAS
MIEL	AZÚCAR MORENO	QUESO	ALIMENTOS MALTEADOS
AZÚCAR MORENO	SIROPE DE ARCE	YOGUR	JARABE DE CEBADA
NÉCTAR DE AGAVE	SIROPE DE MAÍZ	NATA	MALTEADA
HORTALIZAS DE RAÍZ		MANTEQUILLA	

LA SACAROSA Y LA REACCIÓN DE MAILLARD

La sacarosa es un disacárido, lo que significa que está formada por dos moléculas de azúcar individuales más pequeñas (fructosa y glucosa)

FRUCTOSA + GLUCOSA =
SACAROSA
Esta unión oculta los «enganches» químicos o «sitios reductores» donde los aminoácidos pueden reaccionar, impidiendo que se produzca la reacción de Maillard. Sin embargo, cuando se calienta a más de 170 °C (338 °F), la unión se rompe, dejando al descubierto estos sitios reactivos, lo que les permite participar en la reacción de Maillard.

FRUCTOSA GLUCOSA

QUÉ NO USAR

ESTOS AZÚCARES NO PARTICIPAN EN LA REACCIÓN DE MAILLARD.

SACAROSA

AZÚCAR BLANCO GRANULADO (CAÑA)
AZÚCAR MARRÓN GRANULADO (CAÑA)
AZÚCAR EN POLVO (CAÑA)
AZÚCAR GLAS (CAÑA)
AZÚCAR DE REMOLACHA

Glaseados potenciadores de Maillard
Se han aplicado varios glaseados para crear distintos acabados en estos panecillos al horno.

¿QUÉ ES LA CARAMELIZACIÓN?

La caramelización es la descomposición del azúcar por calor. Aunque el azúcar es un polvo unidimensional e inodoro, cuando se calienta se transforma en una variedad de maravillas de intenso sabor, desde jarabes dulces y ambarinos hasta caramelo duro y terroso.

Los azúcares refinados son cristales de tamaño idéntico hechos de un producto químico básico (por ejemplo, sacarosa, págs. 18-21). Los azúcares son pequeñas moléculas resistentes, capaces de soportar temperaturas muy superiores a las que desintegran las grasas, los almidones y las proteínas. Aun así, los azúcares tienen sus límites, temperaturas a las que los enlaces químicos que los mantienen unidos se rompen, fracturándolos en cientos de fragmentos y astillas de formas diferentes, muchos de ellos con aroma, color y sabor.
La temperatura de este punto de ruptura varía entre los azúcares (sacarosa, glucosa, fructosa, etc.), pero el proceso es básicamente el mismo: los trozos sabrosos se reorganizan gradualmente en nuevas moléculas, aportando complejidad y profundidad de sabor con cada minuto que pasa hasta que, al final, los restos azucarados se funden en compuestos grandes, de color marrón oscuro y sabor amargo.
Si el calentamiento continúa, se produce un ennegrecimiento acre a medida que los compuestos se descomponen en sustancias químicas desagradables, carbonizadas y potencialmente dañinas.

La caramelización y la reacción de Maillard

AL AÑADIR LECHE, NATA O MANTEQUILLA AL AZÚCAR HIRVIENDO (130-170 °C/266-338 °F), la proteína de los productos lácteos reacciona con las moléculas de azúcar para activar la reacción de Maillard, que libera una avalancha de compuestos aromáticos de caramelo, chocolate y toffee.

	LECHE	NATA	MANTEQUILLA
Contenido de grasa	0,1-3,5 %	18-48 %	80-82 %
Contenido de proteínas	3,2-3,4 %	2-3 %	0,5-1 %
Usos	Salsa de caramelo ligera, dulce de leche (elaborado lentamente hasta obtener una salsa espesa/mermelada)	Salsa de caramelo espesa, butterscotch (con azúcar moreno)	Toffee, salsa de caramelo espesa, fudge (con nata)

TEMPERATURAS DE CARAMELIZACIÓN

Cuando la sacarosa alcanza altas temperaturas, se descompone y crea un abanico de sabores y colores. El proceso puede controlarse y utilizarse para elaborar productos que van desde el butterscotch hasta el caramelo.

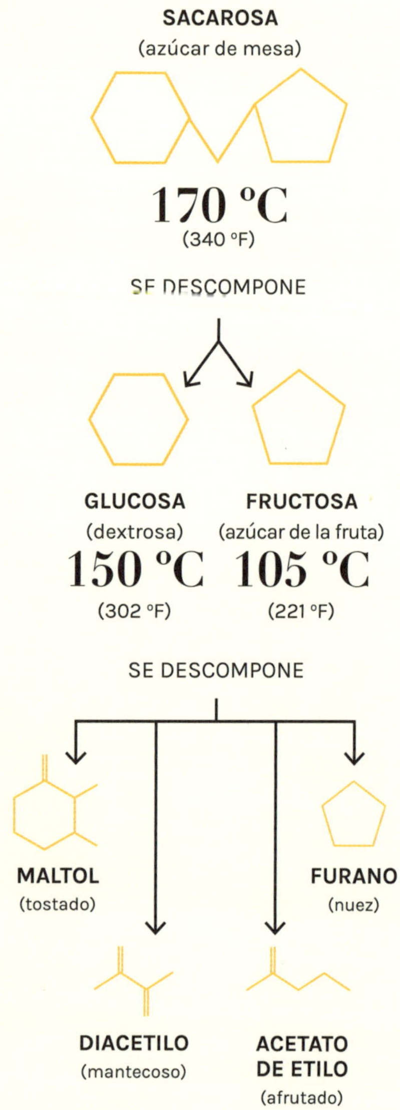

Guía de caramelización

Si no tienes termómetro, vierte un poco de sirope en agua fría y se convertirá en una gota con una consistencia que indica las diferentes etapas del caramelo. Después de la etapa dura, el color es la mejor guía.

COMPUESTOS AROMÁTICOS	PRUEBA DEL AGUA FRÍA	PUNTO DE EBULLICIÓN DEL JARABE	CONCENTRACIÓN DE AZÚCAR	SE UTILIZA PARA HACER
ACRILAMIDA Fuerte aroma a quemado, amargor pronunciado con sabor a carbonizado	Duro/sólido	205 °C (401 °F)	>99 % (AZÚCARES QUEMADOS)	CARAMELO NEGRO
ALDEHÍDOS Aroma intenso a azúcar quemado, sabor agridulce con notas ahumadas	Duro/sólido	188-190 °C (370-374 °F)	>99 %	CARAMELO OSCURO
5-METILFURFURAL ALTO Intenso aroma a caramelo, sabor dulce y amargo equilibrado con matices de nuez	Duro/sólido	180-182 °C (356-360 °F)	>99 %	CARAMELO MEDIO: HILO DE CARAMELO, ESTRUCTURAS DE CARAMELO
CICLOPROPANONAS Aroma intenso a caramelo, dulce con notas de sabor complejas, incluida una ligera acidez	Duro/sólido	170 °C (340 °F)	>99 %	TOFFEE
FUFURAL ALTO Aroma a azúcar caramelizado con un sabor intenso, dulce y ligeramente amargo	Duro/sólido	160-168 °C (320-335 °F)	>99 %	CROCANTE, BUTTERSCOTCH
2-METIL-3-FURANTIOL A carne, a caldo	Crujiente duro	149-154 °C (300-310 °F)	98-99 %	CARAMELOS DUROS, PANAL
PIRAZINAS Tostado, con un toque de frutos secos tostados	Crujiente blando	132-143 °C (270-290 °F)	95-98 %	TAFFY (CARAMELOS MASTICABLES), NOUGAT
DIACETILO Dulce, mantecoso, con aroma a malvavisco, toques de vainilla	Bola dura	121-130 °C (250-266 °F)	91-95 %	CARAMELOS, DULCES
ISOMALTOL Dulce, aroma a algodón de azúcar	Bola firme	118-121 °C (245-250 °F)	88-91 %	FONDANT, MERENGUE SUIZO, MALVAVISCOS
MALTOL, 5-METILFURFURAL Aromas dulces, asados, afrutados, tostados con notas de vainilla	Bola blanda	113-116 °C (235-240 °F)	85-88 %	FUDGE, SIROPES, CONSERVAS
FURFURAL Dulzor suave, aroma floral ligero	Hilo	102-113 °C (215-235 °F)	80-85 %	CARAMELO CLARO PARA JARABES, PARA DAR COLOR Y SABOR

¿QUÉ MÁS INFLUYE EN LA EXPERIENCIA DEL SABOR?

Aunque a menudo nos centramos en los cinco sabores básicos y en el inconfundible punto picante, nuestra experiencia sensorial de la comida es mucho más compleja. Hay otros factores que influyen en cómo percibimos cada alimento y bebida.

Por ejemplo, piensa en la refrescante sensación del mentol o en la sequedad de boca que deja una taza de té muy cargada. También está el chispeante burbujeo energizante del agua con gas y el picorcillo en la garganta de los licores. Estos son aspectos importantes de la experiencia del sabor y aportan nuevas dimensiones a un plato.

ASTRINGENCIA

Se cree que los taninos del vino tinto y del té negro hacen que las proteínas de la saliva se aglutinen, y que esta nos parezca áspera. Sin embargo, nuevos estudios demuestran que hay receptores de taninos en la boca que provocan esta sensación de empalago. Tanto el azúcar como los ácidos reducen la astringencia, por lo que echar azúcar al té tendría este efecto.

SENSACIONES REFRESCANTES

La pasta de dientes y los chicles saben a menta porque el mentol es una sustancia química que crea una sensación refrescante en la boca. El mentol activa los nervios sensibles al frío «TRPM8» de la boca, que normalmente solo se activan por debajo de los 26 °C (79 °F) y engaña a tu cerebro para que sienta frescura. Otros estimulantes TRPM8 incluyen geraniol (geranio, aceite de rosa y hierba limón) y linalool (lavanda y albahaca).

EFERVESCENCIA

La sensación chispeante de las bebidas gaseosas proviene de las burbujas que cosquillean los sensores táctiles de la boca. Un sistema

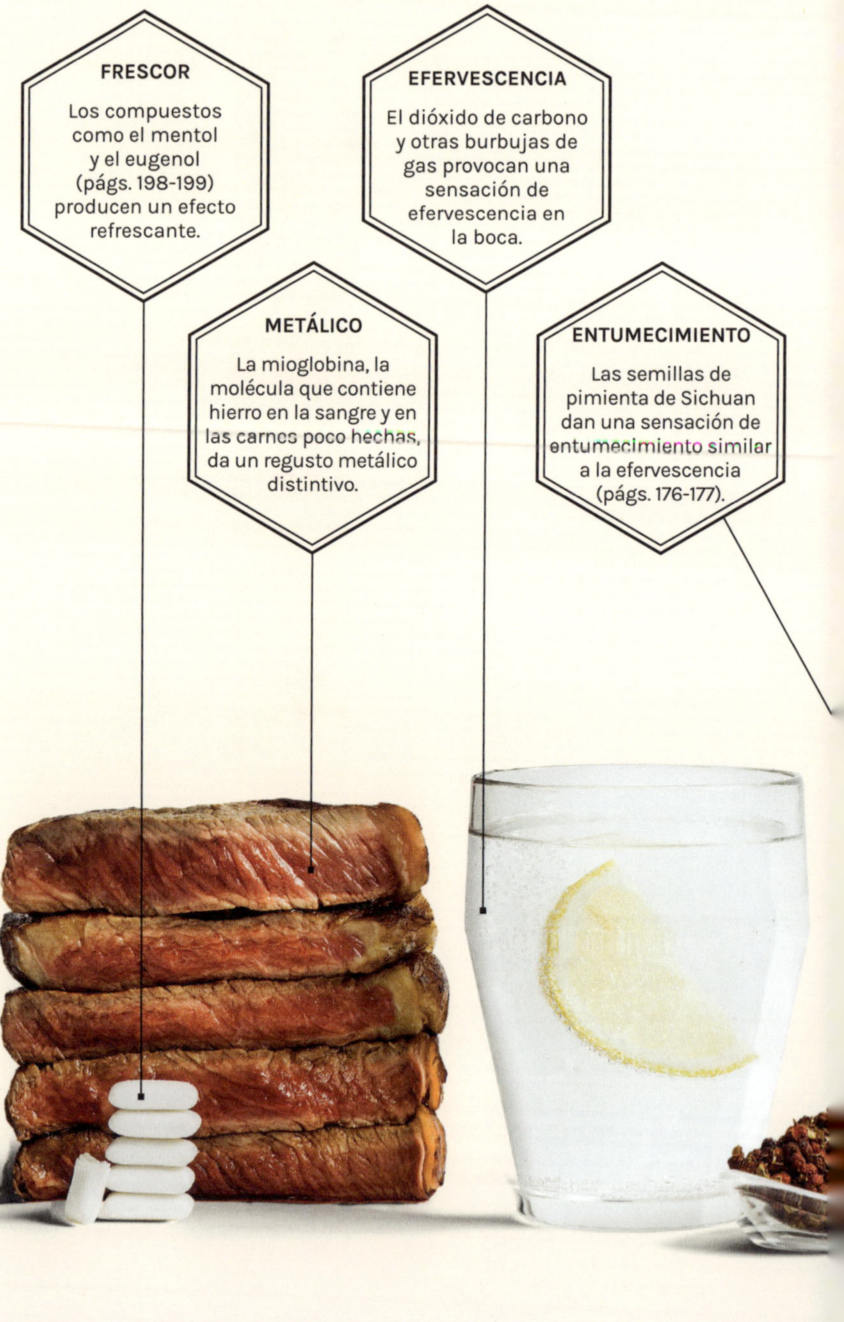

de detección de dióxido de carbono en la lengua también convierte rápidamente el dióxido de carbono disuelto en ácido carbónico de sabor ácido.

METÁLICO

El característico regusto metálico de las carnes rojas poco hechas parece provenir del hierro que contienen, aunque los científicos no tienen claro si existe un receptor gustativo para el metal.

EL CALOR DEL ALCOHOL

El ardor de los licores fuertes se produce porque el alcohol concentrado (etanol) activa los nervios del dolor de alta temperatura «TRPV1» (pág. 43) y crea una sensación de ardor. También irrita el revestimiento blando de la boca y la garganta, lo que provoca enrojecimiento y elimina la fina capa protectora de grasa de dicho revestimiento.

KOKUMI

Algunos estudiosos del sabor afirman que hay uno llamado kokumi, que aparece junto al umami en la cocina japonesa. Procedente de ingredientes ricos en umami, es una sensación intensa en boca de platos que se han cocinado durante mucho tiempo.

¿CÓMO PUEDO CONSERVAR EL SABOR?

El sabor y los compuestos aromáticos pueden conservarse de muchas formas, antiguas y modernas. Aunque estos métodos funcionan de manera diferente, todos buscan preservar la calidad y el sabor de los alimentos.

Para que los alimentos mantengan su sabor y sean seguros, restringimos el crecimiento de microbios que estropean su sabor y apariencia. También es crucial preservar los compuestos aromáticos y evitar las reacciones con el aire (oxidación), ya que pueden causar ranciedad y pardeamiento. La mayoría de los métodos de conservación consisten en reducir el contenido de agua de los alimentos, deteniendo así los procesos químicos y biológicos.

SECADO

Uno de los métodos más antiguos por su simplicidad. El sol y la brisa bastan para secar los alimentos. Cuando los alimentos se dejan en un lugar seco con corriente de aire y calor, el agua que contienen comienza a evaporarse lentamente, y se deshidratan. Cuanto más secos estén los alimentos, más durarán; la mayoría de las bacterias, el moho y las reacciones químicas se detienen cuando la humedad es inferior al 15 %. Esto concentra los azúcares, las sales y los ácidos, e intensifica el sabor. Algunos compuestos aromáticos se evaporan durante el secado, alterando ligeramente el perfil de sabor.

ACEITE

A menudo se utiliza para conservar alimentos como hierbas y verduras. Muchos compuestos son liposolubles, por lo que pueden penetrar directamente en el aceite, con lo que se produce un aceite con estos sabores atrapados.

AZÚCAR

La conservación con azúcar reduce el agua presente en los alimentos, lo que impide el crecimiento de bacterias y moho. Los niveles elevados de azúcar, como en mermeladas, jaleas y frutas confitadas, crean un entorno hostil para los microbios, al tiempo que potencian el dulzor y el sabor de los alimentos.

Escamas secas de pescado

La creación de este manjar japonés requiere varios meses y distintos procesos para conservar el pescado.

FILETEADO

El bonito se filetea y se corta en trozos.

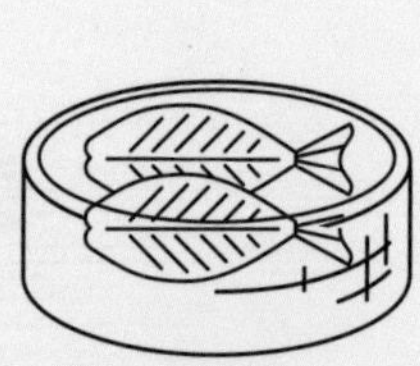

COCIDO

Se cocina durante varias horas para eliminar el exceso de grasa.

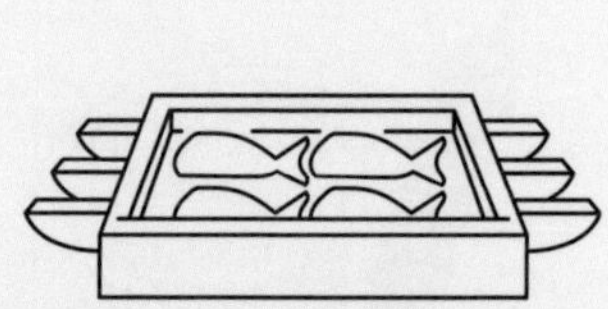

AHUMADO

El pescado se ahúma y se seca hasta que se endurece. Se le quitan las escamas, la piel y la salmuera.

SECADO AL SOL

Cuando los alimentos alcanzan cerca del 15 % de humedad, la mayoría de los microbios no pueden crecer y las reacciones de deterioro se detienen.

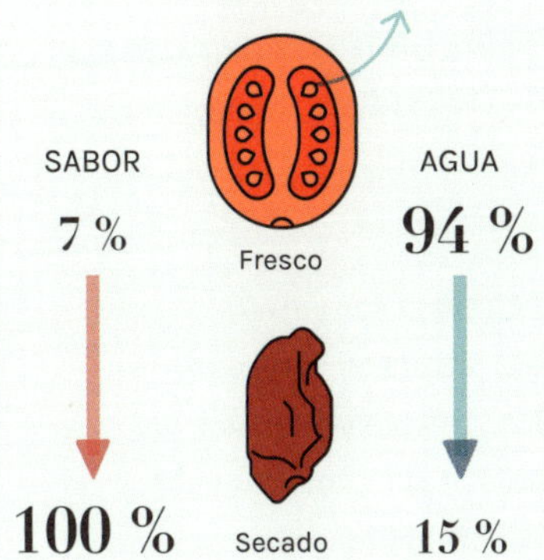

ACEITE

El aceite crea una barrera alrededor de los alimentos, evitando que entren la humedad y el oxígeno.

AZÚCAR

El azúcar se liga con el agua, evitando que crezcan las bacterias y el moho.

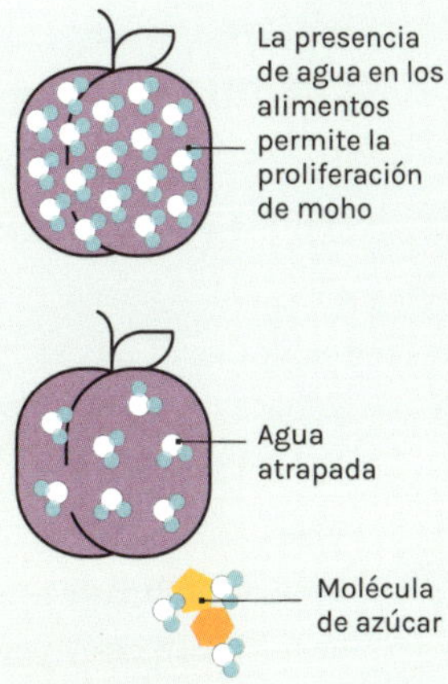

SAL

La sal extrae el agua, lo que reduce la humedad y evita el crecimiento de microbios.

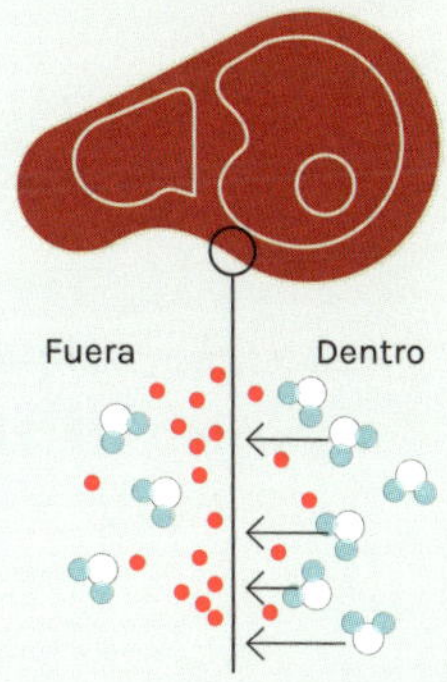

CURADO CON SAL

Los alimentos curados con sal se frotan o se sumergen en salmuera hasta que la sal penetra completamente y cura el alimento. La salazón realza el sabor al extraer la humedad y desencadenar reacciones químicas que descomponen los compuestos para formar otros nuevos. Los alimentos salados también pueden ahumarse, lo que ayuda aún más a conservarlos y crea compuestos adicionales, como notas de queso de los aldehídos, tonos terrosos y a carne de los compuestos de azufre y notas mantecosas o cremosas de las cetonas.

ESCAMAS DE PESCADO

EL KATSUOBUSHI (ESCAMAS DE BONITO) TIENE UN SABOR UMAMI POR SUS ALTOS NIVELES DE IMP (INOSINATO) (PÁG. 28).

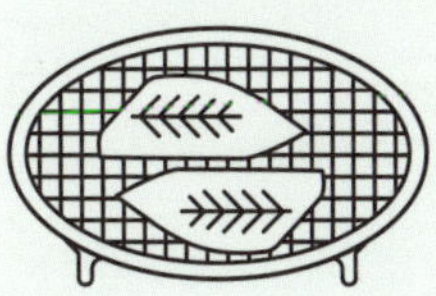

SECADO

El pescado se seca para eliminar más humedad.

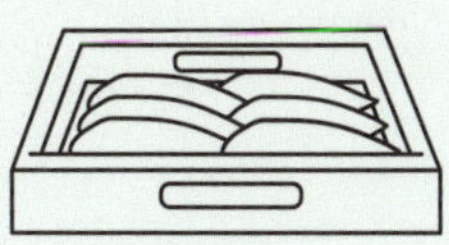

FERMENTADO

Los filetes se rocían con un cultivo de moho para descomponer las proteínas y realzar el sabor.

ENVEJECIDO

El pescado se deja durante meses para que se desarrollen los compuestos aromáticos.

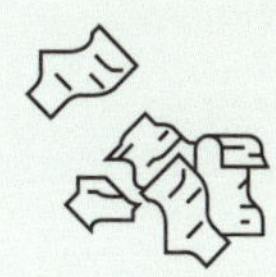

EN ESCAMAS

El pescado ahumado, seco y fermentado se corta en láminas listas para consumir.

¿CÓMO AFECTA LA FERMENTACIÓN AL SABOR?

La fermentación es quizá la forma más antigua de conservación utilizada por los seres humanos, y está documentada desde hace miles de años. Esta hace que los alimentos sean seguros para el consumo y que adquieran una gran variedad de sabores deliciosos.

La fermentación, normalmente sin oxígeno, favorece a los microbios beneficiosos y frena a los perjudiciales. Los microbios, como las bacterias del ácido láctico, crecen en ambientes con poco oxígeno y descomponen los azúcares en ácidos, gases o alcohol. Algunas fermentaciones, como la del vinagre o la kombucha, requieren oxígeno en ciertas etapas.

SABORES DE FERMENTACIÓN

Hay varios métodos de fermentación, como la fermentación acética y la lactofermentación. Las bacterias del ácido acético conservan los compuestos aromáticos y aportan algunos compuestos propios matizados, como una nota dulce y algo parecida a un disolvente del acetato de etilo, notas de manzana del acetaldehído y un toque ácido del ácido acético.

Durante la lactofermentación, se produce ácido láctico, así como una serie de compuestos aromáticos únicos, como notas de nata y mantequilla de la acetoína y el diacetilo, notas de miel del hexanoato de fenetilo y notas medicinales del p-Cresol.

ÁCIDO ACÉTICO

Las acetobacterias (BAA) y el oxígeno convierten el alcohol en ácido acético. Se utiliza para el vinagre, la kombucha y otros alimentos en escabeche.

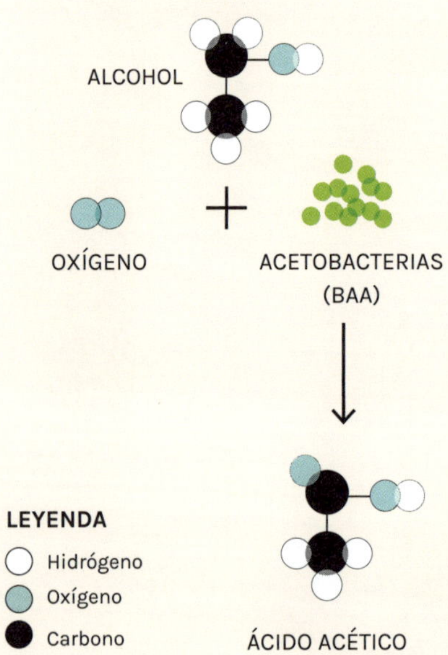

LACTOFERMENTACIÓN

Las bacterias lácticas (BAL) descomponen los azúcares en ácido láctico, que conserva los alimentos. Se utilizan para verduras como los pepinillos en vinagre, el chucrut y el kimchi.

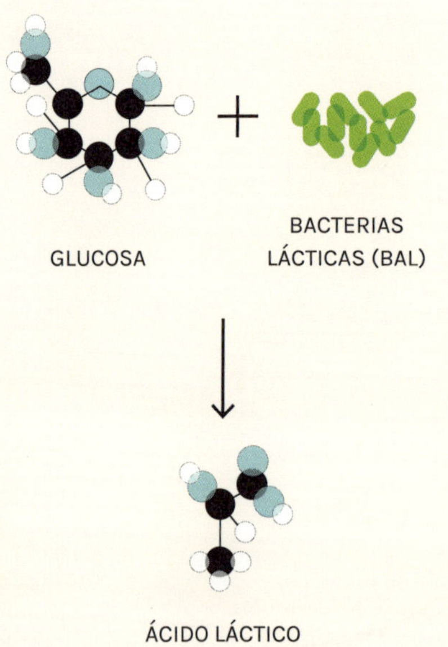

FERMENTACIÓN DE MOHO

Las esporas de moho se esparcen sobre los alimentos que se van a fermentar y se dejan crecer en un entorno controlado. Así se hace el miso y el tempeh.

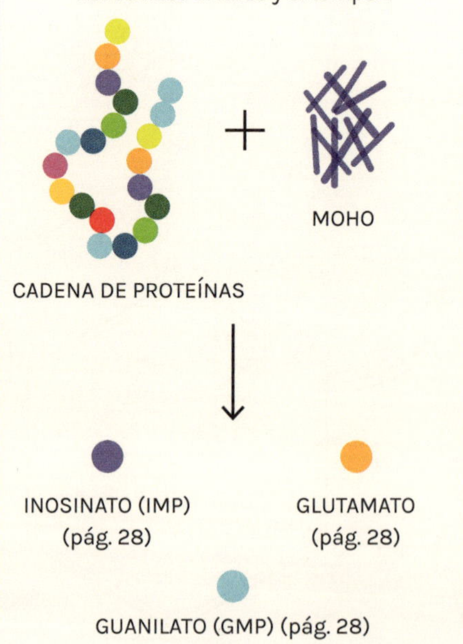

EL USO DE MOHO

El camembert, el tempeh, el miso y la salsa de soja implican la fermentación de moho, que crea algunos de los sabores más apreciados en todo el mundo. Aunque hay diferentes tipos de hongo (*Penicillium* en el queso y *Aspergillus* en el miso), el proceso es similar. Conforme crecen las esporas del moho, extienden hifas (fibras similares a raíces) en el alimento y liberan enzimas. Estas enzimas descomponen las proteínas en aminoácidos, lo que da umami, y los almidones en azúcares, que añaden dulzor. Esto hace que la comida sea más digerible para el moho y deliciosa para nosotros.

FERMENTACIÓN ALCOHÓLICA

La levadura, un tipo de hongo, es la responsable de convertir el azúcar en alcohol y dióxido de carbono. Este proceso, utilizado para crear masa madre, vino y cerveza, produce una gran cantidad de compuestos aromáticos. Las distintas cepas y mezclas de levadura actúan como especialistas, creando bouquets únicos de una enorme gama de compuestos aromáticos, como notas herbáceas del acetaldehído, notas ahumadas del 4-vinilguayaco, notas de cacao de la 2,3-dimetilpirazina, notas de almendra del benzaldehído y notas de rosa del alcohol fenetílico.

DIRECTORIO DE SABORES

TOMATES

El tomate, que ahora es el fruto más popular del mundo, fue cultivado por primera vez por los aztecas, quienes de una pequeña baya amarga produjeron variedades más dulces y carnosas. Estas llegaron a las costas europeas en el siglo XVI y de allí al resto del mundo, y alcanzaron las más de 400 variedades actuales.

Los tomates maduros deben su atractivo a los altos niveles del gustoso glutamato (págs. 26–27), y con un contenido del 3 % de azúcar —menos que otros frutos— son sobre todo un ingrediente sabroso. El ácido cítrico le confiere al tomate su acidez. De los más de 400 compuestos aromáticos de los tomates, solo 13 le dan su característico perfil organoléptico. Los compuestos azufrados los dotan de carnosidad, y cuando se cocinan, se secan o se hacen en puré, el umami, el aroma y el dulzor de los tomates se intensifican.

Cultivar tomates grandes y duraderos para su consumo masivo ha conllevado una pérdida de sabor, con lo que las variedades más comerciales tienen menos azúcar y ácido que las tradicionales (ancestrales), y menos compuestos de sabor clave, entre ellos: apocarotenoides potenciadores del dulzor, sulcatona cítrico-frutal y acetato de geranilo, que posee un potente sabor rosado y afrutado.

COCINAR CON TOMATES

Los tomates cocinados y en conserva son valiosos ingredientes puente (págs. 70-71) para unir alimentos salados dispares, ya que comparten compuestos con las patatas (metional), setas (1-octen-3-one) y verduras verdes (hexenal), así como con los quesos, los alimentos asados y la mayoría de las hierbas y especias.

Los tomates cocinados crean sinergias con

Madurados en la planta o forzados

La mayoría de los tomates de supermercado se recogen y se envían cuando aún están verdes, y se fuerza la maduración con gas etileno en almacenes. Esto los despoja de los azúcares y los compuestos aromáticos que acumulan cuando maduran en la planta.

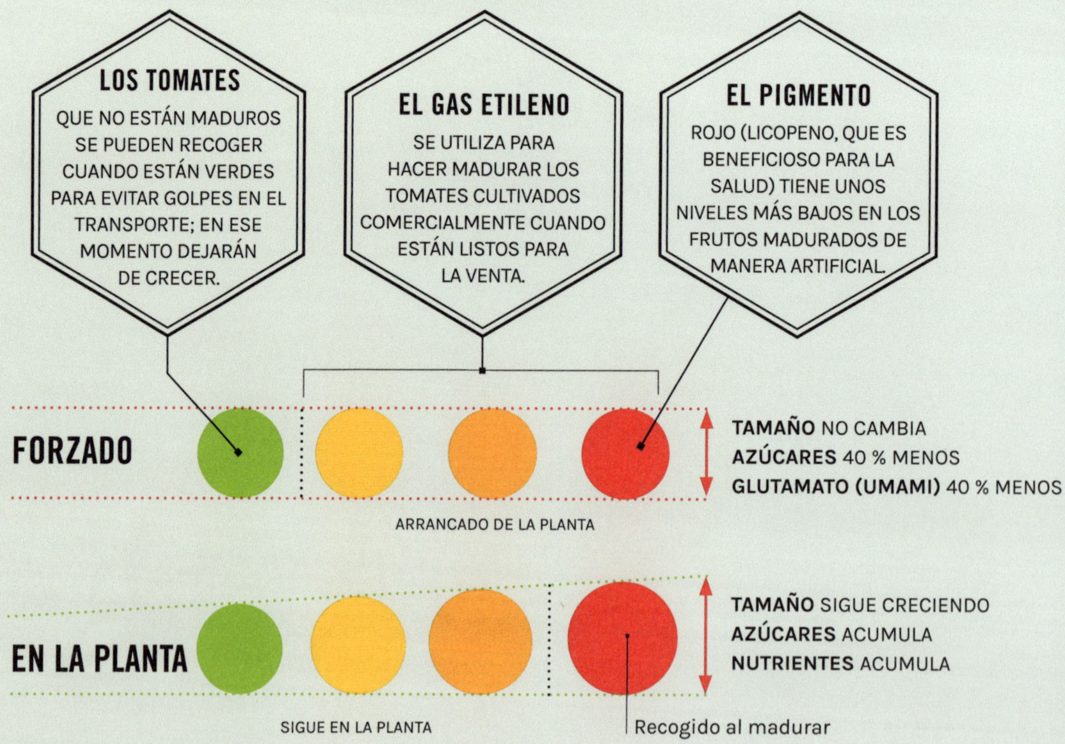

Maridajes habituales
Manzana, mango, albahaca, orégano, aceite de oliva y mozzarella.

Maridajes inusuales
Chocolate negro, café, guayaba, uva, melón y fresa.

las carnes y dotan de profundidad a los platos vegetarianos porque ambos son ricos en glutamato (umami) y liberan compuestos aromáticos que contienen azufre como los que hay en las carnes. Cocinar los tomates para hacer una salsa espesa introduce nuevos sabores, entre ellos los compuestos aromáticos florales de la descomposición de los pigmentos. Evita los tomates en conserva que contengan sales de calcio, que son un agente estabilizante e impedirán que ocurra esto. Cuando cocines los tomates con alubias, legumbres y otras verduras, dales algo más de tiempo, pues la acidez de los tomates ralentiza la cocción de las verduras (págs. 32–33).

ALMACENAMIENTO
LA REFRIGERACIÓN RALENTIZA LA MADURACIÓN, CON LO QUE LOS TOMATES NO SABRÁN BIEN RECIÉN SALIDOS DEL FRIGORÍFICO.

Variedades de tomate

ANCESTRALES

BRANDYWINE Conocido por su sabor dulce y complejo, y por su textura carnosa.

CHEROKEE PURPLE Proporciona un intenso sabor ahumado.

GREEN ZEBRA Ácido y picante, de rayas verdes y amarillas.

SAN MARZANO Un tomate tipo ciruela, ideal para salsas por su bajo contenido en agua.

BLACK KRIM De color oscuro casi negro e intenso sabor salado.

YELLOW PEAR Pequeño, dulce y con forma de pera.

PINK PONDEROSA Grande y jugoso, con un suave sabor dulzón.

PRODUCIDOS EN SERIE

REDONDO El tomate habitual de supermercado, versátil, pero a menudo mucho menos sabroso.

ROMA De forma alargada, se usa a menudo para hacer salsas y pasta.

CHERRY Pequeño, redondo y dulce, se usa mucho en ensaladas.

BEEFSTEAK Grande y carnoso.

CAMPARI Ligeramente más grande que los cherry; dulce y jugoso.

VINE-RIPENED Recogidos en un punto mayor de maduración que la mayoría de los tomates comerciales, pero no madurados del todo en la planta.

RAMA Vienen en racimos; ofrecen un perfil más aromático comparado con otras variedades comerciales.

De verde a rojo

A medida que los pimientos maduran, sus aromas se desarrollan y el sabor pasa de ser ligeramente amargo, fuerte y herbáceo en los pimientos verdes sin madurar a convertirse en aromas más dulces, afrutados y florales en los pimientos rojos más maduros.

RECOGIDOS VERDES

Predomina la **clorofila**

Los **carotenoides** son menos predominantes

COMPUESTO AROMÁTICO
Pirazina del pimiento
(2-metoxi-3-isobutil pirazina)

TAMBIÉN SE HALLA EN EL CABERNET SAUVIGNON, EL CILANTRO Y LOS GUISANTES.

NIVEL DE AZÚCAR

BAJO

ACIDEZ

ALTA

RECOGIDOS ROJOS

Se descompone el **pigmento de la clorofila**

Se revela el **pigmento carotenoide**, que da lugar a los pimientos rojos

COMPUESTOS AROMÁTICOS
La beta-ionona
(dulce, afrutado)

NIVEL DE AZÚCAR

+ 100%

ACIDEZ

BAJA

TAMBIÉN SE HALLA EN TOMATES, GROSELLAS NEGRAS, ZANAHORIAS Y FRAMBUESAS.

PIMIENTOS

Los pimientos que vemos hoy en día aparecieron en algún momento de los 7000 años de historia de su cultivo, cuando se seleccionaron unas cepas mutantes de guindillas (capsicum), que eran incapaces de producir la capsaicina que quema la boca.

Cristóbal Colón trajo las plantas de pimientos a Europa desde América del Sur, donde se habían cultivado las variedades dulces no picantes que disfrutamos actualmente. Se presentan en un abanico de colores intensos —verde, amarillo, naranja, marrón chocolate y rojo— y cada tonalidad tiene un gusto ligeramente distinto.

Todos ellos empiezan siendo verdes antes de madurar y adquirir un color concreto. Los pimientos verdes de supermercado se suelen recoger antes de que maduren, aunque existe una variedad Permagreen. A diferencia de los frutos que siguen madurando después de ser recogidos, como los tomates, los plátanos, los aguacates y las peras, los pimientos dejan de madurar en el momento en que se recogen.

COMPUESTOS AROMÁTICOS

Deliciosamente crocantes y frescos al estar crudos, los pimientos se vuelven suaves y afrutados y adquieren sabores intensos cuando se cocinan, pues aparecen nuevos compuestos aromáticos, con matices de caramelo y cacao. El sabor «verde» único y fresco del pimiento verde se lo proporciona un potente compuesto aromático llamado «pirazina del pimiento» (2-metoxi-3-isobutil pirazina), que también se encuentra en algunos vinos Cabernet Sauvignon.

A medida que el verdor desaparece con la maduración y el pigmento clorofila de hoja verde es sustituido por otros más brillantes y saludables, los niveles de azúcar se multiplican, se difumina la acidez y pasan a primer plano sabores frutales y almendrados mientras que los niveles de los compuestos aromáticos herbales hexanol y hexanal disminuyen. Los rojos son los más dulces y afrutados; los amarillos, marrones y naranjas un poco menos, y lo amargo suele predominar en los verdes.

Variedades de pimientos

La asombrosa diversidad de los pimientos cuenta con un abanico que va desde lo afrutado a lo picante. Todos los mencionados anteriormente están por debajo de las 500 unidades de Scoville (págs. 180-181).

PIMIENTOS CORNO DI TORO («CUERNO DE TORO»)
Pimientos amarillos, naranjas o rojos alargados y curvados de pulpa densa, dulce y muy afrutada. Ideales para asar y rellenar.

PIMIENTOS PASTOR (POIVRONS MARCONI)
Grandes y consistentes, estos pimientos rojos dulces de pulpa gruesa van igual de bien para asar que para rellenar.

PIMIENTOS CHERRY
Pequeños y dulces, con su textura blanda se prestan bien a la mezcla para hacer salsas y rellenar aceitunas. Su bajo nivel de capsaicina hace que se les suela llamar guindillas suaves.

PIMIENTOS LIPSTICK
De piel más gruesa, crecen con mayor rapidez en climas más fríos, lo que los hace populares en el Reino Unido y otros países del norte de Europa.

PIMIENTOS BANANA (POIVRONS BANANE DOUX)
Dulces, ácidos y a veces un poco picantes, estos pimientos alargados y de un amarillo vivo pueden picar un poco cuando se recogen en su punto óptimo de maduración.

Maridajes habituales en crudo
Las aceitunas y el aceite de oliva congenian de fábula con el pimiento crudo. El pimiento también combina con lechuga, pepino, judías verdes y tomate.

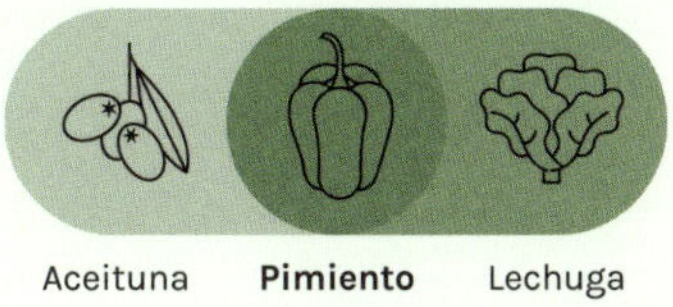

Aceituna **Pimiento** Lechuga

Tomate **Pimiento** Cebolla

Maridajes habituales cocinados
El pimiento rojo asado y estofado combina bien con tomate, cebollas, embutidos y salchichas, chocolate, avellanas, críticos, miel, cerdo y beicon.

BERENJENAS

Las berenjenas (que en EE. UU. llaman *eggplants* o «plantas de huevo», por su forma original) se cultivaron por primera vez en China hace 1500 años, y más tarde las difundieron hacia el oeste los comerciantes árabes. A continuación, se cultivaron en distintas variedades de colores, y en la actualidad son un ingrediente esencial en muchas cocinas de Asia, África y Europa.

Las berenjenas tienen un suave dulzor y un ligero toque a nuez, con un amargor que se difumina al cocinarlas. En contraste con sus parientes afrutados de América del Sur (tomates y pimientos), las berenjenas cuentan con un perfil aromático muy tenue que no han estudiado a fondo los científicos. En cambio, son muy apreciadas por su textura carnosa o cremosa y como vehículo para otros sabores. Entre los compuestos aromáticos, el aldehído de hoja (hexenal) contribuye a sus notas verdes y herbales; la hexanona aporta toques de ron dulce y uva; mientras que el propionaldehído contribuye a sus cualidades terrosas y de frutos secos. A la parrilla, asadas o fritas, las berenjenas adquieren unos complejos sabores ahumados y caramelizados a través de las pirazinas y los furanos (compuestos que se generan durante el proceso de Maillard,

Añadir sal

La textura esponjosa de una berenjena absorbe el aceite en la sartén y la convierte en un plato excesivamente intenso y pesado. Salarla antes de cocinarla reduce la cantidad de aceite que absorbe. Una vez cocinada, la textura se vuelve suave y sedosa.

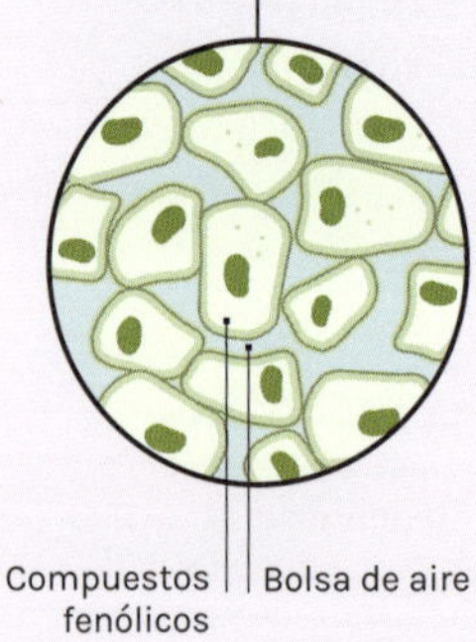

GRANDES BOLSAS DE AIRE

El interior esponjoso de la berenjena se debe a millones de minúsculas cámaras de aire entre las células vegetales, que absorben rápidamente el aceite de la cocción.

AÑADE SAL

El salado deshidrata las células, desmorona esa estructura y tensa más la pulpa. El precocinado tiene un efecto parecido y puede hacerse en un microondas.

COMPUESTOS AMARGOS

A medida que la sal extrae el agua, lo mismo ocurre con los componentes amargos, siendo el principal el ácido clorogénico; de esta manera, y con el escurrido posterior, se puede eliminar hasta un 50 % del ácido.

BOLSAS DE AIRE DESINFLADAS

A medida que la sal extrae el agua de las células, las bolsas de aire se desinflan y se encogen.

AL CORTARLA SE VUELVE MARRÓN

El ácido clorogénico se encuentra entre los diversos componentes fenólicos que al cortarse se unen en grandes moléculas en forma de cadenas de color marrón (llamados polímeros).

Maridajes habituales
Los pimientos y las guindillas, especialmente los chipotles, comparten muchos componentes con la berenjena asada, a la parrilla o frita.

Guindillas **Berenjena** Pimiento

Queso cheddar **Berenjena** Cerdo

Maridajes inusuales
Entre las carnes, el lomo de cerdo es el que comparte la mayoría de los compuestos aromáticos, mientras que el queso cheddar es el más compatible de los lácteos.

74-77). Cocinadas en salsas, como el ratatouille, las berenjenas se impregnan del sabor de las hierbas, los tomates, el ajo y las especias. También se utilizan para dotar de un sabor dulce y mantecoso a platos mediterráneos como la musaka.

Una manera de evitar que las berenjenas se pongan marrones es salarlas antes de cocinarlas. Para hacerlo, trocea, sala y luego escúrrelas para reducir el amargor y la acidez, y reafirmar la pulpa. La sal extrae la humedad del interior de las células (un proceso llamado osmosis) y hace desmoronarse los millones de bolsas de aire esponjosas. Los compuestos fenólicos amargos y ácidos, que aceleran el pardeamiento al cortarlas, también desaparecen con el agua, y la pulpa queda más gustosa y brillante. Salar también ayuda a reducir la cantidad de aceite que se impregna en la berenjena al cocinarla. Se han desarrollado variedades modernas que cuentan con menos componentes amargos y por lo tanto salarlas es opcional, aunque sigue ayudando a que absorba menos aceite.

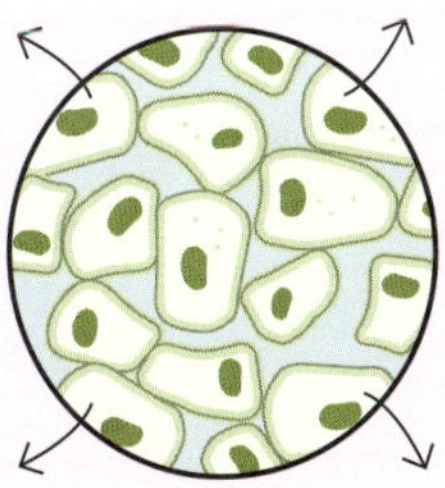

EL ÁCIDO SALE

EL ÁCIDO CLOROGÉNICO, DE GUSTO AMARGO, TIENE PROPIEDADES BENEFICIOSAS PARA LA SALUD, ENTRE ELLAS REDUCIR EL COLESTEROL.

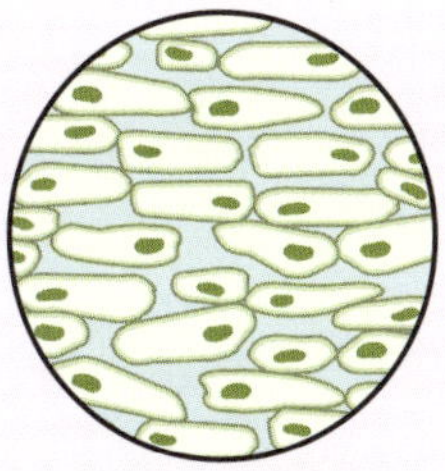

LAS BOLSAS DE AIRE SE DESINFLAN

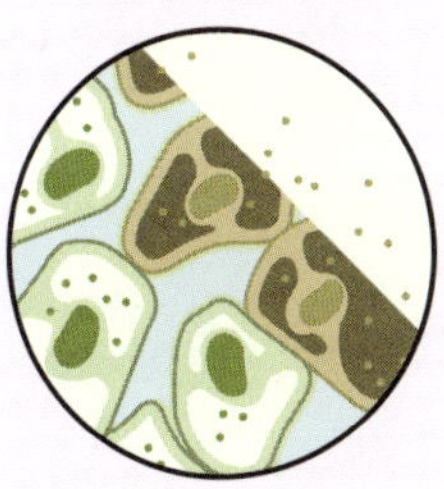

LAS CÉLULAS SE VUELVEN MARRONES

CUANDO EL FILO DE UN CUCHILLO EXPLOTA LAS CÉLULAS VEGETALES, LAS ENZIMAS DEFENSIVAS ESCAPAN Y DESENCADENAN EL PROCESO DE PARDEAMIENTO.

Variedades de berenjenas

ASIÁTICAS

BERENJENAS CHINAS
Alargadas, delgadas y de un morado intenso. Textura tierna y sabor dulce y suave.

BERENJENAS JAPONESAS
Parecidas a las chinas, pero más finas, con una textura delicada y un dulzor sutil.

BERENJENAS TAILANDESAS
Pequeñas y ovaladas, su color va desde el verde al blanco. Pueden ser algo más amargas y se utilizan a menudo en los curris.

BERENJENAS INDIAS (brinjal)
Tienen distintos tamaños y formas, y un morado intenso. Sabor potente y textura ligeramente carnosa.

BERENJENAS BLANCAS
Más suaves, menos terrosas que las moradas, de textura delicada y más pequeñas. También existen variedades europeas.

EUROPEAS

BERENJENAS GLOBO
Alargadas, bulbosas, ligeramente amargas, textura densa. Para hacer a la parrilla o asar.

BERENJENAS ITALIANAS
Más pequeñas y dulces que las globo. Textura cremosa, sabor suave, ideales para hacer a la parmesana.

BERENJENAS GRAFITI (rayadas)
A rayas moradas y blancas, gusto suave, textura esponjosa.

ROSA BIANCA
Italiana ancestral, color morado rosado con rayas blancas. Textura cremosa y sabor delicado.

BLACK BEAUTY
El color fluctúa entre un morado intenso y el negro, y su sabor ligeramente dulce la hace popular entre los horticultores aficionados.

CEBOLLAS

Las cebollas —los bulbos de la especie *Allium cepa* — son la segunda verdura más utilizada en la cocina. Al tratarse de un órgano de almacenamiento subterráneo de la planta, contienen abundantes reservas de azúcar.

El característico sabor y aroma de las cebollas proviene de un conjunto de compuestos defensivos azufrados. Las cebollas crudas, que evolucionaron para disuadir a los depredadores, tienen un sabor fuerte, debido a los vapores que liberan cuando se trituran sus células. Cuando estos vapores llegan a las mucosas de nuestros ojos y nariz, se convierten en un molesto ácido sulfénico. Al cocinarlas, las moléculas de azufre triple más duras (trisulfuros) se desintegran en moléculas más suaves con azufres simples y dobles (sulfuros y disulfuros). Esto

CEBOLLETA PUERRO CEBOLLINO CEBOLLA MORADA CEBOLLA BLANCA CEBOLLA MARRÓN

Maridajes habituales
Otras especies de *Allium* contienen una paleta parecida de compuestos, por lo que son los aliados naturales de la cebolla. Juntos, pimiento, cebolla y apio componen la Santísima Trinidad de la cocina criolla.

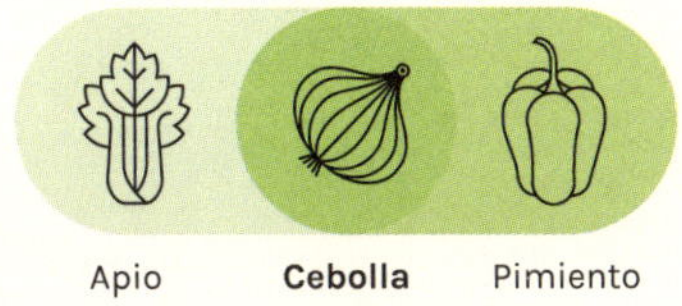

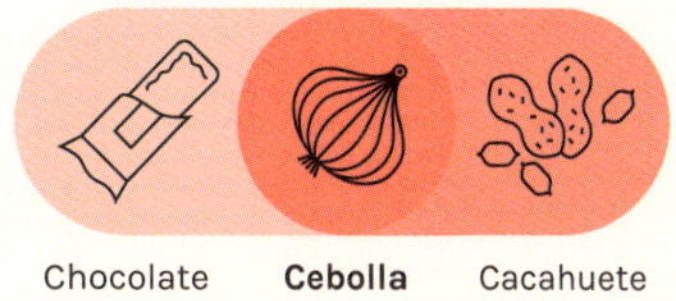

Maridajes inusuales
El chocolate y los cacahuetes tienen tantas posibilidades de mezclas de sabores como el ajo. Prueba a añadir cebolla en polvo al bizcocho de chocolate, o chocolate negro a la sopa de cebolla.

destapa un dulzor natural, que aporta un sabor salado más complejo y permite que salgan a la superficie otros sabores que conforman la base de muchos platos.

CARAMELIZAR

A la cocción a fuego lento de las cebollas en aceite o mantequilla se la conoce erróneamente como caramelización (págs. 78–79). Las cebollas cocidas suavemente se vuelven más dulces porque se pierden los sulfuros acres y se evapora el agua, lo que intensifica los azúcares naturales de la cebolla. La reacción de Maillard (págs. 74–77) también las infunde de sabores caramelizados.

COCINAR CON CEBOLLAS

Como la Santísima Trinidad de los pimientos, la cebolla y el apio, que se utiliza profusamente en las cocinas cajún y criolla, la clásica combinación francesa de cebolla, apio y zanahoria (mirepoix) se usa como base de muchas recetas, pues la mezcla crea sabores fuertes y salados. Las carnes cocidas contienen compuestos azufrados, por lo que combinan muy bien con las cebollas.

Para preparar un condimento de cebolla con un aroma profundo y sabroso, puedes desecar las pieles en la posición más baja del horno hasta que queden crujientes, y después triturarlas para obtener un polvo.

DULCE

LAS CHALOTAS POSEEN UNA CUALIDAD DULCE Y SUAVE QUE COMBINA ELEMENTOS DE LOS SABORES DEL AJO Y DE LA CEBOLLA.

CHALOTA

Variedades de cebollas

CEBOLLETAS y CEBOLLAS DE VERDEO (CEBOLLAS VERDES)

Cebollas sin madurar con un sabor suave y herbáceo y un toque picante. La cebolla de verdeo tiene los lados rectos y es más suave que la cebolleta. Picar fino para aderezar.

Contiene isotiocianatos, pero en concentraciones bajas, lo que les confiere un gusto suave.

PUERROS

Cuando se cocinan son suaves, dulces y mantecosos.

Los compuestos bajos en azufre permiten que destaque el diacetilo mantecoso. Toques de manzana, piña y plátano que provienen del butirato de etilo.

CEBOLLINO

Hierba verde que se utiliza como aderezo. Proporciona un fresco sabor a cebolla y ajo, menos acre.

Bajo en sulfitos, con compuestos aromáticos únicos como el timol (tomillo) y el aldehído tíglico (anís).

CEBOLLAS MORADAS

Dulces y suaves. Ideales en crudo, para añadir dulzor a un plato cocinado o color a una ensalada.

Son moradas por las antocianinas. El bajo contenido en azufre revela notas de caramelo por los compuestos aromáticos de furanona.

CEBOLLAS BLANCAS

Consistentes y con un sabor crocante. Ideales en crudo en ensaladas y en salteados para platos calientes.

Su bajo contenido en azufre y ácidos les confiere un sabor suave y saca a la luz su dulzor natural.

CEBOLLAS AMARILLAS/ MARRONES

Sabor fuerte con un equilibrio de astringencia y dulzor al caramelizarlas.

Altas en tiosulfatos que las dotan de un sabor picante y especiado. Desagradables para consumir en crudo.

CHALOTAS

Antigua variedad pequeña que se utiliza en cocina y que combina bien con platos de carne.

El bajo contenido en azufre y ácidos le da un sabor suave. Contiene 1-Penten-3-ol, que es mantecoso con notas de rábano picante.

AJO

El ajo, quizá el ingrediente más celebrado de la historia, tiene el poder de transformar un plato, así como muchos beneficios para la salud. Su sabor complejo y embriagador tiene su origen en un compuesto azufrado llamado alicina: una sustancia pungente que aflora de las células solo cuando se las corta o se las daña al cortar, triturar o masticar los ajos.

La alicina se acopla a los receptores TRPA1 de las fibras del dolor (pág. 43) para evocar una calidez similar a la de la mostaza; su aroma posee una agradable reminiscencia salada a carne asada por su parecido con los compuestos aromáticos sulfurosos de las carnes y de la reacción de Maillard (págs. 74–77). Con el tiempo y la cocción, la alicina se descompone en una serie de distintos compuestos aromáticos en una cascada química, cada uno con su carácter: los sabores fuertes y duraderos de cuando está crudo se vuelven dulces al saltearlo; embriagadores con un profundo fondo umami al asarlo, y desarrolla notas complejas de melaza, vinagre balsámico y tamarindo cuando madura hasta ennegrecer.

NO COCINES EL AJO A MÁS DE **180 °C** (356 °F) PARA EVITAR QUE AMARGUE.

Intensidad del ajo

Cuanto más se dañe o machaque un diente de ajo, más alicina se genera por el trabajo de su enzima defensiva, la alinasa.

ENTERO

El ajo entero tiene un sabor más suave y un aroma sutil. Se puede asar entero para conseguir un sabor dulce u hornearlo y untarlo en tostadas.

CORTADO

Trocear el ajo de manera tosca con un cuchillo causa un daño mínimo y libera poco jugo.

TRITURADO

Utilizar un prensador de ajo da como resultado dientes triturados, que generan un dulce sabor intenso. Ten cuidado de que no se queme al cocinarlo.

MOLIDO

Moler el ajo en un mortero daña más células que al triturarlo, lo que da como resultado un sabor mucho más intenso.

EN PURÉ

Hacer puré con el ajo causa el mayor daño y lo convierte en el ajo con un gusto más picante. Cocinarlo a fuego lento reduce drásticamente la intensidad.

Generar alicina
El sabor del ajo proviene de la alicina, que se libera cuando se dañan los dientes. Para conseguir el máximo sabor, espera unos minutos tras cortar el ajo antes de cocinarlo.

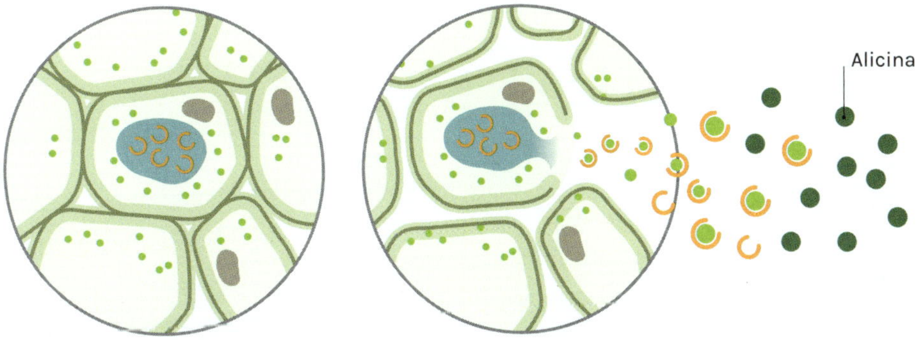

LEYENDA

- Aliina
- Enzima
- Alicina + enzima
- Alicina

LA ALIINA Y LAS ENZIMAS SEPARADAS
Cuando el diente de ajo esta entero y sin daño, contiene aliina, un aminoácido insípido que se convierte en alicina.

LA ALIINA Y LAS ENZIMAS SE UNEN
Cuando se corta o se aplasta el ajo, la aliina se convierte en alicina a través de la enzima alinasa.

SE CREA ALICINA
Se libera la alicina, que emite el potente aroma del ajo.

Deja reposar el ajo después de triturarlo; la intensa alicina tarda hasta 60 segundos en fundirse en sabores complejos, que se degradan en compuestos como los picantes disulfuros de dialilo y el ajoeno, que aportan intensas notas sabrosas. Cocinarlo a alta temperatura, como el escaldado a 60 °C (140 °F), desactiva las enzimas que generan la alicina, y es ideal para platos más suaves.

DESTERRAR LO AMARGO

Como tienen menos agua que la mayoría de las verduras, los trocitos de ajo se carbonizan y se queman rápidamente, lo que genera compuestos acres y de gusto amargo que perduran en el paladar y pueden estropear un plato. Para evitarlo, cocina el ajo a fuego lento con una buena cantidad de aceite o de mantequilla y no le añadas los dados o trocitos picados demasiado pronto, sobre todo si estás cocinando a mucha temperatura.

El apretado racimo de seis o más bulbos pequeños y de una sola capa (dientes) alberga en cada uno de ellos un diminuto embrión de planta verde, listo para brotar. Si se lo deja germinar, el brote drena el diente de sus nutrientes, lo que provoca que se marchite, mientras acumula compuestos defensivos de gusto amargo. Reduce ese gusto retirando el brote verde y no utilices los dientes que tengan brotes.

Variedades de ajos

SOFTNECK
Crecen en climas más templados y con tallos centrales suaves, estas variedades de gusto suave tienen una larga vida útil gracias a sus apretadas y muy numerosas capas de piel finas como el papel. Son las que verás más a menudo en los supermercados.

HARDNECK
Crecen en climas más fríos, tienen tallos centrales leñosos y menos dientes pero más grandes. Acumulan más sulfitos defensivos y por ello poseen un sabor a ajo más intenso, variado y potente.

AJO ELEFANTE
Es en realidad un tipo de puerro bulboso con un cierto sabor a ajo que se puede comer crudo en ensaladas. Alargado y con un sabor más suave que el ajo de verdad, es perfecto para asar o donde se requiera un sabor a ajo sutil.

AJO SILVESTRE
Un término general para varias plantas frondosas relacionadas con el ajo tradicional, todas ellas con grandes hojas verdes que confieren un sutil sabor a ajo.

Maridajes habituales
Rico en glutamato, el ajo combina bien con otros ingredientes con mucho umami, como los champiñones y el tomate, y es habitual en las recetas italianas.

Champiñón **Ajo** Tomate

Miel **Ajo** Fresa

Maridajes inusuales
El ajo combina inesperadamente bien con algunos ingredientes dulces, entre ellos la miel, la fresa, la manzana y la piña. Pruébalo en salsas y en aliños de ensaladas.

HIERRO

AUNQUE LA ESPINACA CONTIENE MÁS HIERRO QUE OTRAS VERDURAS, EL CUERPO NO LO ABSORBE CON TANTA FACILIDAD COMO EL HIERRO DE UN FILETE.

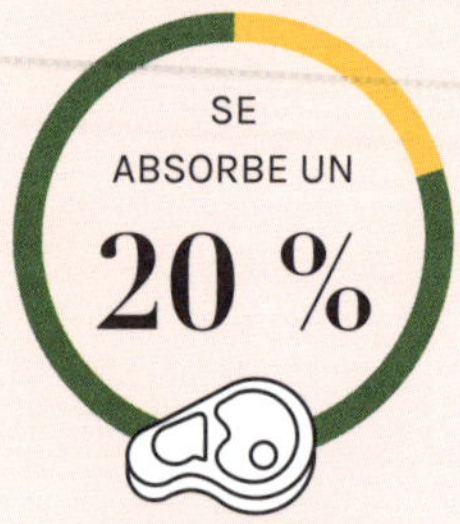

SOLOMILLO
HIERRO/100 G
2,5 MG

ESPINACA
HIERRO/100 G
2,6 MG

VERDURAS DE HOJA VERDE

Como los alimentos que nuestros antepasados recolectores obtenían de los bosques, las verduras de hoja verde actuales son por lo general amargas y carecen del atractivo dulce y voluminoso de los productos más modernos. Repletas de vitaminas, las verduras de cada cultura ofrecen complejos matices amargos y de terrosidad a los platos.

A pesar de que las verduras de hoja verde provienen de distintas familias y climas, en la mayoría de ellas predominan los compuestos aromáticos sulfurosos que recuerdan a la cebolla y la col junto a compuestos del sabor amargos y astringentes. Al cocinarlos se apagan, pero pueden volver si se cocinan en exceso, pues se forman otros compuestos desagradables, como el olor a huevos podridos del sulfuro de hidrógeno. Muchas se pueden comer crudas.

EL SABOR AMARGO DEL KALE PROVIENE DE LOS GLUCOSINOLATOS Y LOS ISOTIOCIANATOS (PÁG. 111), QUE PUEDEN AÑADIR SABORES PUNGENTES.

EL AMARGOR DE LA ACELGA SE SUAVIZA AL COCINARLA. LOS COLORIDOS TALLOS TIENEN UN SABOR MÁS INTENSO.

ACELGA

PAK CHOI

KALE

Maridajes habituales
Equilibra el amargor natural de la espinaca maridándolo con quesos y pescados planos.

Maridajes habituales
Prueba el kale con ajo, limón, frutos secos, semillas y pescados blancos como el rodaballo, y también con cereales integrales como la quinoa.

Variedades amaranto

En el grupo amaranto de las verduras de hoja verde están la acelga, la remolacha azucarera y la espinaca.

ESPINACA
Conocida tiempo atrás como la «verdura persa» y ahora popular tanto en platos occidentales como internacionales, la espinaca ofrece sabores verdes y herbáceos en crudo. Al cocinarla, se le unen unos nuevos compuestos aromáticos con gusto a patata y toques de palomitas de maíz y heno. Si se cocina demasiado tiempo, se degradan en compuestos sulfurosos y su textura se vuelve viscosa.

ACELGA VERDE
Familia de la espinaca, la acelga posee un sabor más intenso, con notas especiadas de cariofileno, y una textura más firme.

HOJAS DE AMARANTO
Son muy populares en India, China y Asia oriental. Tienen la misma textura que la espinaca, pero un gusto más a pimienta.

HOJAS DE REMOLACHA
Poseen un sabor suave, dulce y terroso.

ESPINACA DE AGUA
No es familia de la espinaca, es menos terrosa y contiene estigmasterol de aroma dulce.

Variedades de brasicáceas

En el grupo de las brasicáceas se encuentran algunas plantas de hoja verde, así como la col y la coliflor (págs. 110-113).

KALE
Antepasado evolutivo de la familia de las brasicáceas (págs. 110-113), esta antigua verdura mediterránea ha resurgido por sus beneficios nutricionales. Sus hojas duras y rizadas están más que repletas de compuestos amargos y azufrados, principalmente de glucosinolatos (pág. 111). Al cocinarla, estos se descomponen, junto con la celulosa fibrosa incomestible, lo que ablanda las hojas a la vez que libera compuestos aromáticos verdes tostados, dulces y de tintes azufrados.

BERZAS
Son populares en América del Sur y poseen un perfil gustativo parecido al del kale pero menos amargo. Las hojas jóvenes están ricas en crudo.

PAK CHOI/COL CHINA
Estas variedades tienen hojas suaves y tallos anchos con distintos sabores que evolucionan al cocinarlos. Los sutiles sabores afrutados en crudo se vuelven poco a poco verdes y almendrados al saltearlas, y la reacción de Maillard (págs. 74-77) libera nuevos sabores a nuez y a pirazina tostada.

ESPINACA

EL EXCESO DE OXALATO DE LA ESPINACA PUEDE EVITAR LA ABSORCIÓN DE CALCIO, LO QUE SE MINIMIZA CON LA INGESTA DE LÁCTEOS, COMO EL QUESO.

Kale: un masaje para eliminar el amargor

Masajear el kale estrujando y apretando sus hojas, y luego cortarlas y lavarlas, es una buena manera de suavizar las correosas hojas y de mejorar su sabor.

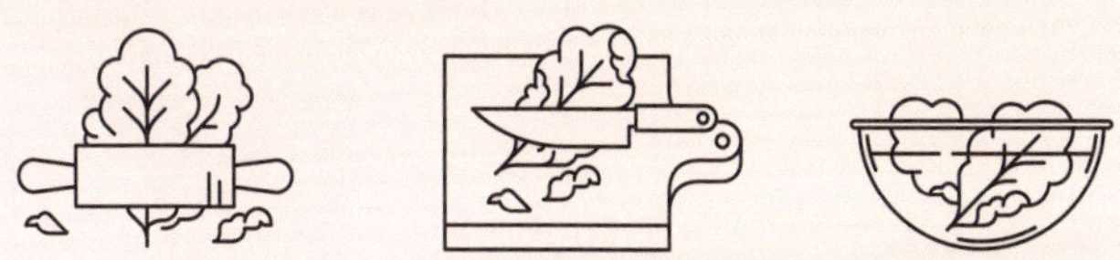

MASAJEAR
Masajea el kale para romper sus membranas celulares y liberar la enzima mirosinasa (págs. 110-111).

CORTAR
Trocea el kale para atenuar su sabor amargo.

REMOJAR
Pon en remojo y luego enjuaga las hojas cortadas para eliminar los compuestos amargos.

Variedades de zanahorias

VARIEDADES PEQUEÑAS

Las variedades más pequeñas de zanahorias (por ejemplo, la Chantenay) suelen ser más dulces, a diferencia de las zanahorias baby, que sencillamente se recolectan antes de que crezcan del todo y no tienen el azúcar y el sabor de una raíz madura. Las «baby cut» son zanahorias enteras cortadas en porciones pequeñas como para bebés.

NARANJA

Las zanahorias naranja son las que poseen un sabor más intenso. Aunque puedan parecer todas iguales, hay decenas de variedades de zanahoria naranja con sabores y gustos diversos y un repertorio dispar de compuestos aromáticos. Entre las más dulces encontramos las Tornado, las Nottingham y las Bolero.

MORADA/NEGRA

Las zanahorias moradas tienen un ligero regusto amargo o desagradable, y un suave aroma a frutos secos, pero pueden ser repulsivamente dulces.

AMARILLA/BLANCA

Las zanahorias amarillas y blancas son las que menos azúcar y compuestos aromáticos tienen, lo que las convierte en las más insípidas y las menos amargas.

ROJAS

Con menos azúcar y un fuerte aroma verde, las zanahorias rojas carecen de sabor a zanahoria y son más amargas que la mayoría. Reciben su tonalidad del licopeno (págs. 88-89), el pigmento de los tomates.

EL MITO DEL COLOR

LOS HOLANDESES MÁS PATRIOTAS RECLAMAN HABER CULTIVADO LA PRIMERA ZANAHORIA NARANJA.

SUPUESTAMENTE SE CULTIVÓ EN HONOR DE GUILLERMO DE ORANGE. LAS ZANAHORIAS NARANJA SOPORTAN BIEN EL CLIMA HÚMEDO DEL NORTE DE EUROPA.

UN CAPRICHO DULCE

LA GRAN BRETAÑA DE TIEMPOS DE GUERRA ESTABA REPLETA DE ZANAHORIAS, Y LAS PIRULETAS DE ZANAHORIA ERAN FAMOSAS POR VENDERSE COMO SUSTITUTO DE LOS HELADOS.

Maridajes habituales
Las zanahorias combinan bien con muchos ingredientes, principalmente con aquellos que resaltan sus sabores dulces. Pruébalas con mantequilla, miel, jengibre, comino y naranja.

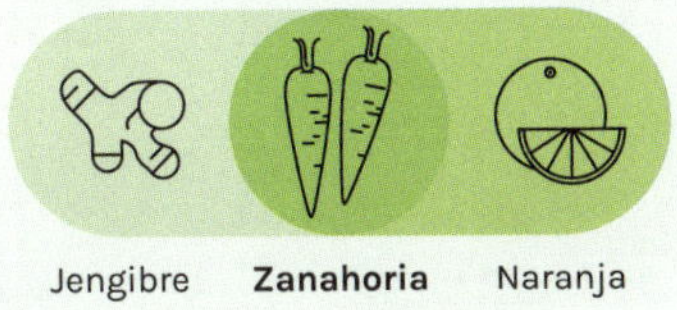

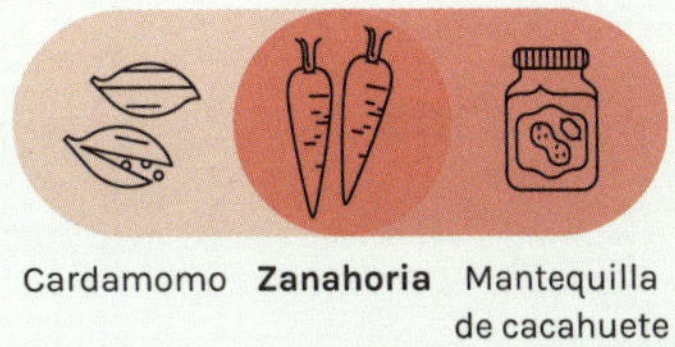

Maridajes inusuales
Si deseas una inesperada combinación de sabores, prueba con el miso. Las zanahorias también combinan con el cardamomo en tartas de zanahoria y en smoothies, y con mantequilla de cacahuete en salteados.

ZANAHORIAS

La hortaliza naranja preferida de todo el mundo llegó desde el Creciente Fértil —actualmente Irán y Afganistán— y aparece en muchas cocinas. Antaño pálidas y escuálidas y consumidas solo por sus hojas ligeras, las variedades naranja actuales son resistentes y de raíces gruesas.

Nutritivas, dulces y deliciosamente crujientes, las zanahorias tienen más azúcar (4-5 %, principalmente sacarosa) que incluso los tomates (2-3 %) y hace mucho que se utilizan para endulzar alimentos. El dulzor natural es equilibrado por un ligero amargor de los compuestos fenólicos, conocidos por sus beneficios saludables; uno de los cuales (la eugenina) dota de sabor amargo a los clavos de olor enteros.

El sabor familiar del humilde tubérculo proviene de una paleta considerablemente rica de más de 100 compuestos aromáticos. Los marcados matices añejos y terrosos los aporta un compuesto aromático de pirazina, el 2-metoxi-3-isobutil pirazina, que es tan potente que se puede oler una sola gota de su vapor en una habitación del tamaño de una piscina olímpica. Se manifiesta en un trasfondo de compuestos aromáticos verdes, de pino, frutales y picantes. Los más significativos son el terpinoleno amaderado y el mirceno picante, que también son predominantes en el aroma del cannabis.

CUIDADO DE LA ZANAHORIA

Aunque ya no estén en la tierra, las zanahorias que compras siguen vivas hasta que las cocinas, lo que significa que la diferencia entre una zanahoria dulce y deliciosa y una raíz sosa y amarga depende de cómo se las trate antes y después de la recolección. Entre estos factores están la tierra, el clima, cómo se almacenan e incluso si se han lavado a máquina (lo que eleva su amargor). Las zanahorias que se venden con hojas tienen una vida útil más corta y es, por tanto, más probable que cuando las compres sean más frescas y sabrosas.

VER EN LA OSCURIDAD

La creencia popular de que comer zanahorias te ayuda a ver en la oscuridad es un mito. Las zanahorias naranja son ricas en betacaroteno (vitamina A), que es esencial para la visión nocturna, aunque la mayoría de la gente ya tiene mucha y comer más no hace que la visión mejore.

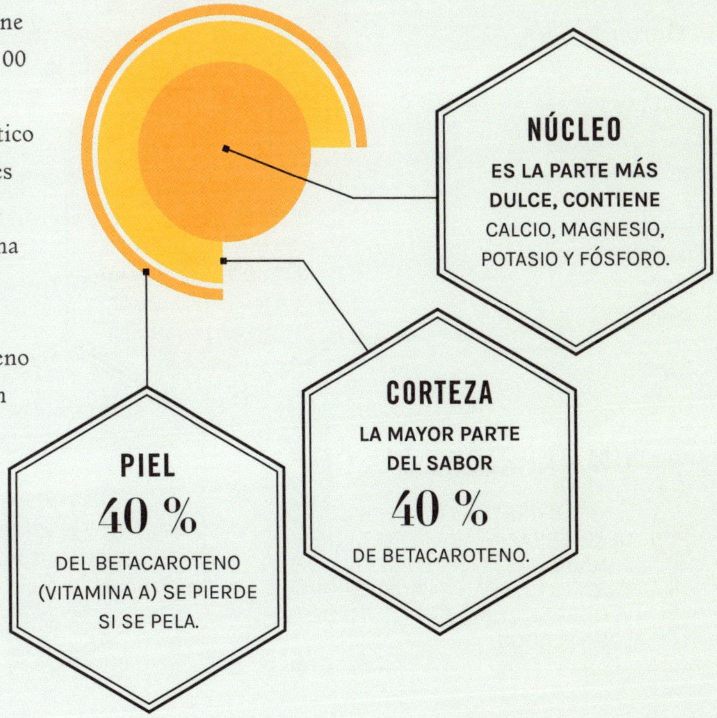

LA CIENCIA DE LA ENSALADA

Las ensaladas, un surtido de ingredientes frescos, por lo general hojas, aliñadas con algún condimento llevan siglos consumiéndose. La palabra «ensalada» viene del latín *sal*, un guiño a su naturaleza bien aliñada y a su atractivo que estimula el apetito.

Originalmente, las ensaladas se elaboraban con hierbas y hojas frescas y se valoraban tanto sus propiedades medicinales como su gusto. Hoy en día, se suelen componer de una variada mezcla de ingredientes que se eligen por sus texturas y sabores complementarios, que se mezclan con un aliño sabroso.

LAS CUALIDADES ESENCIALES DE UNA ENSALADA

- **Muchos ingredientes:** por lo general al menos tres ingredientes que tengan características variadas pero complementarias.
- **En trocitos:** los ingredientes se cortan con cuidado en bocaditos y trozos más pequeños, de manera que cada bocado que demos contenga los distintos gustos y texturas.
- **Contraste de texturas:** un abanico de texturas, como crujiente, blanda, crocante y suave, convierte comer ensaladas en una experiencia satisfactoria.
- **Contraste de sabores:** un gama de perfiles de sabor crea contraste entre lo dulce, lo salado, lo ácido, lo amargo y lo umami.
- **Aliño:** se mezclan o se revuelven los ingredientes con un aliño bien condimentado con una base de aceite y vinagre que le otorgue una acidez y una sensación en boca potentes, y que junto a la sal pongan de relieve los distintos sabores.

FATTOUSH

EL NOMBRE DE ESTA ENSALADA PROVIENE DE LA PALABRA ÁRABE *FATTEH* QUE SIGNIFICA «MIGAS».

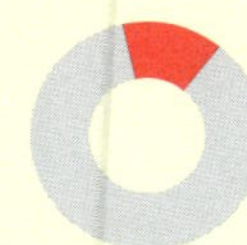

DULZOR

Unas pocas semillas de granada aportan estallidos de acidez y dulzor, y toques de color.

ACIDEZ Y SALINIDAD

Un aliño emulsionado de limón, aceite de oliva virgen extra, melaza de granada y sal equilibra y da armonía a los ingredientes de la ensalada.

CROCANTE

Añade pan plano o pan de pita para obtener una textura crujiente.

AROMA

La hierbabuena natural picada introduce aromas vivos con compuestos mentolados refrescantes.

ALIÑOS DE ENSALADA

La mayoría de los aliños de ensalada se componen de aceite, vinagre o zumo de limón, un emulsionante y otros aromatizantes elegidos para que se complementen con los ingredientes. Es mejor añadir el aliño justo antes de servir para que el ácido y la sal de este no descompongan la estructura de las células de las hojas y suelten líquido. Las ensaladas elaboradas con ingredientes como lentejas, pasta, patatas o arroz es mejor aliñarlas cuando aún están tibias, porque así los almidones ablandados absorben mejor los sabores del aliño.

EMULSIFICACIÓN

El aceite y el vinagre no combinan de manera natural, por lo que necesitan un emulsionante como la mostaza, el yogur, la yema de huevo o la miel. Estos contienen moléculas con partes solubles en agua y en grasa, que conectan diminutas gotitas de aceite con el vinagre. Así se crea una emulsión: un líquido más denso que no se separa. Batir el emulsionante con el aceite y el vinagre ayuda a dispersar las gotitas de manera uniforme para obtener un aliño suave.

La ensalada perfecta

Originario de Oriente Medio, el fattoush tiene un sencillo aliño con aceite de oliva virgen y zumo de limón, a menudo con semillas de granada, que aportan un sabor agridulce a la vez que actúan de emulsionante.

ACIDEZ

El zumaque se obtiene de bayas secas de la familia del anacardo. Su sabor ácido y picante, gracias al ácido málico, aporta un equilibrio de dulzor sutil y carácter cítrico al aliño.

FRESCURA

Las frutas y las verduras aportan frescura con el refrescante crocante del pepino, el brillo agridulce de los tomates y el picor crujiente de los rábanos.

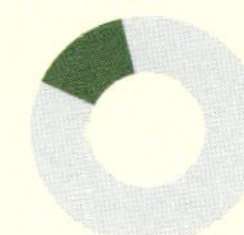

CRUJIENTE

Una cama de crujiente lechuga verde como la romana o la Little Gem, junto a verdolagas o berros suaves, picantes y amargos.

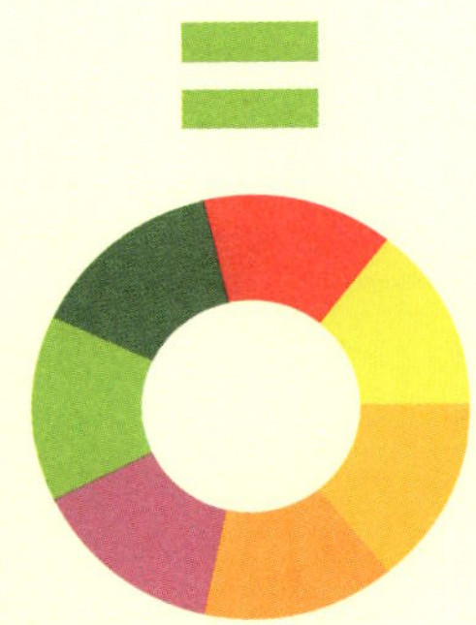

LA ENSALADA PERFECTA

PATATAS

Con una antigüedad de 10.000 años, las patatas son una de las primeras hortalizas que se cultivaron. Los españoles la trajeron desde su nativa América del Sur a Europa en el siglo XVI. Sin embargo, el temor al envenenamiento hizo que tardaran aún más de dos siglos en convertirse en un alimento básico popular.

Como otros tubérculos, las patatas crecen bajo tierra y generan poco aroma. En crudo, pues, no tienen mucho sabor. Hervidas o al vapor liberan los compuestos aromáticos que encierran y crean otras decenas de reacciones químicas. Al horno, asadas o fritas elevan sus sabores a nuevas alturas —con más del doble de tipos de compuestos aromáticos—, sobre todo por la reacción de Maillard (págs.74-77), pero también porque la caramelización de los azúcares y la oxidación de las grasas a altas temperaturas dan lugar a sabores con toques de malta y mantequilla.

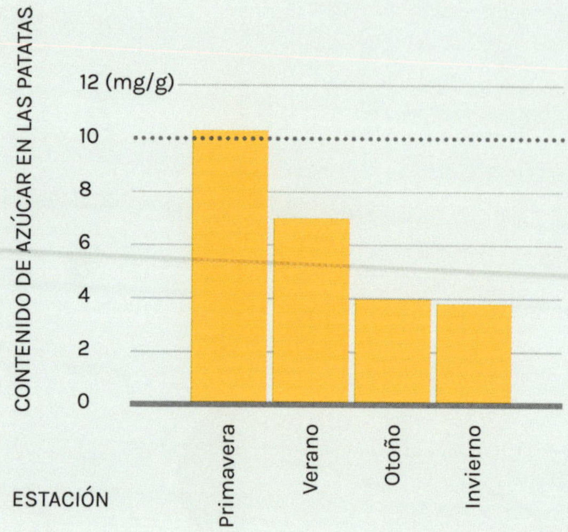

Contenido en azúcar
Las patatas que se recogen a principios de año contienen más azúcar. Estos altos niveles de azúcar provocan un pardeamiento de Maillard excesivo, que hace que las patatas fritas y las chips adquieran un tono marrón oscuro fangoso.

COCINAR LAS PATATAS

Elaborar la patata chip perfecta es toda una ciencia: empieza con una patata con alto contenido en almidón. El mismo cuidado debería aplicarse a la hora de hacer el puré de patatas y las patatas asadas perfectos, desde elegir las variedades adecuadas hasta cocinarlas de la manera correcta.

Dondequiera que crezcan del mundo, las plantas de la patata dedican su vida a prepararse para los duros inviernos de su nativa Perú. Cada caloría disponible del sol veraniego se almacena como almidón en sus depósitos subterráneos de combustible (llamados tubérculos), que son las hortalizas que nos comemos. Esto hace que las patatas nuevas, que se cosechan en primavera y verano, sean más dulces que las que se cosechan al último, puesto que no han acabado de convertir sus azúcares en almidón (ver página anterior).

Cuando se cuecen las patatas, los gránulos microscópicos de almidón ocultos en el interior de cada célula se hinchan al absorber agua, lo que suaviza su textura (denominada gelatinización) y hace que la patata sea más sabrosa. Las patatas con más almidón se deshacen más durante la cocción.

PURÉ SUPERIOR

Para elaborar un puré suave y aireado hacen falta patatas harinosas, un rallador de patatas y mucha grasa. Los trozos de patata cocida se pasan por el rallador en vez de machacarlos con fuerza, para evitar que liberen un exceso de almidón que provocaría pegajosidad y para incorporar aire. Para un puré de patatas a la francesa suave y sedoso, se rallan las patatas cerosas, luego se trabajan a fondo para que suelten y liguen el almidón y por fin se enriquecen con mucha mantequilla y nata. Para un puré con trozos, o con patatas sin pelar, utiliza un pasapurés. Añade mantequilla suave con una espátula de plástico para recubrir los almidones y después mézclala poco a poco con leche o nata. Mezclarla demasiado hace que los almidones se aglutinen formando una pasta, mientras que el exceso de líquido lo vuelve viscoso.

La ciencia de hacer puré

Antes de cocinarlas, las patatas crudas contienen almidón estable. Esto cambia cuando se añade agua hirviendo y los gránulos se hinchan y estallan liberando el almidón y cambiando la textura de la patata.

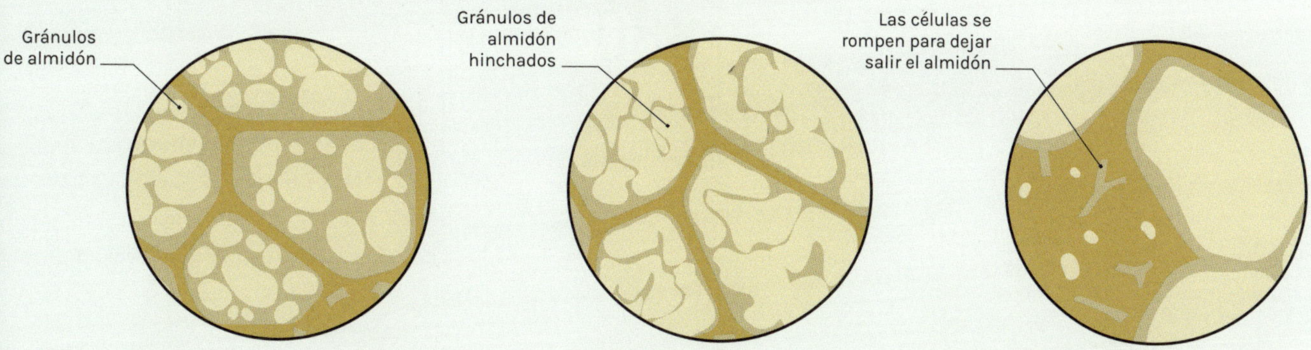

CÉLULAS DE PATATA SIN COCINAR

Los gránulos de almidón conviven bien compactos en las células de la patata cruda. Permanecen estables mientras no se cocine la patata.

CÉLULAS DE PATATA COCINADAS

Cuando se añade agua hirviendo, los gránulos de almidón comienzan a absorber el agua y se hinchan (gelatinización).

CÉLULAS DE PURÉ DE PATATA

Los gránulos absorben más agua y continúa la gelatinización, que da como resultado patatas más suaves y esponjosas.

Maridajes y cantidad de aromas según el método de cocinado

Las patatas hervidas son las que tienen menos compuestos y sabores suaves. Las patatas al horno poseen aromas más complejos e intensos con sabores a frutos secos y caramelo, mientras que las patatas fritas son las que gozan de más compuestos aromáticos, con sabores tostados y a caramelo.

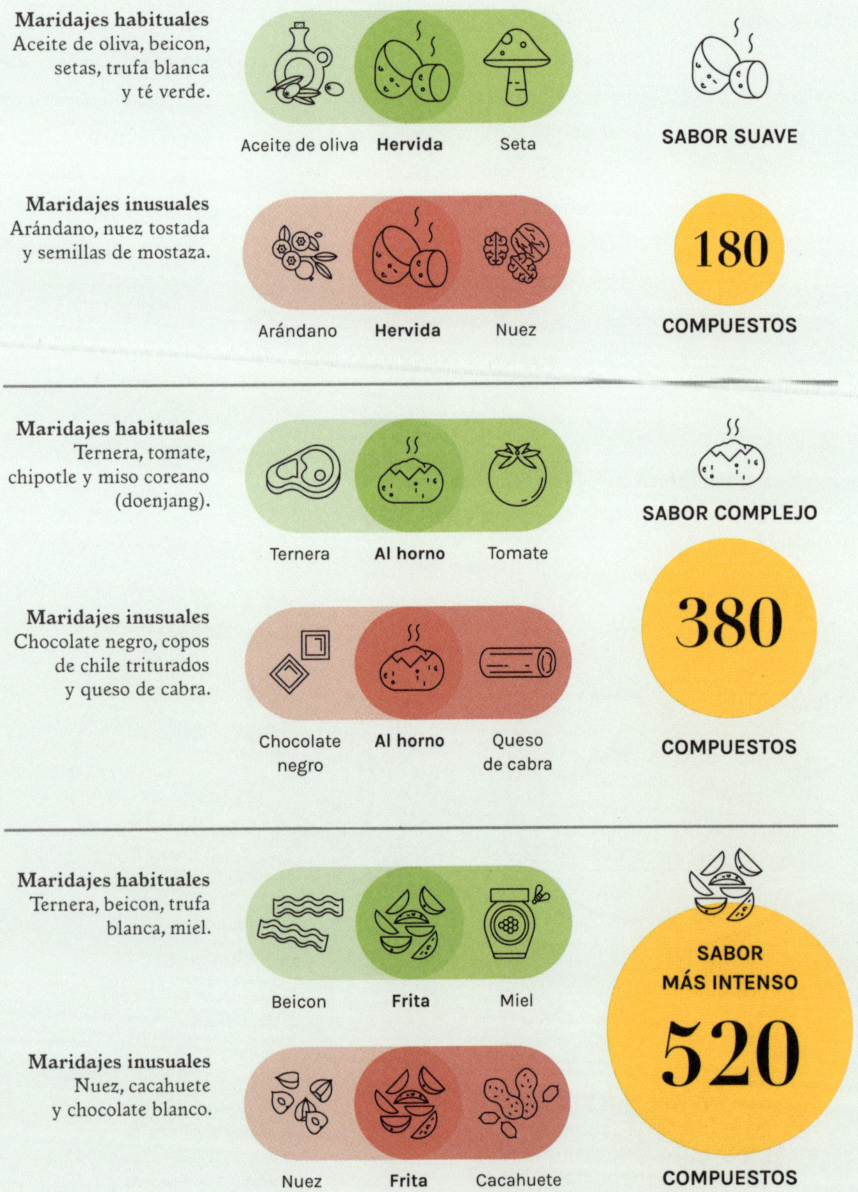

LA PATATA FRITA PERFECTA

La patata, hortaliza preferida de los estadounidenses, le debe su popularidad a la querida patata frita. Elaborar la patata frita perfecta es una ciencia seria: demasiada humedad nos da patatas blandas, mientras que los altos niveles de azúcares dan lugar a patatas marrones. Para garantizar un exterior dorado y crujiente y un interior esponjoso, los mejores restaurantes analizan minuciosamente el almidón y el azúcar. De ahí que las patatas ricas en almidones como las Russet, que se cosechan en otoño, sean ideales. Escaldarlas en agua caliente acidificada activa las enzimas que protegen la pectina, el aglutinante natural de la planta, a la vez que desactiva las enzimas ablandadoras. El ácido solidifica aún más la pectina y freírla dos veces crea la perfecta pata frita dorada.

LAS MEJORES PATATAS ASADAS

Como las chips, una estupenda patata asada requiere principalmente un exterior crujiente. Si quieres un resultado irresistible, comienza con variedades harinosas como la Maris Piper, la Yukon Gold o la Russet. Pela, corta en trozos grandes y cuece hasta que estén lo bastante suaves para que se puedan comer, añadiendo un pellizco de bicarbonato de sodio al agua de cocción para que se desmenucen mejor. Seca y después remueve ligeramente la olla con la tapa puesta para hacer más rugosa su superficie. Asa en aceite precalentado a 200 °C (392 °F) para potenciar la reacción de Maillard (págs. 74–77) y conseguir el crujiente perfecto, removiéndolas o dándoles la vuelta durante el proceso. Las patatas asadas absorben los sabores del sazonado, las hierbas y las grasas como el aceite de oliva y la mantequilla, que se utilizan al cocinarlas.

Variedades de patatas

CEROSA

ROJA
Almidón: medio (16 %).
Textura cocinada: cerosa, firme.
Sabor: dulce, sutilmente terrosa.
Ideales para: ensaladas, hervir, asar.

FINGERLING
Almidón: alto (20 %).
Textura cocinada: cerosa, firme.
Sabor: a frutos secos y mantequilla.
Ideales para: asar, ensaladas, freír en sartén.

CHARLOTTE
Almidón: bajo (13-14 %).
Textura cocinada: cerosa, firme.
Sabor: ligero, a frutos secos.
Ideales para: ensaladas, hervir, al vapor, asar, gratinar.

HARINOSA

YUKON GOLD
Almidón: medio (16-18 %).
Textura cocinada: aterciopelada.
Sabor: dulce, a mantequilla.
Ideales para: asar, puré, freír/patatas fritas.

MARIS PIPER
Almidón: medio (15-19 %).
Textura cocinada: suave, esponjosa.
Sabor: intenso, terroso, ligeramente a nuez.
Ideales para: puré, asar, al horno.

RUSSET
Almidón: alto (más del 20 %).
Textura cocinada: seca, esponjosa.
Sabor: terroso, suave.
Ideales para: hacer al horno, asar, puré, freír/patatas fritas.

Raíces y tubérculos tropicales similares a la patata

Estas hortalizas son populares por todo el mundo y a menudo se cocinan de manera parecida a las patatas y comparten algunas de sus características de sabor.

CASSAVA (YUCA, MANDIOCA)
Esta raíz almidonada tuberosa es venenosa en crudo, pero cuando se cocina desarrolla un sabor terroso, ligeramente dulce y a frutos secos. El guayacol le confiere a la yuca sabores cálidos, ahumados y avainillados.

TARO (EDDO, DASHEEN)
Este tubérculo rico en almidón es un alimento básico en las cocinas caribeñas, africanas y del sudeste asiático. Con un sutil dulzor, sabe a un cruce entre la patata y la castaña.

BONIATOS
El maltol, un compuesto aromático clave, aporta sabores a caramelo, mientras que al cocinarlos los pigmentos carotenoides naranja se descomponen en compuestos de sabor que recuerdan a la calabaza.

ÑAME (PUNA, UBE)
Popular en África y en el Pacífico, los ñames tienen una piel de tipo corteza y una carne dura. Hervidos, fritos o asados, desprenden compuestos aromáticos a palomitas de maíz y a cacao y almendra.

Maridajes habituales

TUBÉRCULOS

Los tubérculos del Viejo Continente han sido históricamente la base de la dieta de mucha gente. Contienen una magnífica combinación de sabores y texturas.

CHIRIVÍAS

Las chirivías son famosas por su dulzor. Su alto contenido en azúcar provoca un rápido pardeamiento de Maillard (págs. 74-77), que da lugar a sabores intensos y caramelizados cuando se asa o se fríe. Hervida o añadida a estofados, sopas y guisos, pone de relieve su dulzor y matices almendrados. Su gusto almendrado proviene de la miristicina (que se encuentra en la nuez moscada) y las notas a pino del terpinoleno (presente en el comino y las manzanas). Las chirivías crudas son crujientes, terrosas y ligeramente amargas, ideales en ensaladas o guarniciones.

NABOS

Los nabos crudos son amargos y picantes debido a los glucosinolatos (pág. 111), parecidos a otras brasicáceas. La cocción a fuego lento los destruye y aporta dulzor, terrosidad y sabor a frutos secos. Sus hojas son picantes y se pueden usar como otras verduras de hojas verdes (págs. 98-99). El nabo crudo en rodajas aporta un crujiente amargo y picante a las ensaladas; los nabos baby son estupendos para mojar en salsas. Hervidos, asados, en puré y añadidos a sopas y estofados en la cocina occidental, cuando se cocinan se vuelven porosos y absorben sabores, como en los encurtidos y los salteados con especias de la cocina asiática.

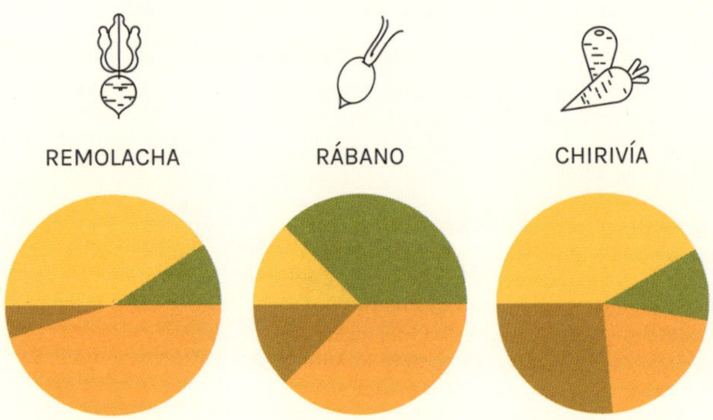

Aquí se comparan los perfiles de sabor de tres tubérculos. Esta clasificación puede ayudar a quien cocine a elegir la mejor hortaliza para su plato. La remolacha y las chirivías son más dulces, mientras que los rábanos son los más amargos

LEYENDA

- Dulzor
- Amargor
- Terrosidad
- Notas a frutos secos

Orígenes mediterráneos Las remolachas las cultivaban los antiguos romanos y griegos por sus hojas. Hacia el siglo XVI eran populares las variedades de raíces grandes.

Maridajes habituales
Tomillo, romero, zanahoria, patata y manzana.

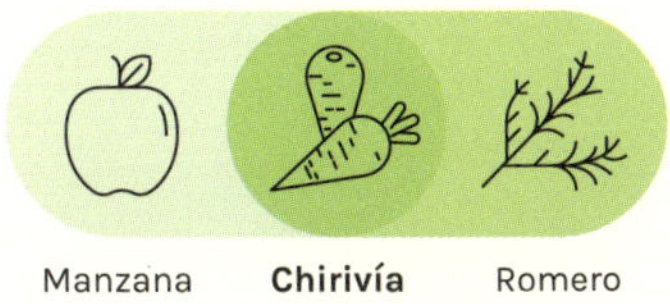

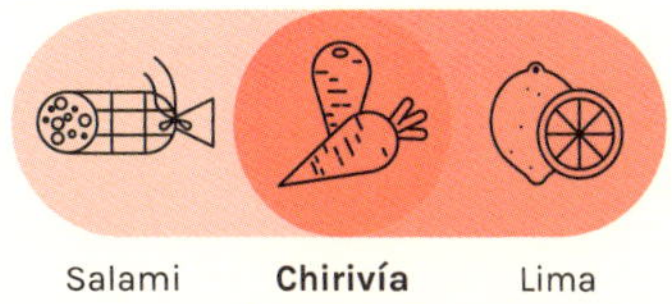

Maridajes inusuales
Mezcla de especias Shichimi togarashi, cáscara de lima y salami.

Maridajes habituales
Cebolla, ajo, judías verdes, lechuga, pepino, zanahoria y avena.

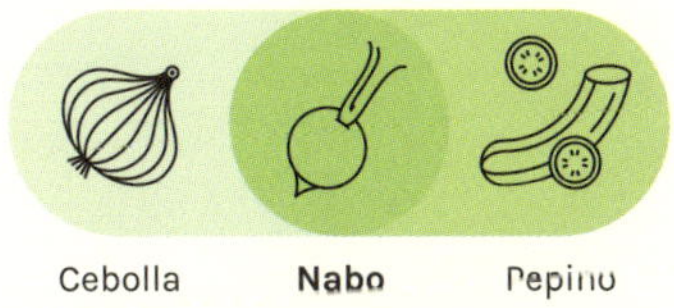

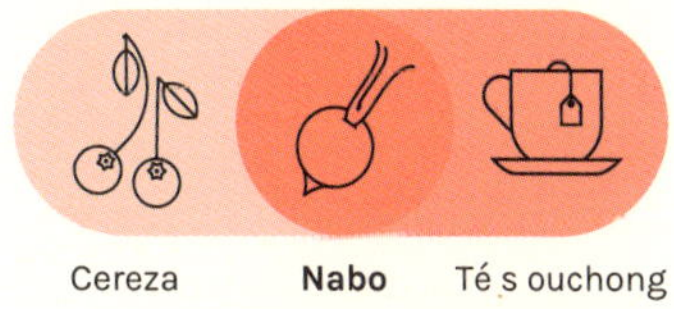

Maridajes inusuales
Cereza, flores de borraja, chucrut, y té oolong/lapsang y souchong.

Maridajes habituales
Col, ajo, cebolla, rábano picante, carne, frituras, judías verdes y té.

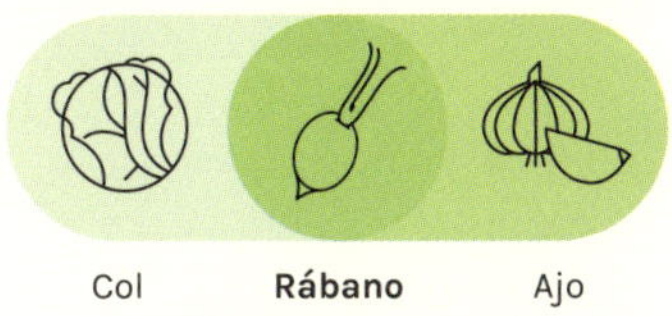

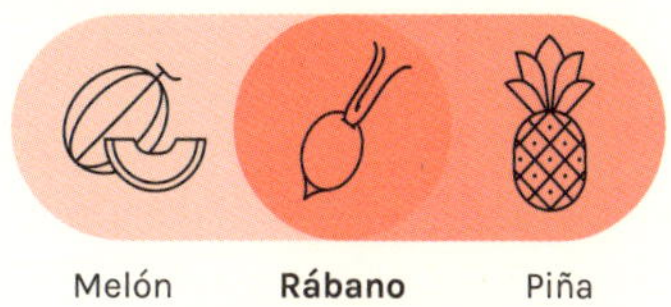

Maridajes inusuales
Piña, sandía, queso feta, manzana, melón y frutos cítricos.

Maridajes habituales
Manzana, pera, limón, mostaza y queso azul.

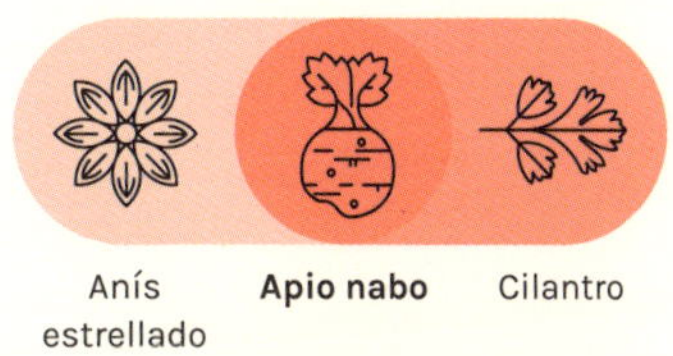

Maridajes inusuales
Mejorana, bayas de enebro, anís estrellado, cardamomo y cilantro.

Maridajes habituales
Café, queso feta y frutos secos.

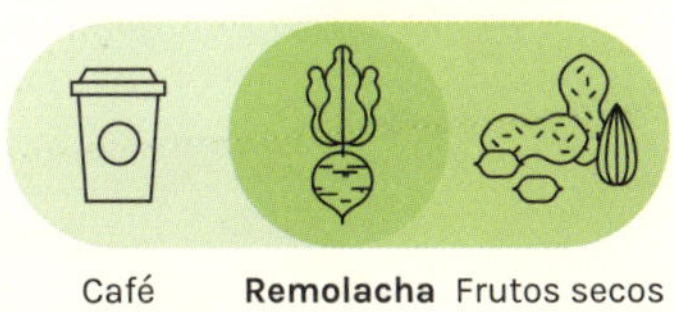

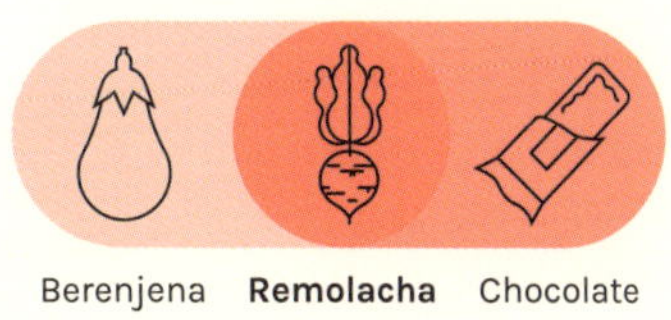

Maridajes inusuales
Berenjena, pimiento morrón, granada, chocolate, licor de albaricoque y salsa chimichurri.

RÁBANOS

Todos los rábanos contienen compuestos azufrados picantes típicos de la familia de hortalizas de la col y la mostaza. Se consumen sobre todo crudos y en rodajas. Su pungencia picante realza una sencilla ensalada verde.

APIO NABO

La pulpa de marfil del apio nabo ofrece un intenso gusto a apio con matices terrosos y a frutos secos. Su sabor proviene de los compuestos llamados ftalidas, junto al limoneno (notas cítricas) y el cariofileno (picante amaderado). Crujiente y parecido al hinojo, el apio nabo crudo funciona bien en ensaladas o en rémoulade (aliñado con zumo de limón y servido con mayonesa de mostaza). Con poco almidón y humedad elevada, el apio nabo a menudo se prefiere hervir o guisar antes que asar. Al cocinarlo se vuelve dulce con toques de avellana e hinojo.

REMOLACHA

Las remolachas son dulces con la terrosidad que le aporta la geosmina (el compuesto que queda en el aire tras una tormenta de verano). Se pueden hervir a fuego lento, cocer, encurtir, asar o cocinar como chips. Ralladas, aportan un toque crujiente y dulce a las ensaladas. Su amargor es buen complemento de las verduras, los frutos secos y los quesos fuertes como el feta. Cocinarla reduce el amargor al descomponerse los compuestos amargos. Al hervirla se diluye el sabor, mientras que al asarla se intensifica, y se introducen sabores Maillard y una carnosidad que marida con los ingredientes ricos en umami.

BRÓCOLI Y COLIFLOR

Entre las brasicáceas encontramos muchas hortalizas familiares, como el brócoli y la coliflor. Todas son miembros de la misma especie de planta (*Brassica oleracea*) que se ha cultivado durante siglos con el fin de obtener hojas gigantescas, flores deformes o brotes de hojas, o un tallo inferior hinchado.

BRÓCOLI

La rizada cabeza del brócoli es una masa de capullos de flor sin abrir, verdes, densos e infértiles. Almacenan azúcar, glucosinolatos amargos y compuestos aromáticos. La amplia superficie de la cabeza se presta a ser preparada a la brasa, rebozada y bañada en aceites, vinagres y salsas. Al masticarla se revela su cruda acritud, que activa la mirosinasa para formar sulforafano con un picante parecido al rábano a partir del glucosinolato de su misma familia. Una cocción suave, al vapor o con un ligero hervido, también daña la estructura celular e introduce matices amargos y de rábano picado. Suaviza su cruda aspereza; de los 33 compuestos aromáticos distintos en crudo, se queda en solo 9. Los sabores crudos, pungentes y a ajo de los compuestos azufrados se difuminan y los eclipsan otros, así como por un compuesto aromático cetónico que lleva la fragancia del geranio, acompañado de las pirazinas terrosas y con un toque a guisantes verdes.

COLIFLOR

El aroma dulce, como a col y a nuez de la coliflor proviene de uno de sus compuestos aromáticos sulfurosos: el sulfuro de dimetilo. Se complementa con un trío de compuestos aromáticos verdes y herbáceos frescos: el decadienal, el 2-octenal y el hexanal, este último muy abundante en las hojas. Las hojas y los tallos se asan bien y dan lugar a salteados, buñuelos, ensaladas, sopas y caldos sabrosos. Las variedades morada y verde suelen tener menos compuestos amargos y ofrecen un sabor a nuez.

Maridajes habituales
Escoge alguna de las otras brasicáceas y alimentos como el beicon, los cacahuetes, el pimiento morrón, la colmenilla, el melón y el melocotón.

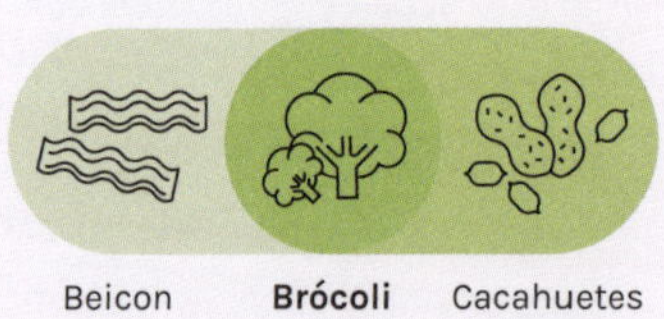

Maridajes inusuales
El brócoli también marida con los sabores más dulces de la piña y el coco.

Mosaico de sabores

El perfil de sabor de cada brasicácea puede definirse como un mosaico de compuestos aromáticos, en el que las piezas más importantes contienen azufre. Estos compuestos aromáticos azufrados no existen en la hortaliza cruda, sino que se extraen de sus materias primas —químicos inodoros llamados glucosinolatos (GSL)— cuando la hortaliza se trocea, se tritura, se cocina con cuidado o se daña de algún modo.

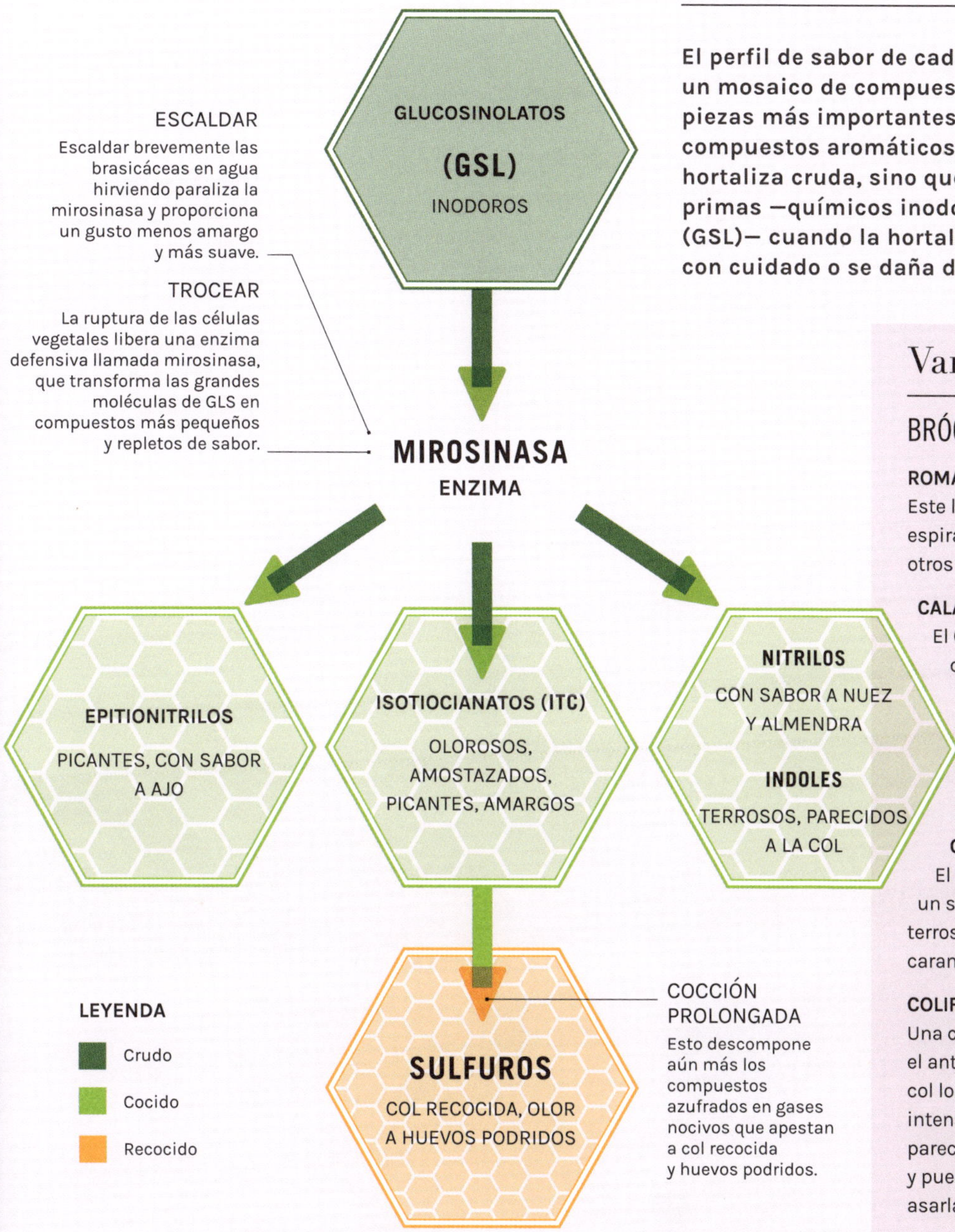

Variedades

BRÓCOLI

ROMANESCO
Este llamativo brócoli con sus cogollos en espiral tiene un sabor a nuez más suave que otros tipos de brócoli o de coliflor.

CALABRESE
El Calabrese, que se caracteriza por una cabeza compacta de cogollos muy apretados, posee un sabor amargo y terroso.

COLIFLOR

COLIFLOR BLANCA
El tipo más común de coliflor, la blanca, tiene un sabor suave y ligero a nuez con notas terrosas. Cuando se asa puede adquirir sabores caramelizados.

COLIFLOR MORADA
Una colorida versión que contiene antocianinas, el antioxidante presente en los arándanos y la col lombarda, que le da a estos alimentos su intenso matiz púrpura rojizo. El sabor es parecido al de la coliflor blanca; suave y delicado, y puede ser más dulce y saber más a nuez. Al asarla se potencia su sabor.

Maridajes habituales
El queso, los frutos secos, el ajo, la cebolla, la mostaza, el rábano picante, el tomate y el limón combinan a la perfección con el aroma a nuez de la coliflor.

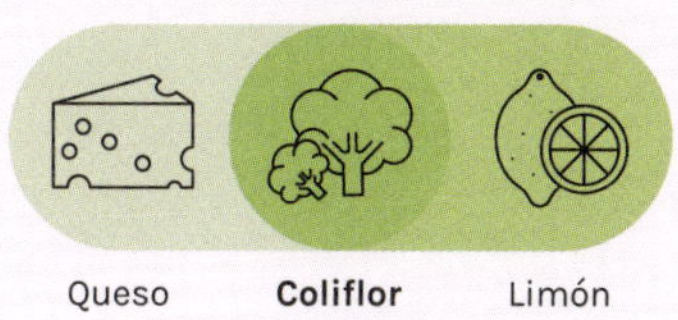

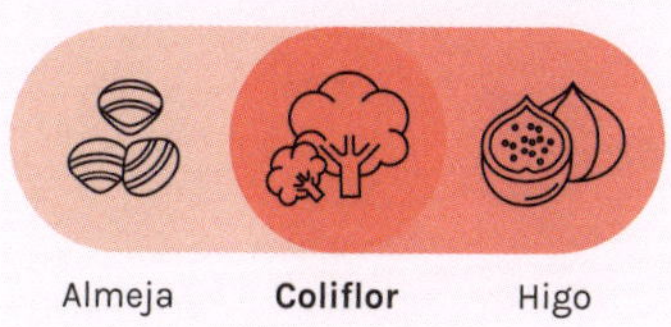

Maridajes inusuales
Cointreau, almeja, arroz negro, higo y agua de coco.

COLES Y COLES DE BRUSELAS

Las coles y las coles de Bruselas son miembros de la familia de las brasicáceas, pero son distintas en aspecto, textura y sabor. Sin embargo, las dos son ricas en nutrientes y se pueden cocinar de diversas maneras para mejorar sus sabores amargos naturales.

COL

Cosechadas desde hace más de 2500 años, las coles europeas se encuentran entre las variedades cultivadas más antiguas de brasicáceas. Todos los tipos son versátiles, sus sabores resaltan cuando se hacen al vapor, se asan y se cocinan con mantequilla. Los ácidos y los azúcares naturales hacen que la col fermente con facilidad. Las paredes de las células vegetales se desploman con el calor, se crean rápidamente aromas de mirosinasa y se suavizan para absorber los demás sabores.

Las investigaciones demuestran que sus 24 compuestos aromáticos proporcionan a la col su perfil de sabor único, que posee cualidades verdes, acres, grasas, florales y tostadas en un equilibrio único en cada variedad. Los isotiocianatos que confieren a la col su aroma primario no son tan dominantes en las coles de Bruselas y se ven equilibradas por los compuestos aromáticos de hojas verdes, así como de aromas dulces y etéreos del éter dimetílico, que antaño se utilizó como anestésico quirúrgico. Las coles lombardas están cargadas de pigmentos rojos de antocianina y cuentan con un perfil de sabores más variado y afrutado, que se prestan bien al maridaje con ingredientes más dulces, como los frutos secos. Las coles asiáticas y algunas europeas tienen notas de limón procedentes del limoneno, mientras que las variedades savoy e hispi son perfectas para rellenar, asar, hacer a la parrilla y guisar.

COLES DE BRUSELAS

Las coles de Bruselas parecen coles diminutas y tienen densos cogollos de hojas ricos en compuestos azufrados en niveles más altos que cualquier otra brasicácea. Para quienes son genéticamente sensibles a lo amargo (págs. 22-23), resultan extremadamente repulsivas. Tanto los glucosinolatos crudos como los isocianatos cocidos de las coles de Bruselas son amargos, por lo que cocinarlos puede empeorar la situación, sobre todo si se hierven demasiado tiempo. Los métodos de cocción como freír o asar pueden inducir las reacciones de Maillard, creando un sabor a nuez que equilibre y complemente el gusto amargo. Potenciarlas con ácidos, sal y elementos dulces puede realzar aún más su sabor.

EN RODAJAS

PARTIDA POR LA MITAD, UNA COL DE BRUSELAS TIENE NUEVE VECES MÁS SUPERFICIE, Y AUMENTA SU SABOR CUANDO SE FRÍE O SE ASA.

Maridajes habituales
Alliums, otras brasicáceas, salsa de soja, carne, patata, alubias, manzana y sidra.

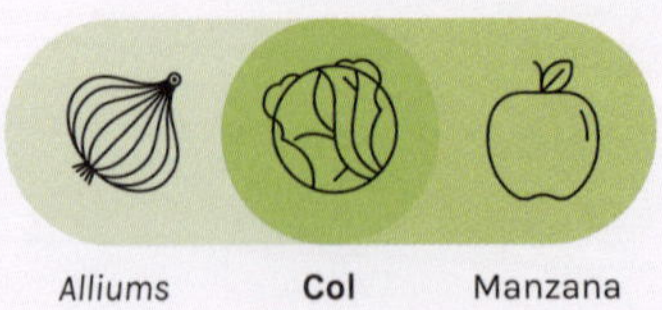

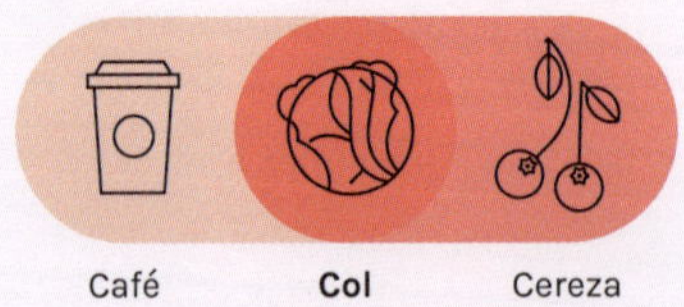

Maridajes inusuales
Anchoa, cereza, flor de hibisco, café, queso emmental y mozzarella.

Variedades

COLES

COL VERDE
Cultivada en todo el mundo, la col verde tiene un sabor suave y ligeramente dulce. Se pueden introducir aromas complejos y ácidos con la fermentación (págs. 84-85).

COL LOMBARDA
Su sabor es ligeramente más dulce que el de la variedad verde y su color proviene de las antocianinas. Guisarla, salarla y saltearla intensifica su dulzor.

COL DE SABOYA
Los sabores sutiles, terrosos y dulces caracterizan la col Saboya, y no es tan acre como la col verde.

COL CHINA
Popular en platos asiáticos por su textura crujiente y dulce sabor.

COL PUNTIAGUDA
De forma cónica, la col puntiaguda posee un dulce sabor suave y se suele utilizar en ensaladas.

COLES DE BRUSELAS

ESTÁNDAR
La variedad más habitual tiene un sabor terroso a nuez.

RUBINE ROJA
Variedad morada rojiza con sabor a nuez.

LONG ISLAND IMPROVED
Dulce y de suave sabor a nuez.

DIABLO
Variedad de sabor dulce que se vuelve aún más dulce cuando la toca la escarcha.

Maridajes habituales
Sirope de arce, almendras ahumadas, chile, semillas de sésamo, limón, queso pecorino, manzana y whisky.

Manzana — **Col de Bruselas** — Limón

Pera — **Col de Bruselas** — Mermelada

Maridajes inusuales
Pera, curri en polvo, mermelada y avellana.

LEGUMBRES

HABAS DE SOJA

COMO LA MAYORÍA DE LAS ALUBIAS, A ESTAS SEMILLAS HAY QUE COCINARLAS ANTES DE CONSUMIRLAS PARA DESTRUIR SUS TOXINAS NATURALES.

Una selección de legumbres habituales entre las que están las habas, la soja, las judías negras, el garrofón, las alubias rojas y las judías pintas.

LAS ALUBIAS ROJAS CRUDAS

CONTIENEN **FITOHEMAGLUTININA**, UN VENENO QUE PROVOCA VÓMITOS Y DIARREA.

Las alubias son parte de la familia de las legumbres, los vegetales con semillas comestibles que crecen dentro de vainas. En este grupo están las alubias, los guisantes, los garbanzos y las lentejas.

No es exagerado decir que la civilización humana se sustentó en las legumbres. No solo proporcionaban la proteína vital de la que carecen los cereales y otras verduras, sino que crecen rápido, se encuentran en todos los continentes habitables de manera natural y añaden nitrógeno al suelo, lo que permite que los agricultores las cultiven indefinidamente en la tierra sin fertilizantes ni abono. Su sabor único y familiar proviene de los compuestos aromáticas grasos hexanol y hexanal —presentes también en los tomates, el ruibarbo, los kiwis y las manzanas— junto a las pirazinas del pimiento morrón (págs. 90-91) y el octenol de las setas (págs. 142-143). Estos aromas son más fuertes cuando las alubias están dañadas, lo que activa una enzima llamada lipoxigenasa que descompone las moléculas de grasa en otras más pequeñas. Las alubias cocidas también emiten notas dulces por los compuestos llamados lactonas y furanos. Sin embargo, cuando se almacenan

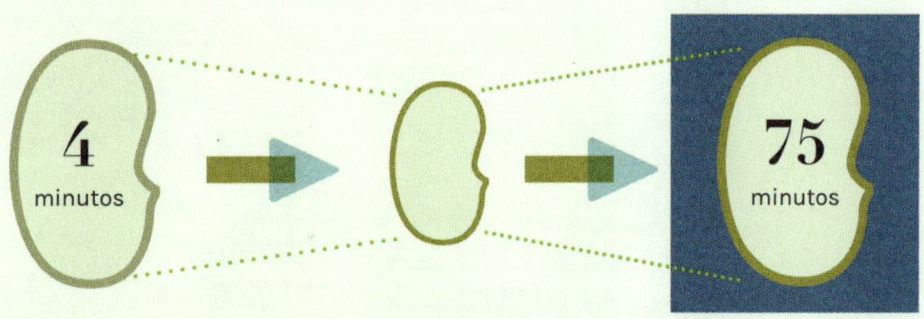

Cocinar las alubias

Los pegamentos vegetales (como la pectina) presentes en el interior de la vaina pueden resultar dañados o fortalecidos por varios factores como el remojado en agua con sal o en bicarbonato sódico. Se indican los tiempos de cocción para las habas.

FRESCAS

Las alubias frescas contienen más agua que las secas y son más tiernas, con lo que se cocinan más rápido y poseen un sabor «más verde».

SECAS

Cuando están secas, las alubias han endurecido las vainas de las semillas y no tienen humedad, así que tómate un tiempo para rehidratarlas y ablandarlas.

REMOJADAS EN AGUA

Remojar las alubias secas en agua (hasta 12 horas) reduce el tiempo de cocción y los azúcares indigeribles, lo que ayuda a la digestión.

Maridajes habituales
Ajo, cebolla, maíz y boniato.

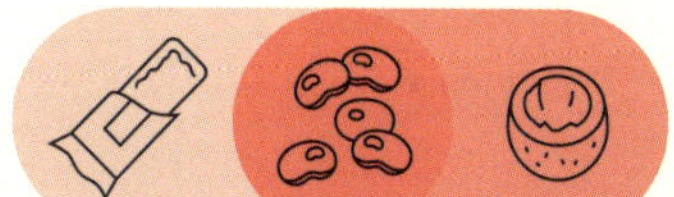

Maridajes inusuales
Chocolate, jengibre, mango, manzana o coco.

---

durante demasiado tiempo se vuelven fangosas y rancias, pues las grasas, los azúcares y las proteínas se degradan en aromas menos apetecibles y compuestos amargos.

LENTEJAS, GUISANTES Y GARBANZOS

Las lentejas son seguramente las legumbres cultivadas más antiguas. Son semillitas de cocción rápida y un alimento básico en el subcontinente indio. Existe gran variedad de colores (verdes, pardas, negras, naranjas y verdes). Las variedades más oscuras tienen pirazinas terrosas y tostadas y sabores añejos, mientras que las naranjas y las rojas poseen notas florales y a caramelo.

Los guisantes poseen un sabor peculiarmente dulce que se degrada rápidamente tras recogerlos. Tiene muchos compuestos aromáticos «verdes», como el hexanal y la pirazina guisante verde.

Los tipos más comunes de garbanzos son los kabuli, amarillos y grandes, que poseen un sabor cremoso a nuez gracias al compuesto aromático ácido hexanoico. Los garbanzos desi, más pequeños y oscuros, son terrosos y un alimento primordial en la India, donde se muelen para hacer harina de sémola.

Variedades de alubias

HABAS
Alargadas y planas, hay que pelar su dura cáscara externa para acceder a sus tiernas semillas que poseen un inconfundible sabor a caldo ligeramente dulce.

ALUBIAS CARILLAS
Cultivadas en África occidental durante 6000 años y ahora arraigadas en la cocina estadounidense, son famosas por su sabor terroso. Las notas de almendra y cereza proceden de un compuesto llamado metiletil benzaldehído.

JUDÍAS PINTAS
Alubias algo más alargadas, de piel más fina y con motas marrones, cuyo suave y ligero sabor a nuez y su textura tierna se adaptan bien a los frijoles refritos mexicanos.

ALUBIAS ROJAS
Poseen un sabor intenso y levemente dulce y una textura carnosa, que las convierte en las favoritas mundiales para hacer chili con carne fuera de Texas. Populares en el norte de la India (por ejemplo, en el curri Rajma). El metional les proporciona notas cárnicas y a cebolla.

ALUBIAS CANELLINI
Alargadas, blancas, de textura consistente y con un sabor a nuez, son muy versátiles e imprescindibles en muchos platos italianos, como el minestrone o el potaje de ribollita.

ALUBIAS BLANCAS
Una alubia blanca más pequeña y blanda con un sabor suave, famosa tradicionalmente en la Armada estadounidense y utilizada en las Boston beans y en un estofado dulce de cerdo. Precursoras de las típicas baked beans inglesas.

FRIJOLES
Alubia blanca con una textura densa y almidonada y sabor suave que se utiliza mucho en sopas y guisos.

JUDÍAS VERDES
Las vainas frescas enteras se trocean y se comen; generalmente hervidas o fritas como una verdura. Abundantes en compuestos aromáticos «verdes», como el hexenal, combinan bien con el ajo y el limón.

REMOJADAS EN AGUA CON SAL

La sal sustituye a los minerales de las paredes de las células de la alubia, que se ablandan y dejan que entre el agua con más facilidad, lo que acelera la cocción.

REMOJADAS EN BICARBONATO

El bicarbonato sódico del agua desestabiliza los pegamentos vegetales y acelera la cocción, aunque puede afectar al sabor.

COCIDAS EN TOMATE

A las alubias cocidas en salsas ácidas (por ejemplo, el tomate) les cuesta más tiempo reblandecerse.

SOJA

Venenosa en crudo, y sosa y poco apetecible cuando se cuece, la soja es una heroína insólita del mundo culinario. Constituye la base de decenas de ingredientes excepcionalmente deliciosos colmo las salsas de soja, el miso, el tofu y el tempeh.

Las habas de soja verdes sin madurar (llamadas edamame), cuando se cuecen en agua con sal hasta quedar tiernas, poseen un sabor a guisante agradablemente herboso (por el hexenal) y ligeramente mantequilloso. Por el contrario, las habas de soja blancas ya maduras son cerosas y firmes al cocinarlas, debido a sus altos niveles de proteínas (el doble que otras legumbres).

Pueden ser amargas y astringentes, y, cuando se las daña, el rico complemento de aceites de las habas de soja reacciona con una enzima que se fragmenta en potentes compuestos aromáticos a alubia, que recuerdan al cartón, la pintura y la grasa rancia.

TEMPEH

UNA ALTERNATIVA MÁS CARNOSA QUE EL TOFU, EL TEMPEH ESTÁ HECHO DE HABAS DE SOJA COCIDAS Y FERMENTADAS, UNIDAS POR UN HONGO VIVO.

TOFU

EL TOFU, UN REQUESÓN DE HABAS DE SOJA HECHO CON LECHE DE SOJA PRENSADA Y CUAJADA, ESTÁ DESPROVISTO EN GRAN PARTE DE COMPUESTOS AROMÁTICOS Y TIENE POCO SABOR.

Elaborar salsa de soja

La salsa de soja actual es un caldo fermentado dos veces de habas de soja cocidas y trituradas, y a menudo contiene trigo tostado.

Elaborar miso

El miso se elabora a partir de habas de soja trituradas y fermentadas durante periodos prolongados que se convierten en una pasta densa y de aroma muy intenso con notas dulces y tostadas.

Maridajes habituales
Para añadir más profundidad de sabor a las vainas edamame espolvorea una pizca de ajo y jengibre. Los copos de chile también funcionan bien para dotar de calidez a las habas tiernas.

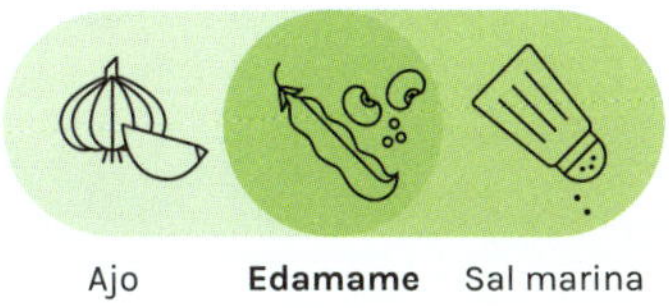

Maridajes habituales
El miso se come tradicionalmente con tofu y con algas, y se utiliza para marinar y en aliños con ajo y jengibre.

SALSA DE SOJA

La salsa de soja se elabora a través de la fermentación utilizando un cultivo de arranque de moho llamado koji. Durante varios meses, el lodo salado desarrolla acidez y un conjunto cada vez más complejo de más de 100 compuestos de sabor; dulzor como de caramelo, notas de mantequilla, aromas a vino y un creciente fondo de umami. Un poderoso compuesto aromático llamado 3-metil butanol es el responsable del característico sabor a chocolate y malta de la salsa de soja.

TOFU Y TEMPEH

El tofu posee una consistencia parecida al queso, pero no absorbe otros sabores; los marinados apenas penetran unos milímetros. El tofu fermentado tiene una capa sabrosa que va desde lo dulce y aromático hasta un sabor acre a queso, dependiendo de los diversos hongos que se utilicen, de los ingredientes adicionales y del tiempo de maduración. El tempeh es una alternativa más carnosa que el tofu y posee un sabor terroso con un sutil toque a nuez.

Variedades de salsa de soja y de miso

SOJA JAPONESA VS. CHINA
A pesar de que originariamente son de China, muchas salsas de soja de las que se venden en Occidente son de estilo japonés y contienen la misma cantidad de trigo que de soja. Esto le confiere un gusto más dulce y un sabor más sutil al haba de soja que a la china, que es más salada.

SOJA CLARA VS. OSCURA
La clara, de fermentación más corta, se usa de manera general y como potenciador del sabor. A la oscura, densa y dulce, es mejor reservarla para marinados, estofados y guisos.

TAMARI
Una salsa de soja más densa y sin trigo, el tamari se utiliza para dotar de más cuerpo y sabor a estofados y salteados.

SHIRO MISO (MISO BLANCO)
Elaborado con habas de soja fermentadas y koji, a menudo durante un periodo más corto, da como resultado un color más claro y un sabor más suave. Perfecto para platos delicados, como sopas y aliños.

AKA MISO (MISO ROJO)
Utiliza más habas de soja y un periodo de fermentación más largo, lo que da como resultado un color rojo oscuro, un fuerte sabor salado y un carácter umami contundente. Ideal para platos más sustanciosos como guisos y marinados.

AWAZE MISO (MEZCLA DE MISOS)
Combina el miso blanco y el rojo para conseguir un perfil de sabor equilibrado; dulce y a nuez del miso blanco, y exquisito y salado del miso rojo. Versátil para diversos platos.

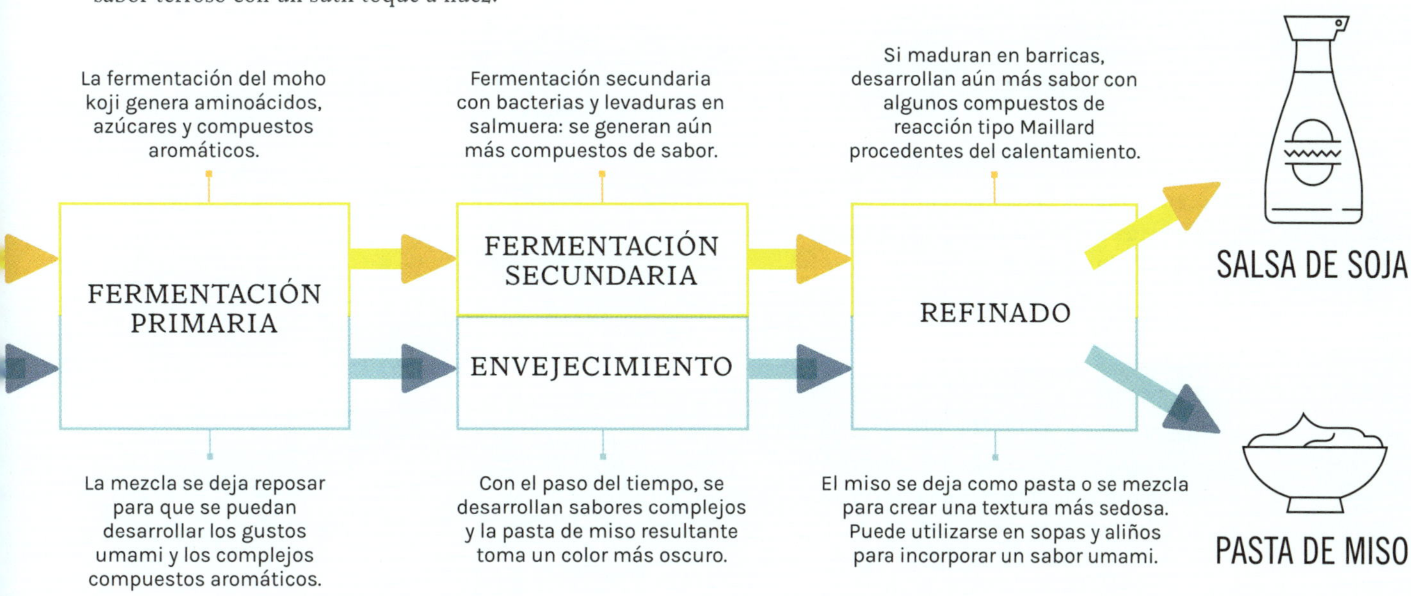

LA CIENCIA DEL SALTEADO

El salteado es una milenaria técnica tradicional china que se elabora en un wok alto sobre unos fogones muy calientes al aire libre. Es inmensamente popular en Asia, gracias a que es una manera de cocinar con poco combustible.

«Salteado» es una traducción imperfecta de *chǎo*. En las cocinas de los restaurantes chinos se elaboran pocos salteados; en cambio, los chefs remueven con energía arroz y trozos de verdura en unos woks increíblemente calientes de los que, de tanto en tanto, salen llamas. Esta manera de freír a temperatura extrema se llama *bào*, y consigue un ahumado fugaz llamado *wok hei* («el aliento del wok»), algo que es difícil de lograr en casa. Las reacciones *wok hei* solo tienen lugar en sartenes aceitadas que están constantemente por encima de los 260 °C (500 °F). A esas temperaturas, los aceites humean y arden con facilidad. Son los fragmentos desintegrados del aceite fusionados con rápidas reacciones de Maillard (págs. 74-77) los que originan este escurridizo sabor.

SIGUE BAILANDO

Es esencial un aceite con un punto alto de humo si se persigue el *wok hei*: empieza a cocinar solo cuando una fina capa de aceite de la sartén esté humeando. Entonces añade más aceite y acto seguido los ingredientes. Estos, cortados previamente en tamaño de bocado, tienen que estar constantemente en danza en la sartén para que se doren de manera uniforme y no se chamusquen. Los experimentos muestran que remover y mezclar con dinamismo hace que se cocinen más rápido porque los trozos en el aire se cocinan al atravesar una columna de vapor caliente que emana de la sartén.

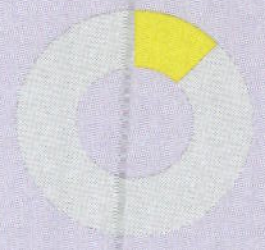

SABOR SALADO

La salsa de soja clara añade sabor salado, umami, acidez, un sutil sabor a soja y color. El vino de arroz aporta umami, dulzor y aroma.

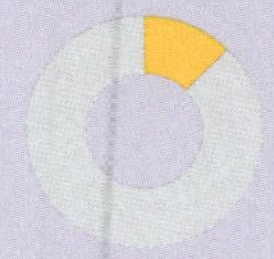

GOMOSIDAD

Los fideos aportan una agradable textura masticable al plato y se empapan del sabor de la salsa de soja.

CROCANTE

Los pimientos morrones y los tirabeques aportan color, dulzor y un toque crocante.

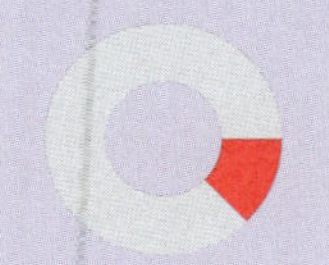

TEXTURA

La pechuga de pollo brinda el contraste de una textura tierna y un suave sabor salado.

REFRESCAR

Cada vez que un bocado cargado de humedad golpea el metal caliente, la temperatura de la sartén se viene abajo. Si añades demasiada cantidad demasiado rápido, los alimentos se cocerán en su propio jugo en vez de dorarse y tostarse. Para mantener el calor alto, añade los ingredientes frescos gradualmente o levanta por un segundo la sartén del fuego. Para conseguir el *wok hei* en casa, cocina los ingredientes en pequeñas tandas, apártalos y mézclalos al final.

CHÂO SIN EL BÀO

Saltear a fuego medio es menos exigente y permite cortar la carne y las verduras en trozos más gruesos y un mayor tiempo de cocción. Las verduras que siguen aún duras y los trozos más grandes de carne se pueden acabar de hacer cubriéndolos con una tapa y dejando que se cocinen con el vapor de los líquidos añadidos (vino de arroz, salsa de soja o agua).

El salteado perfecto

Las cocinas francesa y occidental concentran generalmente sus sabores clave en las salsas y en los aderezos de carne, mientras que la tradición asiática se esmera más en el equilibrio y la armonía de los ingredientes, sin que un elemento predomine por encima de los demás.

UMAMI

Las setas shiitake introducen un profundo y sabroso gusto a umami.

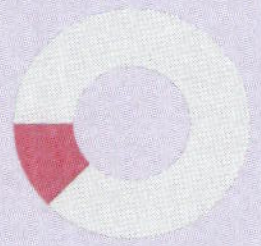

CALOR

Unas cebolletas picadas finas, la guindilla roja y el jengibre aportan una intensidad picante y unas destacadas notas frutales.

AROMA

El ajo es una fuente de carnosidad aromática proveniente de los compuestos azufrados y el glutamato (págs. 26-29).

REACCIÓN DE MAILLARD

El aceite de cacahuete tiene un punto de humo alto, un sabor neutro y facilita la cocción a alta temperatura, con lo que el pollo y las setas se doran rápidamente.

=

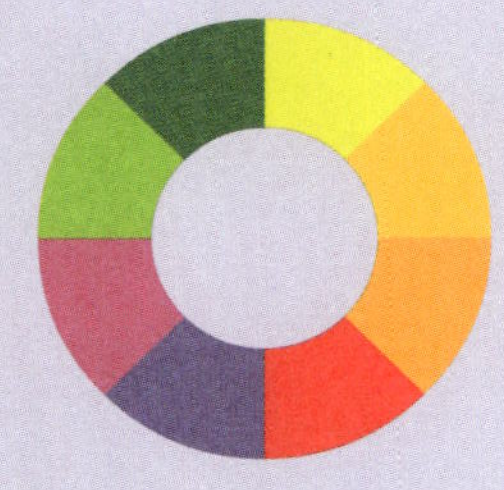

EL SALTEADO PERFECTO

CÍTRICOS

Antaño un lujoso capricho invernal, hoy en día los cítricos son tan habituales que nos olvidamos de que son las frutas culinarias más importantes. Esta amplísima y complicada familia nos ofrece dulzor, acidez, umami, amargor y pectina gelificante.

Cada segmento de un cítrico maduro va repleto de bolsitas de zumo en forma de salchicha llamadas vesículas o gajos, todos ellos rebosantes de agua que contiene azúcares (en su mayor parte sacarosa), gotitas de aceite de un sabor intenso y una sorprendente cantidad de glutamatos sabrosísimos, especialmente en las naranjas y los pomelos. Este sabor umami oculto explica por qué la naranja marida tan bien con las aves de caza, y el pomelo intensifica de manera tan potente el sabor de una marinada. La corteza o piel del cítrico, a menudo desechada, sigue albergando la mayor parte del sabor de la fruta. El exterior es una fina capa colorida conocida como cáscara (o flavedo), en el interior de la cual hallamos millones de glándulas, unas esferas de aceite aromático.

Sabores cítricos

Los cítricos pueden agruparse en aquellos que se pueden comer (mandarina, naranja, pomelo) y aquellos con los que cocinamos (limón y lima), según el equilibrio de azúcar y ácido de su pulpa. Las variedades más dulces, como las naranjas de mesa, contienen diez veces más azúcar que ácidos, mientras que las que poseen prácticamente la misma cantidad de azúcar que de ácido cítrico —como las limas— son ácidas hasta hacerte llorar y se reservan mejor para aromatizar otros platos.

Maridajes de sabor

Los compuestos almizclados y azufrados de la cáscara de los cítricos aportan armonía a los platos salados; por su parte el zumo y la pulpa agridulces incorporan un brillo afrutado a ensaladas y postres.

LEYENDA

Azúcar Ácido

Naranja
El más popular de los cítricos, descendiente de la mandarina que es más pequeña, posee un sabor más intenso gracias a los más de 200 compuestos que acompañan al limoneno y al citral. El zumo es más frutal que la cáscara, que se utiliza sobre todo en repostería.

Pato **Naranja** Almendra

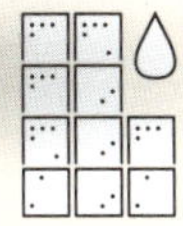

10:1
NARANJA DULCE/NAVEL

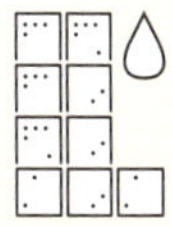

9:1
MANDARINA

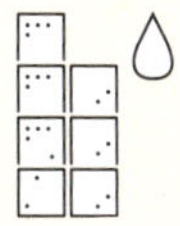

7:1
NARANJA SANGUINA

Pomelo
Esta fruta caribeña es insólita porque la característica principal de su perfil de sabor es el amargor. Esto se debe a una sustancia llamada naringina, que se reduce a medida que madura el fruto y cuyo amargor se puede atenuar con sal o azúcar.

Romero **Pomelo** Jengibre

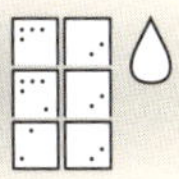

6:1
POMELO

Limón y lima
Aparte del ácido cítrico, predominan los compuestos aromáticos terpenos: el limoneno brillante, fresco e intensamente cítrico, junto al citral del limón, de sabor parecido a un caramelo. Ambos compuestos se degradan rápidamente al exprimirlos, y son sustituidos por aromas más amaderados.

Zanahoria **Limón** Rebozuelos

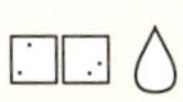

2:1
LIMÓN

1:1
LIMA

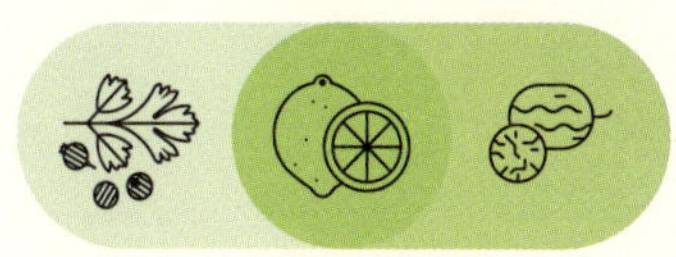

Cilantro **Lima** Nuez moscada

MANZANAS Y PERAS

Las manzanas y las peras son frutas de pepita; o sea, frutas carnosas con un núcleo central fibroso que contiene semillas y una capa externa más gruesa. Comparten una jugosidad crocante y un sabor inconfundible: las tensas células vegetales, llenas de agua, explotan en la boca y dejan salir un chorro de zumo ácido y lleno de un aroma dulce.

Sus sabores proceden de un fragante compuesto aromático de tipo éster (págs. 66-67), en contraste con los chispeantes terpenos de los cítricos y los etéreos aldehídos florales de la sandía. La pectina aglutina las células bien compactas, lo que les confiere un delicioso crujiente. Los frutos maduros se suavizan a medida que las enzimas digieren la pectina; los almidones insípidos y los ácidos agrios se descomponen en azúcares dulces. El sabor de las manzanas proviene del éster de la manzana (2-metilbutirato de etilo) con su aroma afrutado a manzana; del acetato de butilo, con su toque a plátano y su aroma a pera azucarada; y del acetato de hexilo, el aroma «rojo» a pera de las manzanas Gala.

Variedades de manzanas

MESA/POSTRE

GALA (Nueva Zelanda)

Relación azúcar-ácido: 40:1
Sabor: dulce, con un sabor suave y un matiz de vainilla.

HONEYCRISP (Estados Unidos)

Relación azúcar-ácido: 27:1
Sabor: crocante y jugosa con una agradable acidez, pero poca complejidad.

FUJI (Japón)

Relación azúcar-ácido: la más alta de todas las variedades de producción en masa. Más de 60:1.

Sabor: muy crujiente y refrescante, poco aroma.

COCINAR

GRANNY SMITH (Australia)

Relación azúcar-ácido: 12:1

Sabor: ácida y picante con notas verdes.

BRAMLEY (Reino Unido)

Relación azúcar-ácido: 7:1

Sabor: muy ácida, se dulcifica y ablanda en un puré al cocinarla.

DOBLE USO

BRAEBURN (Nueva Zelanda)

Relación azúcar-ácido: 16:1

Sabor: crujiente, aromática, con matices de canela y picante.

JONAGOLD (Estados Unidos)

Relación azúcar-ácido: 14:1

Sabor: dulce con un toque de miel y acidez, jugosa.

LAS MANZANAS
SON MÁS CROCANTES Y DENSAS QUE LAS PERAS, Y CUENTAN CON UNAS CÉLULAS MUCHO MÁS COMPACTAS.

Maridajes habituales
Las manzanas son frutas versátiles que se pueden utilizar con un gran número de otras frutas, como las uvas y las peras. También puedes probarlas con champán y con sidra de manzana.

Uva **Manzana** Champán

Conejo **Manzana** Gorgonzola

Maridajes inusuales
El dulzor de las manzanas se complementa bien con el gusto del conejo y de otras carnes como el pato y el cordero. También se puede usar con quesos cremosos como el gorgonzola.

LAS PERAS

DESARROLLAN UNA TEXTURA SUAVE CUANDO MADURAN, CON NOTAS FLORALES, A VAINILLA Y A MIEL.

ACIDEZ

El ligero picor de las manzanas y las peras procede del ácido, principalmente del ácido málico, que equilibra el dulzor de la fructosa. Aunque los productores están cultivando variedades aún más dulces, un alimento equilibrado tiene una relación azúcar-ácido de aproximadamente 16:1. Las más de 2000 variedades de manzanas pueden agruparse en términos generales en manzanas de postre o de mesa, para cocinar, de doble uso y de sidra. Las variedades que contienen niveles medios de azúcar que son muy ricas en ácidos y en los penetrantes taninos son con las que se elabora la sidra.

Las peras también se agrupan según su uso: peras de postre/mesa (Williams/Bartlett, Anjou, Conferencia, Comice), peras para cocinar (menos dulces, pulpa más firme, como la Bosc), peras para envasar, que sobreviven al calor y la presión del envasado (Williams/Bartlett) y las peras perry con alto contenido en taninos para fermentar y hacer sidra de pera (Butt, Hendre Huffcap y Thorn).

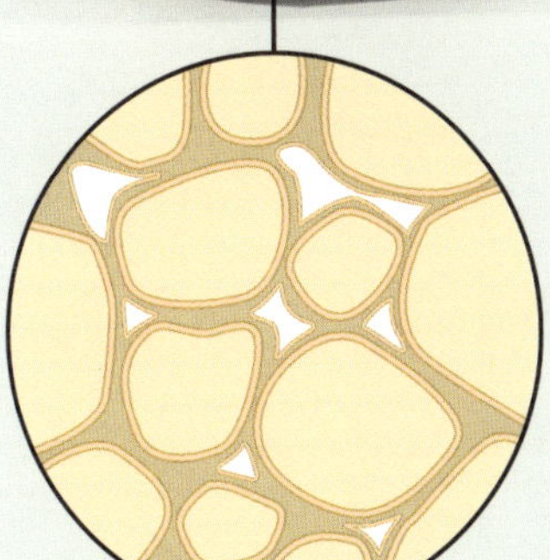

Con el paso del tiempo los pequeños espacios de aire entre las células se agrandan a medida que las células encogidas pierden su humedad, y acaban volviéndose cavernosas y dando lugar a una textura blanda y pulverulenta.

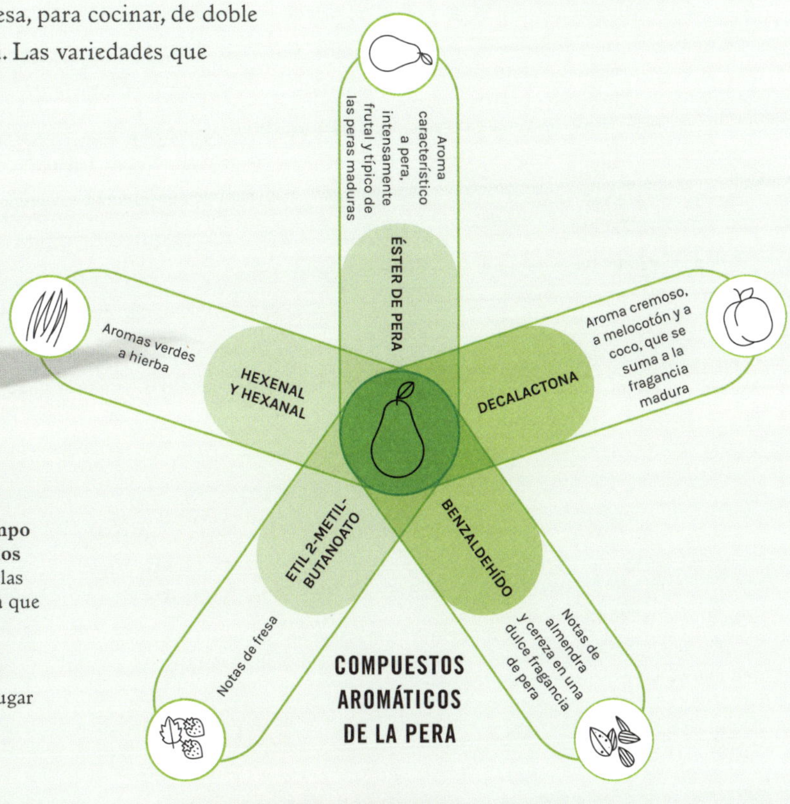

COMPUESTOS AROMÁTICOS DE LA PERA

Maridajes habituales
Las peras combinan bien con muchas otras frutas, como los plátanos y las fresas. También puedes mezclarlas con frutos secos como las almendras, y con quesos, incluido el de cabra.

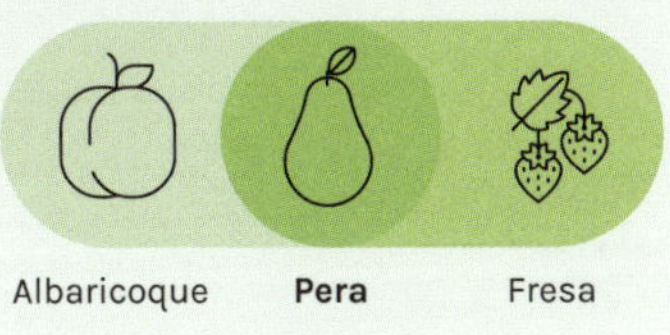

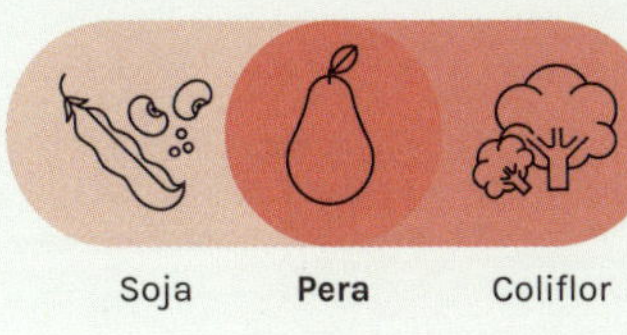

Maridajes inusuales
Las peras maridan bien con sabores de soja. Pruébalas con miso dulce y coliflor o aguacate, que contrastan maravillosamente con el dulzor de las peras.

FRUTAS CON HUESO

Desde la emoción tropical del mango hasta el dulzor reconfortante de una ciruela jugosa, todas estas frutas variadas y muy apreciadas evolucionaron con una sola semilla dura, o pepita, rodeada de una suculenta pulpa repleta de sabor afrutado.

MANGOS

Los mangos, aclamados como «los reyes de las frutas», son la fruta con hueso más popular del mundo. Su incomparable dulzor, su sabor exquisito y su textura suave y aterciopelada convierten la temporada del mango, que empieza en marzo, en una época anual de celebración en el subcontinente indio de donde son nativos. Las variedades más sabrosas, como la famosa Alfonso, alardean de más de 270 compuestos aromáticos y tienen una pulpa cremosa de sirope dulce que combina con un intenso gusto tropical con matices de caramelos de grosella negra, melocotón, lima y caramelo. Junto a sus 45 g (11 cucharaditas) de azúcar por fruta —más que cualquier otra fruta culinaria— y la acidez del ácido cítrico y málico, el complejo e intenso sabor del mango proviene de los terpenos cítricos y de pino, los ésteres afrutados, las furanonas de fresa y las cremosas lactonas tropicales.

MANGO

HAY MÁS DE 300 VARIEDADES DE MANGOS, CON SABORES QUE VAN DESDE EL DULCE AL CARAMELO.

Maridajes habituales
Los compuestos aromáticos compartidos hacen compatibles estos ingredientes con las frutas de hueso.

Maridajes inusuales
Unas cuantas ideas de maridajes menos obvios para los melocotones y los mangos. Hierbas como la albahaca y la hierbabuena también funcionan bien con los dos.

MANGO

MELOCOTONES, NECTARINAS Y ALBARICOQUES

Los melocotones, las nectarinas y los albaricoques tienen su origen en la templada China; los melocotones y las nectarinas son en esencia la misma fruta (una particularidad genética de hace más de 2000 años hizo que la piel vellosa del melocotón se volviera suave, dando la sensación de un mordisco más firme). Los albaricoques son los hermanos más pequeños, más dulces y ácidos de los melocotones, pero con un sabor más delicado y complejo. El sabor cremoso y amelocotonado que caracteriza a estas frutas afines procede de las lactonas, que hace que recuerden de manera sutil a las frutas tropicales. Los melocotones y las nectarinas enlatados son más dulces, blandos y de un sabor más sencillo que los frescos, pues carecen de los ácidos y de muchos de los compuestos aromáticos verdes, lo que los hace más adecuados para pasteles y salsas. Los albaricoques también llevan benzaldehído —el sabor de las almendras (págs. 172-173)— y poseen unas potentes cualidades florales de dos terpenos: el linalool similar a la lavanda y el geraniol de aroma rosado.

CIRUELAS Y CEREZAS

Las ciruelas y las cerezas son hermanas lejanas de los melocotones y los albaricoques, y descienden de la misma fruta de hueso progenitora, pero cada una de ellas tiene un perfil de sabor reconocible y más afrutado. Existen variedades japonesas de ciruelas grandes y jugosas así como otras europeas más pequeñas y blandas. Hay dos tipos de cerezas: variedades grandes y dulces, y pequeñas y ácidas. Tanto las ciruelas como las cerezas carecen del dulzor aterciopelado de la lactona de los melocotones y los albaricoques. Las ciruelas cuentan con un perfil floral a pino (de los terpenos) sustentado por un potente sabor afrutado (ésteres); las mismas ciruelas dulces y de piel blanda europeas se recogen completamente maduras y después se secan como ciruelas pasas, que concentran los azúcares y desarrollan sus sabores a caramelo y un potente compuesto aromático a rosa conocido como rosa cetona. Las cerezas disponen de una destacada cualidad almendrada como los albaricoques, y las hay dulces y comestibles, y variedades muy ácidas (agrias).

BAYAS

Desde las suculentas fresas con su dulzor veraniego a los ácidos arándanos rojos perfectos para salsas festivas, no todos estos frutos son bayas de verdad…, pero todos son deliciosos.

ARÁNDANOS

Los terpenos y los aldehídos (págs. 66-67) transportan la mayor parte del perfil aromático de estas frutas ácidas: el linalool, con su agradable buqué floral; el pineno y el limoneno que aportan notas de pino y limón; y el picante terroso del mirceno. Como las uvas, el torrente afrutado que inunda el paladar al morderlos proviene de una abundancia de intensos ésteres afrutados del interior de la pulpa.

UVAS

De los más de 200 compuestos aromáticos proceden el frescor verde y crocante de las Thompson verde, el placer rico y confitado a almizcle de las Concord de color ciruela, y la nueva variedad Cotton-Candy con sabor a golosina. Las uvas poseen un olor sutil pero luego explotan con sabor en la boca. Eso se debe a que en sus pieles se concentran terpenos agradablemente aromáticos, que tienen cualidades cítricas, florales y herbales, mientras que la pulpa contiene intensos ésteres afrutados, que aportan matices de manzana, pera, plátano y piña.

Variedades de uva

SULTANA (THOMPSON SIN SEMILLAS)
Levemente ácida y crocante con una pulpa afrutada de sabor verde y fresco acompañado de toques frutales. Es la variedad más utilizada para las pasas y las pasas sultanas.

RED GLOBE
Grande, de pulpa firme y muy dulce, con un sabor verde bastante neutro que aporta toques de flores y cítricos.

CONCORD
Fruta rica, confitada y de intenso sabor utilizada para los zumos de uva y los vinos dulces. Tiene un toque único a fresa y un alto contenido en metil antranilato, un compuesto de fuerte olor «foxy» que posee cualidades de almizcle y se suele utilizar a menudo como aromatizante de uva en bebidas y golosinas.

FRESAS

Las fresas se destacan por tener más de 380 compuestos aromáticos. Su carácter afrutado emerge de los ésteres, como en muchas frutas, mientras que el frescor veraniego lo aportan los aromas a manzana verde de los hexenales. Aun así, es la furanona de la fresa (furaneol), con sus matices dulces de caramelo, la que los distingue. El diacetilo (págs. 166–167) con su intensidad mantecosa dota a esta baya de un mayor hedonismo (y lo vincula con la nata).

FRAMBUESAS

Las frambuesas pertenecen a la familia de la rosa y no son propiamente bayas. Son más bien «frutas añadidas», formadas por racimos de diminutas drupas en forma de perla, que en esencia son cada una de ellas una baya en miniatura. Una sola molécula, la cetona de la frambuesa, les confiere a las frambuesas su inconfundible olor maduro, diferenciándolas del aroma más complejo de las fresas.

Las frambuesas poseen un gusto más ácido debido a su mayor contenido en ácidos, entre ellos los cítricos y los málicos, que contrasta con el equilibrio ácido-dulce más suave de las fresas.

ARÁNDANOS ROJOS

Esta baya ácida y algo amarga es sorprendentemente compleja: de predominio afrutado y agrio por los ésteres y los ácidos, con notas de fondo que recuerdan a la canela, las almendras y la vainilla. Los arándanos rojos son perfectos para salsas y tartas.

UVAS NEGRAS
GOZAN DE UN INTENSO GUSTO DULCE CON PROFUNDAS NOTAS ÁCIDAS Y MARIDAN BIEN CON EL QUESO DE CABRA.

Maridajes habituales
Avena, vainilla, melocotón, plátano, pasas de Corinto y mango.

Maridajes inusuales
Un cheddar fuerte, hierba limón, calabaza violín y bistec de ternera.

Maridajes habituales
Albahaca, vainilla, nata y uva.

Maridajes inusuales
Aceituna, cacahuete, chile y seta.

Maridajes habituales
Chocolate, melocotón, vainilla y hierbabuena.

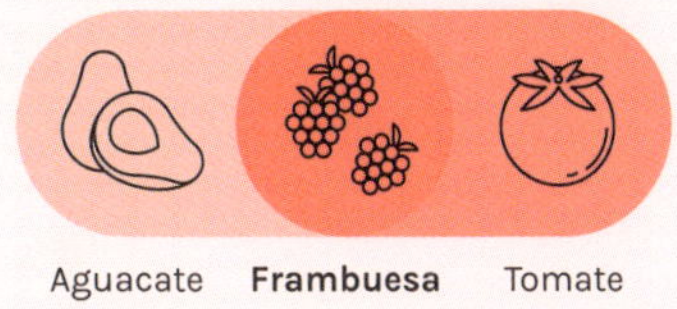

Maridajes inusuales
Aguacate, tomate y rábano picante.

FRUTAS TROPICALES

Cualquier fruta que crezca de manera natural cerca del ecuador es una fruta tropical. Estas son algunas de las más populares de entre los miles de especies que proliferan en los climas cálidos, húmedos y soleados.

PLÁTANOS Y PLÁTANOS MACHO

La dulce variedad Cavendish lleva siendo la favorita en el mundo desde los años 60. Los plátanos verdes sin madurar son duros y astringentes porque su carne está repleta del indigerible almidón resistente que se encuentra en las patatas crudas (págs. 104-105). Los plátanos se vuelven cremosos y dulces a medida que las enzimas de la maduración desmenuzan las largas moléculas de almidón en azúcares pequeños y dulces, principalmente en sacarosa. Con la maduración, los compuestos aromáticos se multiplican: el inconfundible aroma de los plátanos proviene del éster acetato de isoamilo, mientras que un cóctel de otros ésteres afrutados y acetona mantecosa (págs. 66-67) le confieren a la fruta su sabor equilibrado.

Los plátanos macho son una variedad más alargada y con menos azúcar, que suponen un sabroso alimento básico en muchas partes del mundo. El almidón resistente hace que sean incomibles en crudo, pero hervidos o al vapor, desarrollan un dulce sabor a miel con toques de caramelo, y cuando se asan o se fríen aparecen las pirazinas tostadas. Los plátanos macho de piel negra están completamente maduros y son dulces.

EL PLÁTANO MACHO AMARILLO

SE SUELE FREÍR O PREPARAR AL HORNO, Y SE DORA Y QUEDA CROCANTE.

EL CANTALUPO

ES UN MELÓN DE AROMA DULCE CON SABORES FLORALES Y A MIEL.

SANDÍAS Y MELONES

La pulpa acuosa de la sandía es rosada por el licopeno, el mismo pigmento carotenoide de los tomates. Su inconfundible sabor surge de la ruptura de sus enormes células llenas de agua: las enzimas defensivas convierten los restos de grasa en un surtido de perfumados aldehídos (la familia química que nos proporciona el herbáceo hexenal).

PIÑAS

Las piñas provienen de América del Sur y son quizá las frutas tropicales con un sabor más intenso. Casi 300 compuestos aromáticos le confieren a la piña su compleja fragancia: ésteres afrutados, un picante con base azufrada, junto a esencias de vainilla, caramelo y clavo con matices de jerez. Su intenso dulzor se ve reforzado por el agrio ácido cítrico, mientras que una potente enzima digestora de proteínas llamada bromelaína hace cosquillas en la lengua.

COCOS

Los enormes frutos del cocotero han mantenido a comunidades del océano Pacífico y del sudeste asiático durante milenios y son el alma de sus cocinas. Los cocos comparten algunos compuestos aromáticos con las cerezas y las ciruelas (págs.124-125). Están repletos de lactonas, los compuestos de sabor que gozan de intensos atributos a melocotón, nata y mantequilla. La lactona del coco (gamma-nonalactona), un potente compuesto, le confiere su cremoso sabor a coco tan característico con notas grasas, lácteas y mantecosas, y es muy apreciada en perfumería.

Maridajes habituales | **Maridajes inusuales**

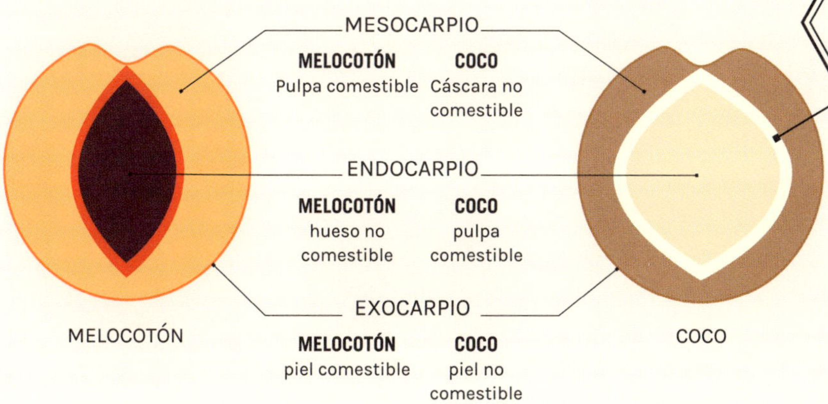

LOS COCOS

MÁS JÓVENES TIENEN UN GUSTO MÁS DULCE QUE LOS VIEJOS.

Frutas carnosas
Los cocos son una rareza, una fruta carnosa de la misma familia que la cereza y la ciruela, pero con una corteza gruesa en vez de una pulpa jugosa, y con una semilla singular con un interior comestible de dos capas: una pulpa de sabor cremoso que rodea un «agua» dulce, salada y agria.

ARROZ

El arroz, un grano milenario que se cultivó por primera vez en el sudeste asiático hace unos 9000 años, alimenta a casi la mitad del planeta con sus 100.000 variedades y crece en casi todos los climas. La habilidad del arroz para absorber sabores lo convierte en un camaleón culinario, que se adapta y armoniza con innumerables recetas.

EL ARROZ SALVAJE

NO ES UNA VARIEDAD DE ARROZ, SINO LA SEMILLA DE UNA PLANTA HERBÁCEA DISTINTA CON UN SABOR A FRUTOS SECOS, TERROSO Y TOSTADO.

ARROZ BLANCO

Todos los arroces comparten los sabores básicos del grano de arroz blanco rico en almidón. Eso proviene en su mayor parte de los aldehídos, los compuestos aromáticos famosos por sus fragancias de hojas, oleosas y almendradas (ver pág. siguiente). Las notas herbales, grasas y de piel de cítricos llegan a través del hexenal, el decanal y el nonanal, así como cierta terrosidad del alcohol de setas (págs. 142-143). Los toques de soja los aporta otro compuesto que se encuentra en las alubias cocidas llamado 2-pentilfurano.

ARROZ INTEGRAL

El arroz integral conserva la capa marrón de salvado que se elimina en el arroz blanco. Esto le aporta nuevos estratos de sabor gracias a los aldehídos que incorporan los aceites de la cubierta de las semillas, entre los que están el benzaldehído almendrado y el 3-metilbutanal (un compuesto con aroma a nuez y malta que también poseen la cerveza, las carnes y los quesos). Este valioso complemento de compuestos se alía con la variedad más amplia de potenciales socios aromáticos del arroz integral.

ARROZ NEGRO

El arroz negro es integral, pero con una capa de salvado más gruesa, masticable y sabrosa, y cuyo color de tinta negra se lo proporcionan los mismos pigmentos oscuros del arándano azul (antocianinas). La capa de salvado más oscura tiene una gran cantidad de compuestos 2AP (frutos secos, palomita de maíz) y el ahumado del guayacol, que se hallan en alimentos a la barbacoa y en el café torrefacto; del dulzor avainillado se encarga la vainillina.

ARROZ SALVAJE

Aunque se le llame arroz, el de tipo salvaje es una variedad distinta de hierba acuática nutritiva que se puede usar del mismo modo. Se le quita la cáscara en etapas de curado (fermentado en montones húmedos) y luego en un suave tostado. Entre sus sabores están las pirazinas procedentes del proceso de Maillard (págs. 74-77), el benzaldehído de gusto almendrado, el furfural a caramelo y la dulce vainillina, con la esencia de la vainilla.

Maridajes habituales
Verduras de hoja verde, soja, setas y frutos secos.

Maridajes inusuales
Miso, queso azul, helado de vainilla, mango, anchoas y cáscara de limón.

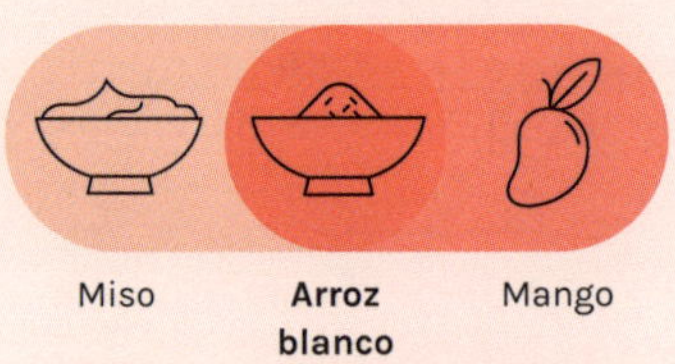

Maridajes habituales
Frutos secos, ternera, soja, coco, pasas y almendras.

Maridajes inusuales
Queso feta, calabaza violín, tahini, cereza deshidratada y mantequilla de cacahuete.

ARROZ INTEGRAL

ARROZ BLANCO

ARROZ AROMÁTICO

COMPUESTOS BÁSICOS (arroz integral) +

BENZALDEHÍDO (almendrado)

3-METILBUTANAL (a frutos secos y malta)

Compuestos del interior de los aceites de la capa de salvado

COMPUESTOS BÁSICOS

HEXANAL (verde)

HEPTANAL (ceroso, afrutado)

OCTANAL (graso, verde)

2-PENTILFURANO (soja)

COMPUESTOS BÁSICOS (arroz aromático) +

2AP (2-ACETIL-1-PIRROLINA) (a palomitas de maíz)

ALCOHOL DE SETAS (setas)

LIMONENO (cítrico)

ACETATO DE GERANILO

COMPUESTOS BÁSICOS + COMPUESTOS DEL ARROZ INTEGRAL Y EL AROMÁTICO +

GUAYACOL (ahumado)

VAINILLINA (vainilla)

FURFURAL (pan horneado)

ARROZ NEGRO

Compuestos aromáticos del arroz

Todos los arroces tienen los mismos compuestos básicos y cada tipo tiene sus distintos complementos. El arroz se obtiene al retirar la cáscara a la semilla de la planta.

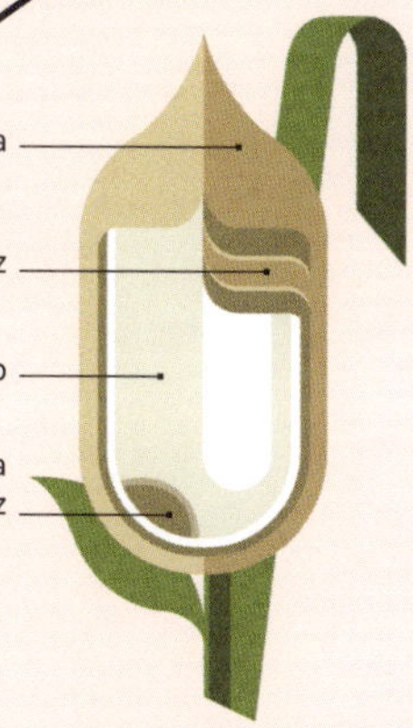

Maridajes habituales
Coco, berenjena, seta, huevo, avellana, cereza, arándano rojo y pasa.

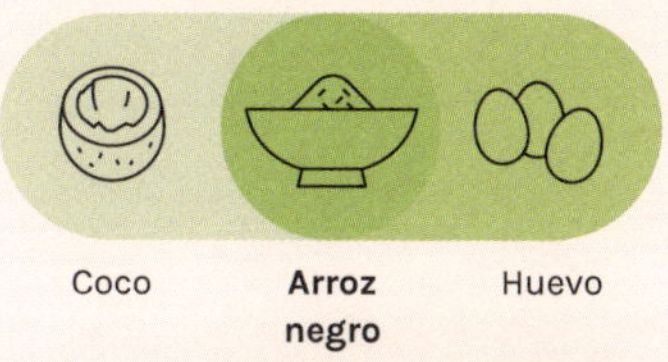

Maridajes inusuales
Lima, chorizo, pistacho, naranja, chocolate negro, cerdo y cacahuete.

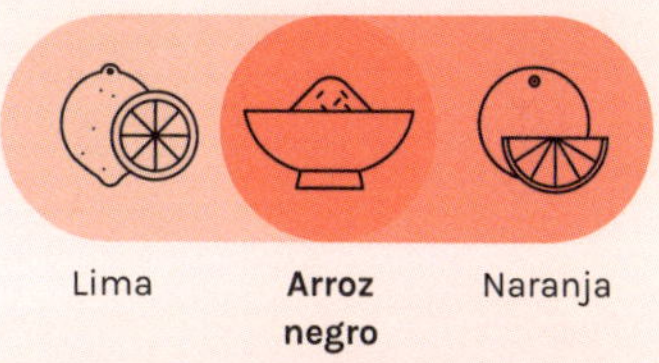

Maridajes habituales
Carillas, chirivía, aceituna negra, ternera y perejil.

Maridajes inusuales
Cangrejo, manzana, plátano y queso cheddar.

Calabaza · **Maíz dulce** · Lima

Maridajes habituales
Calabaza, arroz basmati, chile y lima.

Chocolate · **Maíz dulce** · Mango

Maridajes inusuales
Cacao/chocolate, higo, té, mango, cacahuete y clavo.

Variedades de maíz con almidón y su maridaje

Mientras que el maíz dulce gusta por su sabor dulzón, hay otras muchas variedades que contienen más almidón y que se utilizan de distintas maneras en culturas de todo el mundo.

Tomate · **Maíz Flint** · Chile

MAÍZ FLINT
Un maíz de semilla dura y alto contenido en proteínas. Se usa para elaborar polenta, sémola de maíz y gachas.

Pimentón dulce ahumado · **Palomita de maíz** · Sal marina

PALOMITA DE MAÍZ
Un tipo de maíz Flint con una cáscara dura y resistente a la humedad que, cuando se calienta, atrapa el vapor y acaba explotando.

Melocotón · **Maíz dentado** · Canela

MAÍZ DENTADO
El maíz con más almidón, que se cultiva para piensos, jarabe de maíz y biocombustible. La harina y la fécula de maíz se obtienen de él.

Queso · **Maíz harinoso** · Alubia negra

MAÍZ HARINOSO
Una variedad blanda y rica en almidón que se utiliza para elaborar la harina de las tortillas, las arepas y los tamales.

Beicon · **Maíz ceroso** · Tomillo

MAÍZ CEROSO
Una variedad con granos gomosos y pegajosos que contienen casi un 100 % de fécula glutinosa (amilopectina), que le aporta un bocado firme y un sabor suave.

MAÍZ

El maíz es la tercera mayor fuente mundial de alimentos después del arroz y el trigo, y ha ido evolucionando desde hace más de 9000 años de una hierba mexicana dura, asemillada y filamentosa al cultivo que disfrutamos actualmente. Pocos cultivos han experimentado una transformación tan radical como la de su antepasado salvaje. Esto es especialmente cierto en el caso del maíz dulce que, gracias una carambola genética, no puede convertir su azúcar en almidón y tiene el dulzor de una fruta, lo que lo convierte en el tipo de maíz más famoso... y en el único que se puede comer crudo.

El maíz posee un complejo sabor fresco y verde, a la vez que tiene un gusto terroso a nuez y setas. Todos los maíces contienen también glutamato (págs. 26-29), que les confiere a ellos y a sus harinas una adictiva cualidad umami. Igualmente disponen de un toque a palomita de maíz, por el compuesto aromático 2AP (2-Acetil-1-pirrolina), que se halla en grandes cantidades en la propia palomita de maíz. La harina que se utiliza para las tortillas, llamada masa harina, va enriquecida con una profundidad de sabor que no se encuentra en otras harinas de maíz gracias a la nixtamalización, una antigua técnica para ablandar la cáscara dura de las semillas.

ES MEJOR COMER LOS MAÍCES DULCES Y CEROSOS POCO DESPUÉS DE SU RECOLECCIÓN, ANTES DE QUE DISMINUYAN SUS SABORES.

Cómo cocinar el maíz dulce

La fragancia del maíz fresco solo aparece cuando se calienta; cómo lo cocines cambiará su esencia, pues cada método puede tanto añadir como eliminar compuestos aromáticos.

AL VAPOR

Conserva un sabor fresco y dulce, si se cocina menos de cinco minutos.

Compuestos aromáticos
Nonanal (humedad), alcohol de setas, limoneno (cítrico), trisulfuro de dimetilo (maíz cocido).

Descripción de sabores
Fresco, dulce, ligero toque a cebolla verde.

HERVIDO

Hiérvelo poco tiempo para evitar que desaparezcan la complejidad de su sabor, su dulzor y su umami.

Compuestos aromáticos
Acetiltiocolina (nuez), reduce el hexanal, dimetilsulfuro (col).

Descripción de sabores
Toques de col dulce y palomitas de maíz.

ASADO

Realza y añade profundidad, intensidad y un carácter afrutado, acentuando las notas cítricas.

Compuestos aromáticos
Limoneno, mirceno (picante), prenol (floral), pirazinas.

Descripción de sabores
Intenso, afrutado, ligeramente floral, asado.

A LA PARRILLA/ BARBACOA

Incorpora capas de frutos secos asados y tostados, de azúcar quemado y un dulzor a caramelo.

Compuestos aromáticos
Pirazinas, furanos, tiofenos (cárnico), guayacol (ahumado), aldehídos, cetonas.

Descripción de sabores
Tostado, a nuez, terroso, dulce, a caramelo, ahumado.

PAN

El trigo es un alimento de primera necesidad en un tercio del mundo. Cuando se le añade agua a la harina de trigo, dos proteínas diferentes —la gliadina (con forma de albóndiga) y la glutenina (con forma de espagueti)— se entrelazan para crear una proteína extraordinariamente elástica llamada gluten, y transforman una masa viscosa en una pasta maleable, a medida que las fibras se alinean y se alargan. El gluten se endurece al cocerse, dotando al pan de corteza, a la bollería de un reconfortante crujiente y a la pasta de su textura al dente.

Las semillas del trigo crudo (granos de trigo) se pueden comer enteras y cuentan con un agradable gusto terroso, ligeramente dulce, herbáceo y un toque sutil a nuez, mucho de lo cual procede de su capa de salvado rico en aceite. Sin embargo, cuando el trigo se cuece, sucede la magia.

A partir de 55-70 °C (131–158 °F), los gránulos de almidón calcáreo se inflan con el agua e hinchan la pasta o masa, volviéndola blanda y elástica. Mientras tanto, las fibras del gluten se estiran y endurecen, atrapando cualquier burbuja de gas antes de que solidifique a 75 °C (167 °F). Los panes, tartas y suflés dejan ahora de crecer…, pero el viaje de sabor del trigo no ha hecho más que empezar. El suave sabor terroso, graso y ligeramente ceroso de la harina sin cocer se desvanece con cada grado que aumenta, pues los pequeños compuestos aldehídos de aroma fresco se desintegran, eclipsados por unos aromas aún más intensos y variados a nuez, caramelizados y balsámicos. A partir de 130 °C (266 °F), la superficie adquiere un tono dorado (págs. 74-77), que le proporciona una corteza crujiente y el aire se inunda de olores a pan y a tostado.

INTEGRAL

EL PAN SABE A NUEZ Y A CAMPO POR EL SALVADO Y EL GERMEN, CON UN AROMA A GRANO TOSTADO.

CORTEZA

EL INTENSO COLOR MARRÓN DE LA CORTEZA SE DESARROLLA DURANTE EL HORNEADO GRACIAS AL PROCESO DE MAILLARD.

La gliadina y la glutenina juntas crean el gluten, que es necesario para dotar de fuerza, elasticidad y estructura al pan y a otros productos horneados. Cuando la harina se mezcla con agua, las dos proteínas se ligan y ayudan a atrapar los gases que produce la fermentación.

Sal y textura
La cantidad de sal de la masa afecta a cómo sube y a la densidad de la corteza. Para un mejor resultado, la masa debería contener un 2 % de sal.

TIPOS DE HARINA

Durante el molido se eliminan la sabrosa capa de salvado y el nutritivo germen, lo que convierte al trigo blanco refinado, de gran duración y textura fina en el ideal para pastelería y bollería. El salvado apartado se puede volver a añadir para hacer harina marrón. Si esta harina marrón contiene la proporción original de salvado del trigo (en torno al 15 %), se le llama harina integral. Los aceites del salvado se vuelven rancios poco a poco y la transforman en una harina densa y húmeda, por lo que se acorta su vida útil.

Tradicionalmente, las harinas integrales molidas a piedra, que se muelen lentamente entre piedras en vez de rodillos metálicos de movimientos rápidos, no separan todo el salvado del grano y cuentan con más compuestos aromáticos y un sabor más intenso. Las harinas panaderas «fuertes» proceden de las variedades de trigo «duro» que se cultivan para que tengan más glutenina y gliadina (en torno al 12 %) y son ideales para conseguir una masa elástica y que atrape el gas y que en el horno dé lugar a una hogaza con una textura firme y bien levada. Otros tipos de harina, como la común, tienen distintas mezclas de variedades de harina dura y «blanda» para que aporten menos cantidad de gluten y consigan panes más ligeros.

SAL EN EL PAN

Ingrediente esencial en muchos panes, la sal no solo realza el sabor del pan, sino también su volumen, ya que ayuda a que las proteínas del gluten se unan con más fuerza, de manera que así atrapan más burbujas de dióxido de carbono. Además, también pone freno a un crecimiento descontrolado del leudado, evitando que la masa sobrefermente y debilite aún más el gluten. Demasiada sal mata la levadura y vuelve la masa más densa.

Alternativas de trigo

ESPELTA
Antigua prima del trigo común, conocida por su sabor más dulce y característico a nuez y sus altos niveles de proteínas, la espelta es la favorita de los panarras que buscan una hogaza de gusto más complejo con un aroma más fuerte «a pan» y una textura más suave y tierna.

TRIGO DURO
Una especie de trigo con un intenso color amarillo y alto contenido en proteínas, el trigo duro genera un gluten más fuerte pero menos elástico, ideal para la pasta. Molido en harina fina o sémola gruesa, es perfecto para pasta y panes, como el pan de Altamura. La corteza del pan de trigo duro presume de más pirazinas tostadas, furanos de caramelo dulce y pirroles con aroma a nuez procedentes de la reacción de Maillard que la harina de pan común.

CENTENO
El centeno es una especie de gramínea completamente distinta que no está relacionada con el trigo, con un marcado sabor propio y muy complejo, que es intenso, terroso y algo amargo, con notas de setas y patata cocida. Los panes de centeno cuentan con una miga densa y una textura gomosa porque la harina de centeno humedecida no crea gluten, sino una masa densa hecha de proteínas viscosas llamadas secalinas.

MASA MADRE

Los agentes fermentadores (o leudantes) —sean vivos o químicos— convierten los panes planos en panecillos inflados y los brownies en bizcochos esponjosos al liberar el gas cuando se humedecen y se calientan, hinchando las masas de panes y pasteles. La mayoría de los panes utilizan levadura purificada, mientras que los bizcochos, muffins y panes de soda usan levadura en polvo o bicarbonato de soda. Sin embargo, la masa madre leuda gracias a una combinación única de levaduras y microbios que se encuentran de manera natural en los granos de trigo, en el aire o en las manos del panadero.

La mezcla salvaje de levaduras y microbios se deja crecer (o fermentar) como cultivo de arranque, que se alimenta regularmente con harina fresca y agua.

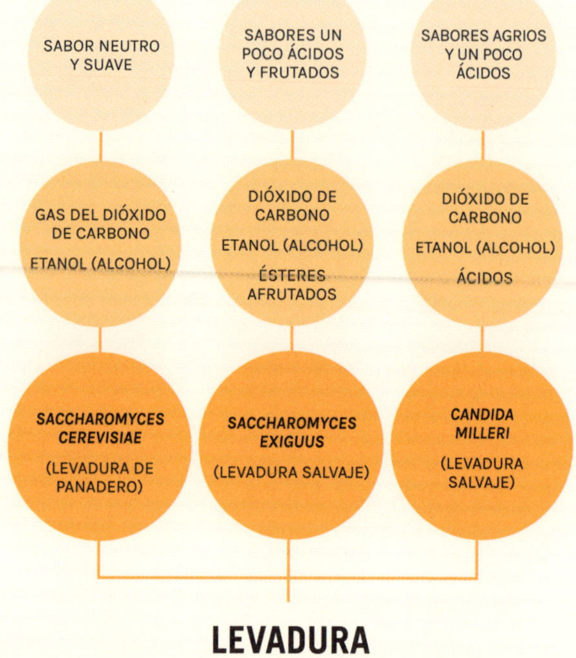

LOS SABORES
ÁCIDOS Y AFRUTADOS DE LA MASA MADRE PROVIENEN DE LA FERMENTACIÓN DE LA LEVADURA Y DE LOS MICROBIOS.

LEYENDA
Microbio
Derivados primarios
Contribuciones al sabor

Microbios de la masa madre
La levadura salvaje y las bacterias del cultivo de arranque trabajan juntos para darle su sabor al pan de masa madre.

MASA ENRIQUECIDA

La masa hecha con harina, agua, levadura y sal se puede enriquecer con ingredientes como leche, mantequilla, aceite, huevos o azúcar, lo que abre todo un universo de creaciones deliciosamente horneadas.

AÑADIR GRASA

Incorporar grasa en las masas transforma lo que horneamos: ablanda el gluten rígido y aporta una textura que se deshace en la boca, además de unos tentadores sabores mantecosos y oleosos. El aceite de oliva hace tierna la focaccia y le aporta una nota afrutada y herbal, mientras que las yemas de huevo le confieren suavidad, color e intensidad al brioche y al panetone.

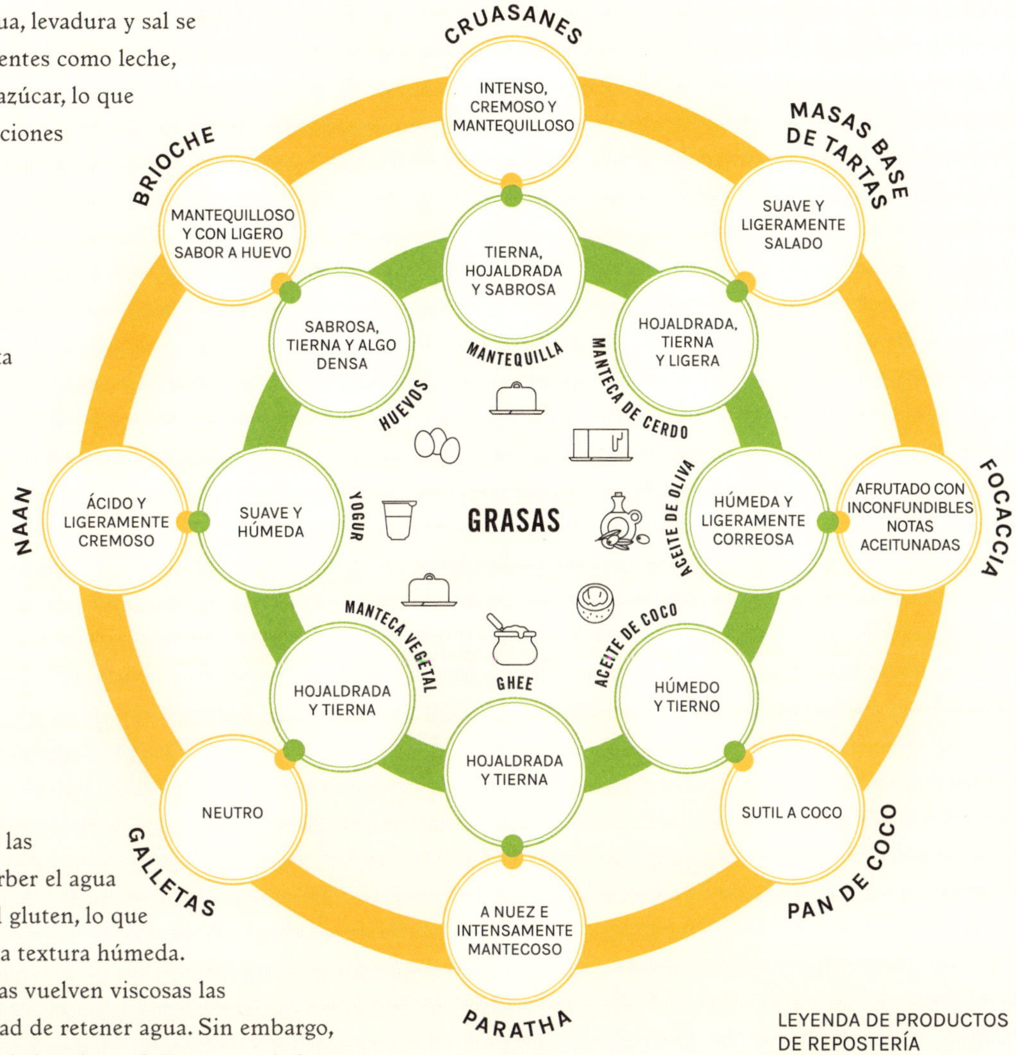

AÑADIR AZÚCAR

El azúcar debilita igualmente las creaciones con gluten al absorber el agua y adherirse a las proteínas del gluten, lo que da a los panes y la bollería una textura húmeda. El azúcar moreno y las melazas vuelven viscosas las cookies por su mayor capacidad de retener agua. Sin embargo, al ser el alimento principal de la levadura, el azúcar puede hacer que los panes sobrefermenten durante el levado. Estos efectos se pueden reducir si no añadimos el azúcar y las grasas hasta después del levado y el amasado, cuando el gluten ya se ha formado, o introduciéndolos gradualmente.

LEYENDA DE PRODUCTOS DE REPOSTERÍA

- Efecto de la grasa en la textura
- Efecto de la grasa en el sabor

LA MANTEQUILLA EN BOLLERÍA LAMINADA (EN CAPAS)
COMO LOS CRUASANES CREA CAPAS DE TEXTURA HOJALDRADA E INCORPORA UN SUNTUOSO GUSTO MANTECOSO.

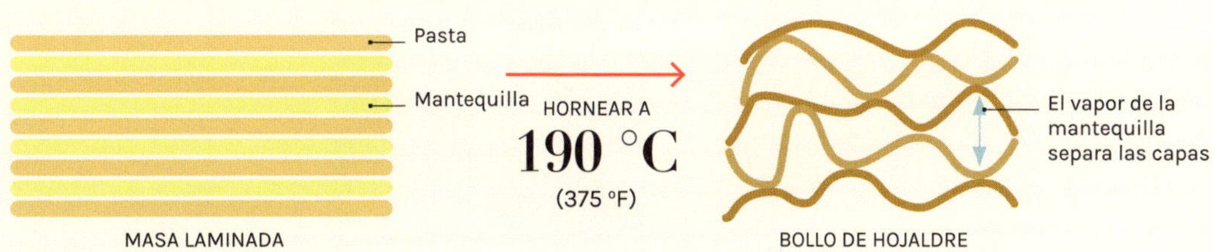

LA CIENCIA DEL SÁNDWICH

Desde la arepa de América del Sur hasta el más moderno croque monsieur francés, todos los sándwiches fueron alguna vez comida de campesinos que ahora homenajean los ingredientes, sabores y cultura de cada región.

El pan establece el carácter del sándwich, pero el relleno debería ser la estrella del espectáculo. El grosor del pan debería ser el mismo (o menor) que el grosor del relleno. Equilibra panes crujientes con rellenos blandos, y panes blandos con rellenos crujientes, como la lechuga. Los panes de sabores fuertes como el centeno se compensan mejor con rellenos de sabores contundentes.

SUPERPONER CAPAS

Tradicionalmente, el ingrediente principal se pone debajo del todo y encima los condimentos y la guarnición. Lo primero que muerden los dientes es el crujiente de la guarnición, seguido de los aromas intensos de lo que viene después. Puedes disponer capas de condimentos y de guarnición por encima y por debajo del relleno principal, para evitar que la humedad se filtre al pan. Con un ingrediente principal muy húmedo, pon la guarnición por debajo para impedir ese filtrado. No coloques los ingredientes escurridizos unos encima de los otros, o el relleno acabará chorreando.

RELLENAR

Un gran sándwich se basa en un equilibrio entre lo dulce, lo salado, lo ácido y lo umami. En todo el mundo, los rellenos principales suelen ser hiperproteicos: carne, pescado o huevo, aunque también son populares los alimentos de origen vegetal.

DULCE Y ESPONJOSO

El pan blanco aporta un sabor suave y ligeramente dulce con una textura blanda y esponjosa.

CREMOSO

La mantequilla aporta intensidad y cremosidad con un reconocible sabor salado y un aroma agradable.

CRUJIENTE

Las rodajas de manzana tienen un jugoso crocante y son de por sí dulces con una ligera acidez.

TIERNO

La pechuga de pavo posee un gusto suave y un poco salado, y una textura tierna.

Concéntrate en un ingrediente «héroe» de sabor fuerte. Los estudios apuntan a un límite máximo de cuatro ingredientes de relleno, a partir del cual la exquisitez cae en picado.

EXTENDER Y LIGAR

La mantequilla y la mayonesa son habituales en los sándwiches europeos y de América del Norte. Una pasta para untar rica en grasas forma una barrera oleosa e impermeable que blinda al pan contra la humedad, a la vez que potencia el sabor (págs.166-167). El aguacate triturado, la crema de queso y el hummus son untables alternativos. La profundidad y complejidad de los sabores de los quesos sirven como «puentes de sabor», ligando ingredientes que de otro modo podrían desentonar (págs. 70-71). El queso también aporta grasas potenciadoras del sabor, sal, umami y un matiz de acidez, que se realzan cuando se funden en una pasta cremosa que une los ingredientes. Otros puentes pueden ser la cebolla caramelizada, los pepinillos y los kétchups.

PUNGENTE

Una mostaza ácida y ligeramente especiada tiene un calor acre.

SABOR A NUEZ

Las lonchas de cremoso queso emmental actúan como alimento puente, con un mantecoso sabor a nuez.

CON PIMIENTA

La rúcula verde oscura aporta un fuerte gusto a pimienta.

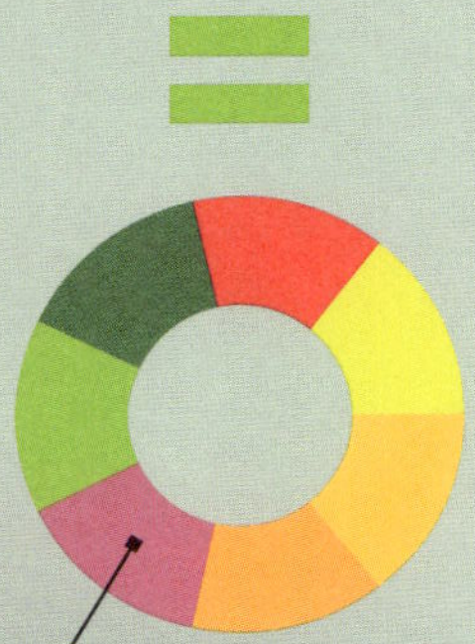

EL SÁNDWICH PERFECTO

ARMONÍA

TENIENDO EN CUENTA CÓMO SE COMBINAN TODOS LOS COMPONENTES, PUEDES CREAR UN SÁNDWICH EQUILIBRADO.

El sándwich perfecto

Este sándwich de pavo y queso emmental muestra cómo se pueden equilibrar los sabores básicos: la manzana afrutada hace de puente entre lo salado, lo umami, el pavo y el queso, y también aporta una textura crujiente y ácida. La rúcula añade una nota amarga, y la mostaza, el picante. La mantequilla en el pan marida muy bien con los componentes.

PASTA Y FIDEOS ORIENTALES

Al cocer o hacer al vapor masa de trigo con formas creamos espagueti al dente o tiernos ravioli, así como escurridizos fideos orientales y bolas de masa sedosas. Como en el pan, el gluten es el pegamento que une la pasta y los fideos orientales, aunque los fideos chinos tienen una consistencia más blanda y flexible que las firmes creaciones europeas, en parte por la histórica carencia de trigos duros ricos en proteínas de Asia.

CÓMO EL SECADO CREA SABOR

La masa de semolina (trigo duro) es el pilar de las pastas de estilo italiano; su gluten denso e inelástico (págs. 134-135) y sus partículas gruesas ayudan a que se seque en formas de pasta de larga duración y evita que el almidón se filtre al agua de cocción. Amasada a conciencia, formada y puesta a secar, la pasta gana estratos de sabor por medio de todo un surtido de reacciones químicas. Las pastas artesanales de secado lento (entre 20-40 °C/68-104 °F durante 1 a 3 días) adquieren un fresco y terroso sabor dulce de caramelo y una textura ligeramente pegajosa; las pastas comerciales más modernas y secadas a altas temperaturas (más de 75 °C/167 °F, en menos de 12 horas) adoptan un sabor cocido, tostado y a nuez por los compuestos de la reacción de Maillard (págs. 74-77) así como un color amarillo más intenso y más firmeza al morder. Estas diferencias pueden servir de guía para elegir las salsas.

La pasta artesana tiene sabores sutiles y equilibrados; marida con sabores que no los opaquen, como el aceite de oliva, las finas hierbas o el marisco ligero. La pasta que se produce en masa marida mejor con salsas fuertes, sustanciosas, las de base de tomate, de nata o las contundentes de carne, cuya intensidad complementa los sabores potentes de la pasta.

PASTA FRESCA Y FIDEOS ORIENTALES

La pasta fresca se elabora con harina de trigo molida fina y con menos proteína (como la harina 00) y se suele enriquecer con

huevos enteros o yemas, para aportarle suculencia y sabor. Se le da un amasado suave para evitar un gluten demasiado denso, luego se deja reposar al menos durante 30 minutos para que se relaje la glutenina entrelazada y bien cohesionada, y después se enrolla y se corta. La pasta fresca está completamente hidratada y por eso se cuece rápidamente en agua a fuego lento (de 2 a 3 minutos) y, con la excepción de los espaguetis boloñesa, es el mejor aliado de las salsas de sabor más ligero.

La manera asiática tradicional de preparar los fideos también utiliza harinas con poco gluten, que dan como resultado masas de gluten débil. A veces se las refuerza con kansui (agua alcalina) para conseguir la textura más firme y elástica del ramen japonés o de los tallarines lamian («estirados») chinos. Como la pasta fresca, los fideos orientales se cuecen muy rápido, pero a menudo se conservan secándolos. El secado puede hacerse rápidamente con máquinas o poco a poco al aire o al sol. El secado lento saca a la luz sabores más frescos y sutiles, mientras que los métodos de secado a alta temperatura proporcionan una textura más firme y un sabor más intenso. Los fideos instantáneos son fideos secos que se han cocido, y a menudo frito, parcialmente para añadirles sabor.

LEYENDA DE LOS COMPUESTOS DE LA PASTA

- Sabores de la pasta artesanal
- Sabores de la pasta de fabricación industrial

SOBA RAMEN UDON SOBA

SETAS Y TRUFAS

Los hongos, que no son plantas ni animales, habitan un reino propio, rico en umami. Las setas y las trufas son los cuerpos carnosos que dan como fruto los hongos subterráneos. La mayoría de las setas que se comercializan tienen más de un 90 % de agua, lo que ayuda a explicar por qué cambian tan radicalmente de sabor y de textura cuando se cocinan. Al cocinarlas, el agua se evapora, haciendo que su textura sea más firme y el sabor más concentrado. Cuando se cocinan con grasa, la reacción de Maillard (págs. 74-77) realza su umami y sus notas a nuez naturales, creando unos bordes crocantes y dorados y estratos de complejidad sabrosa. Es importante no llenar demasiado la sartén, para que se doren en vez de cocerse al vapor, lo que provocaría una textura gomosa.

VITAMINA D

LAS SETAS SON UNO DE LOS POCOS ALIMENTOS QUE CONSTITUYEN UNA FUENTE DE VITAMINA D; ALGUNAS LA GENERAN A LA LUZ DEL SOL.

El célebre sabor «cárnico» de las setas proviene de sus altos niveles naturales de glutamato y de potenciadores del umami como el GMP y el IMP (págs. 28-29).

El secado amplifica el umami puesto que las proteínas se autodigieren en fragmentos ricos en umami y aminoácidos. Tradicionalmente secadas al sol, es fácil hacerlo también en interior utilizando un horno a baja temperatura o un deshidratador. Rehidrátalas antes de cocinarlas (por ejemplo, en agua tibia durante 20-30 min) para ablandarlas y que liberen el umami atrapado. A diferencia de la carne y las verduras, las setas no se pueden cocinar de más; su esqueleto de quitina (el mismo material del caparazón de insectos y langostas) no se endurece ni se desmorona con la cocción prolongada. El aroma fresco y «a seta» de todas

Variedades de setas

Todas las setas ofrecen sabores intensos, salados y umami, y texturas que aportan una cualidad especial a los platos.

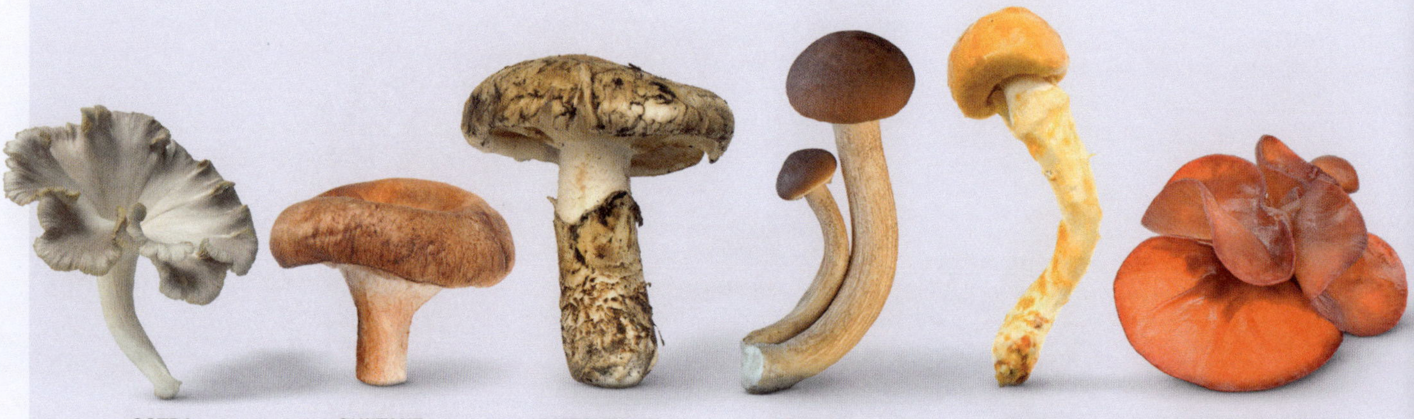

OSTRA
Suave, de sabor a nuez y textura escurridiza, rica en el octenol de setas.

SHIITAKE
De sabor intenso, terroso y ahumado; textura firme y correosa.

MATSUTAKE
Sabor fuerte y ligeramente picante; textura cárnica.

ENOKI
Sabor suave y ligeramente afrutado; textura crocante.

NAMEKO
Suave sabor a nuez y textura gelatinosa.

OREJA DE JUDAS
Sabor umami amaderado y textura correosa y gelatinosa.

Maridajes habituales
Mantequilla, ajo, huevo, perejil de hoja plana, tomillo, nata, queso gruyer, queso parmesano, castaña, patata y jamón.

Mantequilla **Seta** Huevo

Albaricoque **Seta** Hierba limón

Maridajes inusuales
Vinagre de jerez, estragón, arándanos rojos deshidratados, aguacate, pimentón dulce ahumado, espelta, vainilla, hierba limón y albaricoque.

las variedades procede del alcohol de setas (octenol, más concentrado en las láminas) y solo aparece cuando se cortan o se cocinan. Evita lavarlas a no ser que sea brevemente, pues al frotarlas se rompe su delicada piel (cutícula), se inundan los espacios de aire esponjosos y se reblandecen.

Aunque tanto las setas como las trufas son hongos, son muy distintos. Las trufas crecen bajo tierra y son difíciles de cultivar de manera comercial; solo crecen en ciertas estaciones en determinados tipos de bosque con el clima adecuado. Las más preciadas son la trufa negra de invierno y la trufa blanca, que se encuentra principalmente en el sur de Francia y en el norte de Italia.

La magia de las trufas

COMO INTERCAMBIAN NUTRIENTES CON LAS PLANTAS HUÉSPEDES, LAS TRUFAS ADQUIEREN SABORES INTENSOS Y COMPLEJOS.

El aroma de las trufas es picante pero esquivo: complejo, almizclado, terroso y umami, permanece en la boca y puede perfumar cualquier alimento que se guarde a su lado. Demanda una manipulación delicada al cocinarla. Una cocción ligera con salsas ricas en grasas extrae mejor sus sabores, ya que la grasa ayuda a disolver y dispersar los compuestos aromáticos. Demasiado calor hará que disminuyan los volátiles aromas de las trufas.

GLUTAMATO

EL AMINOÁCIDO DE LAS SETAS ES UN POTENCIADOR NATURAL DEL SABOR, ASÍ QUE LOS PLATOS CON SETAS NECESITAN MENOS SAL.

TROMPETA REAL Sabor y textura cárnicos.

CHAMPIÑÓN Sabor suave y levemente terroso; textura ligeramente correosa.

CASTAÑA Suave sabor a madera y a nuez; textura ligeramente correosa.

PORTOBELLO Sabor umami amaderado y textura jugosa.

CHANTARELA Delicado sabor a nuez afrutado y textura firme.

BOLETUS Intenso sabor umami y textura cárnica.

COLMENILLA Sabor amaderado y de intensidad terrosa; textura firme y cárnica.

ALGAS MARINAS

Las algas marinas son algas primitivas, no plantas. Con más de 20.000 variedades, van desde los diminutos planctones hasta las imponentes algas pardas gigantes. Apreciadas por su intenso sabor salado, son un alimento popular en todo el mundo.

SABOR, TEXTURA Y AROMA

Todas las algas marinas comparten un gusto umami salobre y levemente metálico y un aroma a mar. Las algas comestibles se dividen en tres tipos: las algas verdes (como la lechuga de mar y la aonori), que crecen en aguas poco profundas con sabores vegetales; las pardas de aguas más profundas (kombu y wakame) con fuertes notas salobres, y las rojas (nori, dulse) que crecen a mayor profundidad y que poseen sabores terrosos, a nuez y a veces ahumados.

El gusto del alga marina proviene de la sal y los minerales que extrae del mar y del glutamato, un aminoácido de gusto umami que acumula para almacenar nitrógeno, un nutriente vital. Carente de los azúcares de sabor dulce de las frutas, el alga produce manitol, un «alcohol azucarado», que tiene un suave dulzor. Este también se sintetiza y se utiliza como endulzante bajo en calorías.

Muchas algas de mar, sobre todo las rojas y las pardas, cuentan con una textura blanda y viscosa, y son de bocado firme porque sus células disponen de membranas gruesas rellenas de sustancias gelatinosas, como el agar-agar y el alginato. Esto les permite doblarse cuando hay violentas corrientes oceánicas. Las algas verdes poseen una textura más fresca y crujiente gracias a unas paredes celulares de celulosa más quebradizas.

El sabor y el aroma no proceden de los terpenos (págs. 66-67) de muchas frutas y verduras, sino de una constelación distinta de compuestos aromáticos. Los compuestos aromáticos de hidrocarburos, que rara vez aparecen en otros alimentos, tienen unas cualidades cerosas y grasas; los compuestos halogenados, que contienen bromo y yodo, llevan olores del mar. Estos, combinados con el potente sulfuro de dimetilo —que también encontramos en el maíz cocido, la col y el marisco—, culminan en un fuerte sabor marino ligeramente medicinal.

Sabores y usos de las algas marinas

Hay muchos tipos de alga marina y cada uno de ellos tiene sus propios compuestos de sabor y usos.

LECHUGA DE MAR

Dulzor sutil, notas afrutadas del acetato de etilo, un éster afrutado. El alcohol de setas le confiere un sabor de fondo terroso.

Mézclala con pesto para dotarla de un fresco toque marino. Úsala con cítricos en ensaladas para aportar un equilibrio fresco.

AONORI

Se puede añadir a los platos desecada en copos o en polvo para otorgarles un sabor umami suave y salado. Contiene notas de nuez.

Cocínala con frutos secos o sus aceites. Úsala en sopas, ensaladas y sushi.

MUSGO DE IRLANDA

Morada y ocasionalmente verde, con un suave sabor oceánico de toques terrosos.

Convertido en gel, se puede utilizar en batidos, para espesar salsas o sopas y para ligar postres.

UVA DE MAR (CAVIAR VERDE)

Las diminutas perlas en forma de uva tienen un sabor salado a almeja. El refrescante aroma a té verde proviene de un perfil de sabor parecido al de la lechuga de mar.

Cómela cruda, en ensaladas.

DULSE

Sabe a beicon cuando se fríe o se tuesta. Sus aldehídos de fresco sabor se descomponen con el calor; mientras que los sabores Maillard y el salado glutamato umami se concentran.

Espolvorea copos en las palomitas de maíz o en las ensaladas.

KOMBU

La reina de las algas marinas es apreciada por su carnosa intensidad umami con hexanal, alcohol de setas y aromas a heno. Pardea al secarse.

Un alimento básico de la cocina japonesa para preparar caldo dashi.

NORI

Contiene aldehídos como el hexanal herbal y el pentanal con un toque a pan. El acetato de geranilo le da una nota floral y las pirazinas aportan toques a frutos secos.

Utiliza hojas secas de nori para envolver los rollitos de sushi y el arroz.

WAKAME

Suave, dulce y salobre con una refrescante salinidad marina.

Utilízala en ensaladas. Su consistencia gelatinosa le aporta cuerpo a los caldos y las sopas.

ESPAGUETI DE MAR

Sabores umami con pirazinas tostadas y con toques a frutos secos (dimetilpirazina, tetradimetilpirazina).

Se pueden cocinar de manera parecida a los espaguetis.

LEYENDA
- Alga parda
- Alga verde
- Alga roja

Maridajes habituales
Las algas rojas y pardas se utilizan en la sopa de miso y como condimento en platos de arroz. El alga kombu es un alimento básico en la cocina japonesa para elaborar sushi.

Arroz — **Alga marina** — Miso

Palomita de maíz — **Alga marina** — Chocolate

Maridajes inusuales
Los copos de dulse se pueden espolvorear en las palomitas de maíz o usar en ensaladas, y aportan una singular nota ahumada y salada. Las algas rojas también hacen buena pareja con el chocolate.

VACUNO

Esta carne procede principalmente de novillos (ganado macho esterilizado) que maduran en dos años. Los diferentes cortes ofrecen distintos sabores y texturas, con partes más duras como la espalda y la pierna que necesitan una cocción lenta para ablandar los tendones y la grasa.

NOTAS DE SABOR

La carne de vacuno cruda tiene un gusto metálico a sangre, provocado por la molécula mioglobina rica en hierro. Al cocinarla libera más de 650 compuestos aromáticos, el más importante de los cuales procede de la grasa. Métodos como hacerla a la parrilla o freírla potencian aún más esos sabores.

El reconocible sabor de la carne de vacuno cocida proviene de la reacción de Maillard (págs. 74-77). Por tanto, es esencial dorar la carne usando métodos como el sellado o la parrilla antes de añadirle cualquier líquido. Si nos saltamos este paso, obtendremos una carne de textura correosa y sin la costra de intenso sabor.

CORTES SELECTOS

Los cortes duros de ternera como la aguja, la aleta y el morcillo posterior están tejidos con tendones (tejido conectivo) incomestibles hechos de colágeno insípido que necesita tiempo para descomponerse en una gelatina suave y aterciopelada. A temperaturas entre 70 y 82 °C (158-180 °F), la carne correosa se transforma lentamente en suculenta. La gelatina también contribuye hacer a una salsa deliciosa.

El marmoleado aparece como motas blancas en el interior del músculo y se desarrolla en animales alimentados con una dieta rica en calorías y poco ejercicio. Estas finas estrías de grasa intramuscular se funden a 54 °C (130 °F), liberan sabrosos compuestos aromáticos y le proporcionan a cada bocado una rica jugosidad y una característica sensación mantecosa de que se derrite en la boca. Gracias a todo el sabor que se concentra en la grasa de vacuno, el marmoleado intensifica la profundidad y la complejidad del sabor. Opta por cortes con un marmoleado uniforme (como el entrecot), o por razas conocidas por esta característica, como la Wagyu.

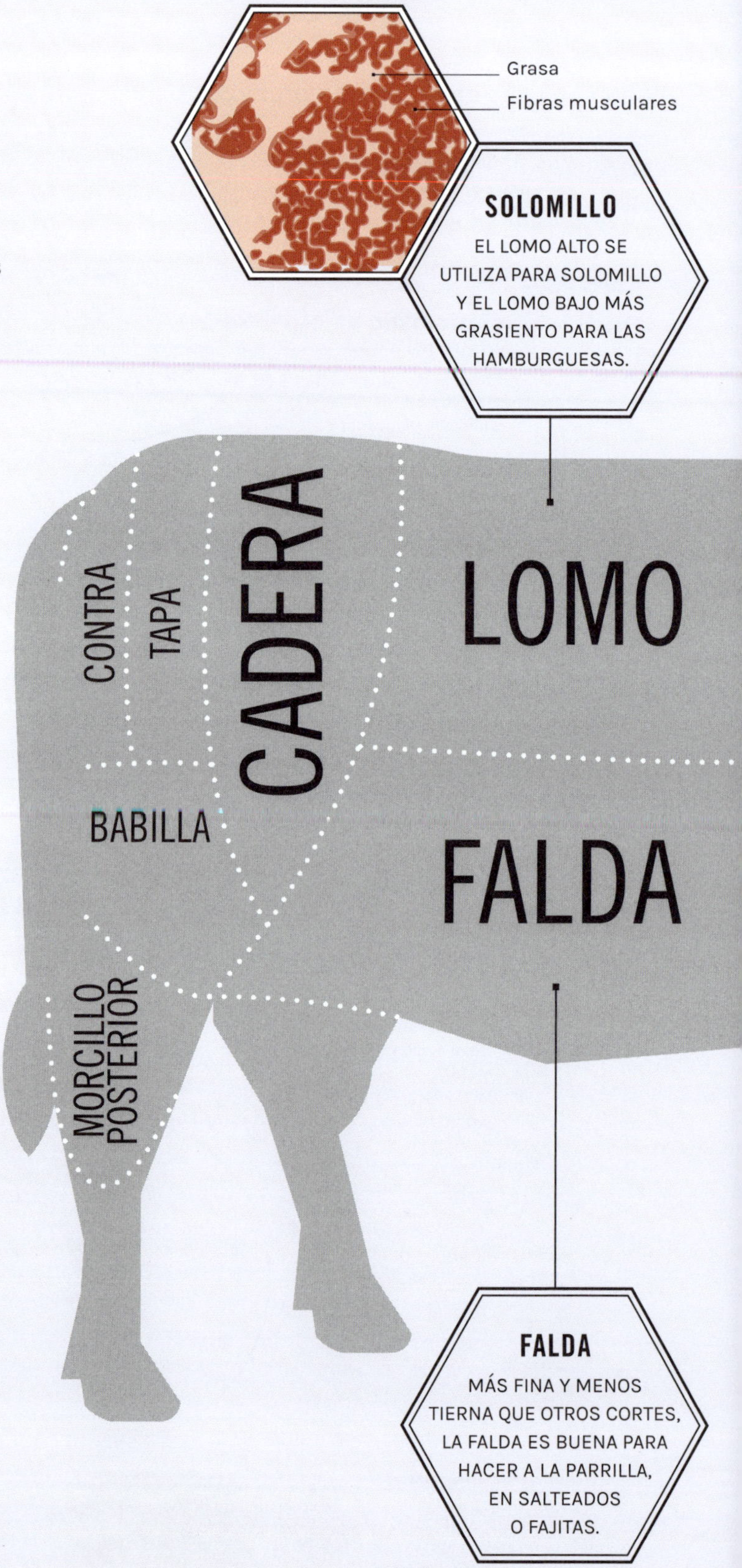

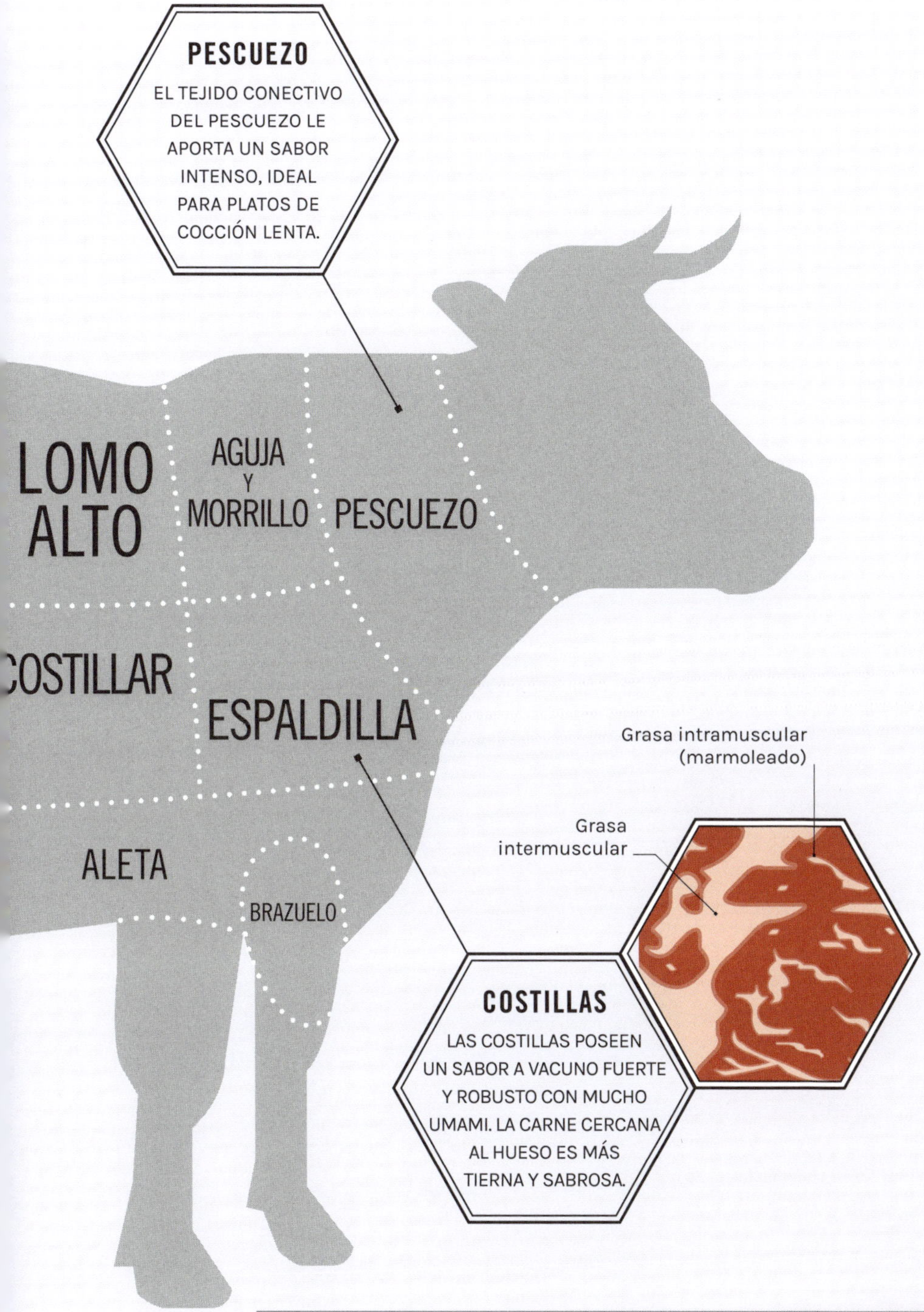

Variedades de carne de vacuno

CARNE DE VACUNO AMERICANA

Sabor: sabor intenso a carne con alto contenido en grasa. El marmoleado potencia la jugosidad y el sabor.

Compuestos: la alimentación a base de granos de alto valor energético añade grasa extra y compuestos azufrados para darle un gusto «americano».

Cómo utilizarla: ideal para hacer a la parrilla y con métodos de cocción a alta temperatura para capitalizar el marmoleado, que se funde rápidamente y aporta suculencia.

CARNE DE VACUNO EUROPEA

Sabor: menos grasa, textura más firme con notas a pasto o herbáceas. Puede tener un gusto a carne de caza con notas de trébol o flores silvestres, que varían con la dieta.

Compuestos: una dieta de pasto enriquece la carne con los compuestos aromáticos del terpeno y otros compuestos derivados vegetales, que le confieren un perfil de sabor «verde».

Cómo utilizarla: utiliza métodos de cocción, como el asado, que extraigan sus inconfundibles sabores.

CARNE DE VACUNO JAPONESA (WAGYU)

Sabor: marmoleado excepcional, tan tierna que se deshace en la boca, de sabor complejo con aroma dulce y afrutado y sabrosas notas umami.

Compuestos: un alto contenido en grasas (más del 40 %) y más de 17 compuestos aromáticos le proporcionan un perfil de sabor único.

Cómo utilizarla: dorar ligeramente; servida mejor como filete para que conserve y realce su distintiva composición grasa y sus complejos sabores.

Maridajes habituales
Acentúa los clásicos aromas asados de la ternera maridándola con frutos secos, otras carnes, cacao, patatas fritas o al horno, o con vino de Borgoña.

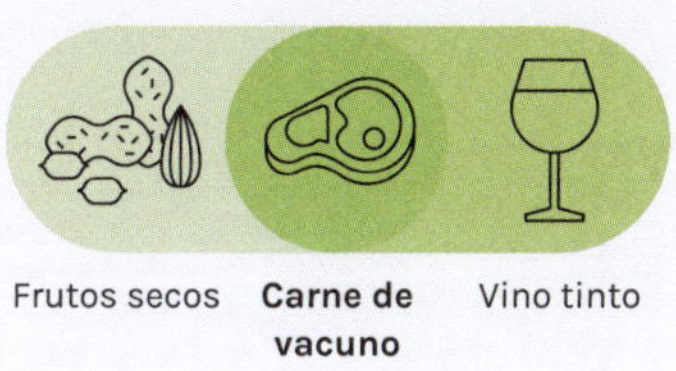

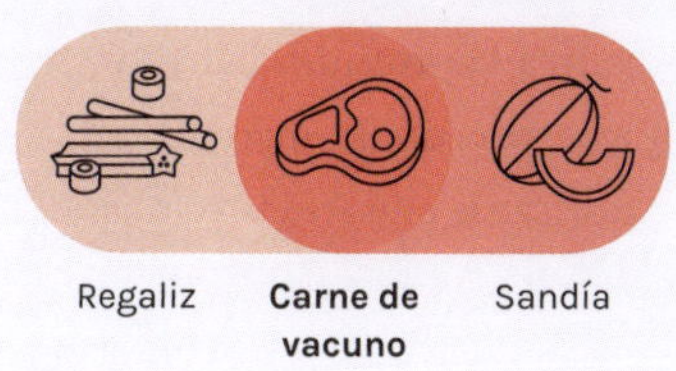

Maridajes inusuales
Añade raíz de regaliz a un plato de carne de vacuno cocida a fuego lento para que adquiera una profundidad dulce y ahumada, o sandía a una ensalada fría de ternera para darle un gusto fresco y más ligero.

LA CIENCIA DE LA LASAÑA

La lasaña, un clásico italiano de fama mundial, tiene su origen, más que en la pasta, en una receta griega con capas de masa. Sus ingredientes, que están más combinados que la mayoría de los platos, son ricos en grasas y umami, lo que quizá explique por qué la lasaña es el plato reconfortante por excelencia.

RAGÚ

La espesa salsa de carne llamada ragú es la base de este icónico plato, lasaña al horno.

- **Verduras y carne:** Se cortan en dados el apio, las zanahorias y las cebollas y se fríen en aceite hasta que estén tiernas y doradas, se añade la carne picada (se suele usar tradicionalmente ternera o lechal) —o una alternativa vegetariana— que se saltea hasta que se dore para que adquiera una capa de potentes sabores Maillard.
- **Vino:** Después se añaden el vino y los ingredientes líquidos; el vino tinto disuelve («desglasa») cualquier costra marrón (o fondo) de la sartén, el alcohol se evapora rápidamente y dispersa los compuestos aromáticos. Al evaporarse (o reducirse) el vino, se volatiliza gran parte del alcohol a la vez que aporta sabores concentrados afrutados, acidulados y vinosos.
- **Tomates:** Luego se añade la passata (puré de tomates) para darle intensos matices umami sin diluir el sabor. El tomate es un puente de sabores crucial (págs. 88-89), pues comparte decenas de compuestos aromáticos con las demás verduras, así como con la ternera picada, la pasta y el parmesano. Un buen ragú se deja hervir a fuego lento durante varias horas, para que concentre aún más los sabores y les permita fundirse, y también para dar tiempo a que se desarrollen nuevos compuestos aromáticos.

PASTA

El firme bocado de las capas de pasta de sabor relativamente neutro aporta un contraste de texturas muy necesario.

SALSA BECHAMEL

Más excesiva que las capas de queso ricota típicas de las recetas italoestadounidenses, la bechamel de mantequilla, harina y leche aporta una cremosidad y suculencia intensas que equilibran la carnosidad del ragú. A menudo se sazona con nuez moscada (pág. 178), una especia picante que también hace de puente entre la pasta, los tomates y las demás verduras.

La lasaña perfecta

Esta lasaña muestra cómo se distribuyen y equilibran los sabores del plato, colaborando para conseguir los bocados más tentadores de comida reconfortante. La combinación de la intensa salsa de tomate, la pasta blanda y la salsa cremosa es irresistible. Puedes complementar la carne con verduras como espinacas o calabacines.

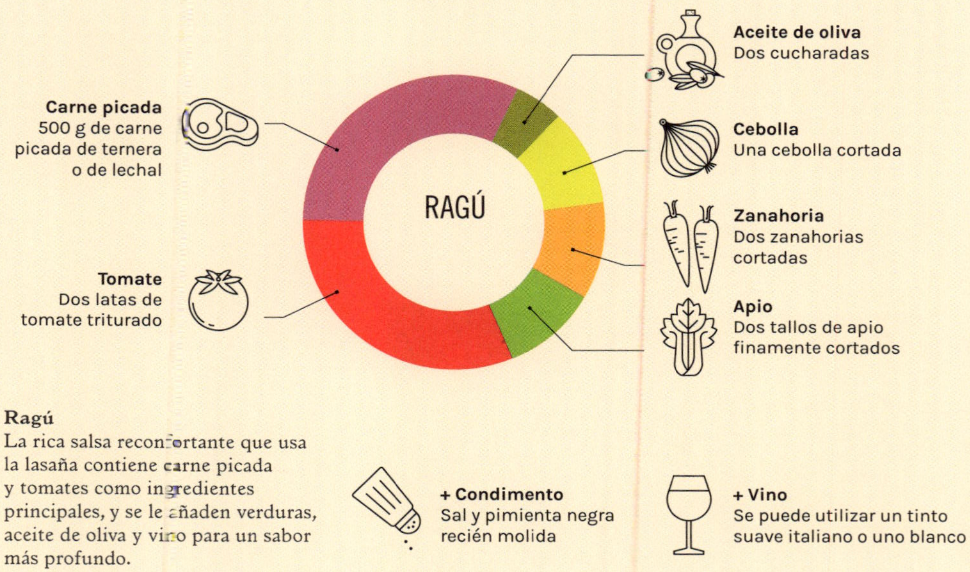

Ragú
La rica salsa reconfortante que usa la lasaña contiene carne picada y tomates como ingredientes principales, y se le añaden verduras, aceite de oliva y vino para un sabor más profundo.

Queso parmesano rallado
Espolvoréalo sobre la capa final de bechamel y hornea hasta que se dore

Pasta
Láminas de pasta que se usan para que absorban los sabores de la carne y la salsa

Ragú
Una rica salsa que añade profundidad y sabor al plato

Salsa bechamel
Una capa rica y cremosa que aporta un sabor suave

Cocinar con alcohol

EL ALCOHOL SE EVAPORA CON FACILIDAD —A SOLO 78 °C (172 °F)— CON LO QUE SE ESFUMA RÁPIDAMENTE EN UN PLATO HIRVIENDO: tras 15 minutos desaparece el 60 % y en una hora, el 75 %. Nunca se va del todo: incluso, tras 2 horas y media, permanece un 5 % del alcohol original.

60 % SE VA EN 15 MIN

75 % SE VA EN 60 MIN

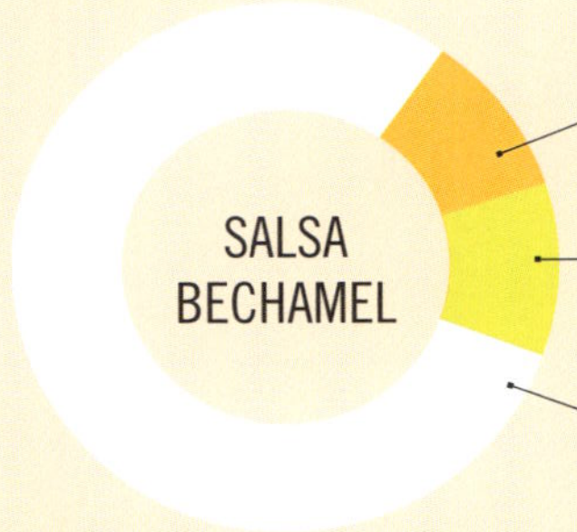

Harina
4 cucharadas

Mantequilla
4 cucharadas

Leche
3 tazas

Salsa bechamel
Funde la mantequilla a fuego suave, luego añade la harina y bate para formar una pasta, después añade poco a poco la leche para obtener una salsa cremosa.

+ Condimento
Añade sal, pimienta negra recién molida y si lo prefieres un poco de nuez moscada

AVES DE CORRAL

La carne de aves de corral —entre ellas el pollo, el pato, el ganso y el pavo— es asequible y sabrosa, y va desde una suave y versátil a una intensa y con sabor a caza. Por lo general de gusto suave, la profundidad de su sabor depende mucho del contenido en grasa.

Se han asociado más de 250 compuestos químicos a los sabores de la carne de las aves de corral, y 500 a su aroma al cocinarla. Es la reacción de Maillard (págs. 74-77), la descomposición térmica de las grasas y la interacción de estos dos procesos lo que crea los sabores y los aromas de la carne de las aves de corral.

Las especies que solo vuelan en ráfagas cortas (pollos y pavos) tienen un tipo de musculatura fibrosa en la pechuga que crea una carne blanca. Es fina y de gusto suave. El músculo de la pechuga de las especies que vuelan distancias largas (patos y gansos) tiene más mioglobina que aporta oxígeno, lo que genera una carne parda. Los patos y los gansos también disponen de una gruesa capa de grasa bajo la piel, por eso su carne se cocina bien a temperaturas altas, ya sea asada o a la parrilla, porque prácticamente se asa sola.

LOS CÍTRICOS

SE SUELEN USAR AL COCINAR AVES DE CORRAL PARA QUITAR LA RESBALADIZA SENSACIÓN EN BOCA DE LA CARNE GRASA.

MAXIMIZAR EL SABOR

Al asar un ave entera puedes encontrarte varios escollos pues cada parte del ave se cocina a un ritmo distinto. Asar, parrillar o freír esta carne genera efluvios y compuestos de sabor intensos y grasos, aunque esos métodos pueden resecar la carne de la pechuga. La carne blanca de la pechuga sigue jugosa si se hierve o se escalfa, pero

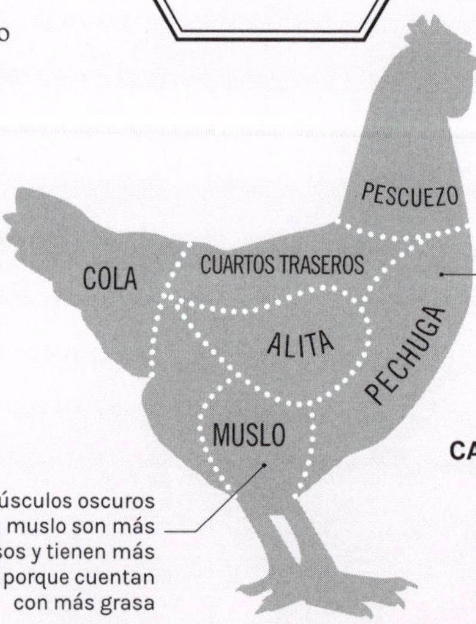

Sabores del pollo
El pollo y el pavo tienen sabores más sutiles y sirven de lienzo para otros ingredientes.

CONTENIDO EN GRASA	POLLO	PAVO
CARNE DE PECHUGA (SIN PIEL)	3 %	2 %
CARNE DE MUSLO (SIN PIEL)	7 %	7 %

Maridajes habituales
Ajo, jengibre, hierba limón, orégano, romero, salvia, estragón y tomillo.

Maridajes inusuales
Cardamomo, semillas de apio e hinojo.

Maridajes habituales
Arándano rojo, orégano, romero, salvia y tomillo.

Maridajes inusuales
Comino, pimentón, perejil y nueces pecanas.

entonces no tiene los mismos compuestos aromáticos intensos. Técnicas como la salmuera, el rebozado y el reposo contribuyen a retener la humedad.

Colgar o madurar los patos y los gansos ayuda a incrementar el sabor y a ablandar la carne. Estas aves se suelen colgar para permitir que el aire circule por todos lados, lo que ayuda a que se evapore la humedad y, por tanto, a que las enzimas descompongan de manera natural las proteínas que siguen en el tejido muscular.

CALDO

Los huesos de las aves de corral se pueden usar para hacer caldo que se puede utilizar en la cocina como base sabrosa de sopas y salsas y en innumerables platos. Hervir huesos de pollo con hierbas y verduras durante 10 horas a 70 °C (158 °F) da como resultado un caldo de pollo puro y cristalino. Si usas una olla a presión puedes reducir drásticamente el tiempo de cocción.

LA GRASA DE GANSO

TIENE UN PUNTO ALTO DE HUMO Y UN SABOR SUTIL; PERFECTA PARA HACER PATATAS ASADAS.

Salmueras y adobos

LA SALMUERA SE PUEDE USAR PARA QUE EL POLLO NO PIERDA HUMEDAD DURANTE LA COCCIÓN.

Poner la carne de ave en salmuera puede elevar su contenido en agua un 10 % o más, con lo que conserva su humedad y suculencia. La sal disuelta entra en la carne, seguida del agua, y provoca que las proteínas del músculo se desenreden y se expandan en forma de gel suave. Los ácidos, como el limón y el vinagre, descomponen las proteínas y ablandan la carne, «cocinándola» ligeramente.

PATO	GANSO
5 %	7 %
12 %	17 %

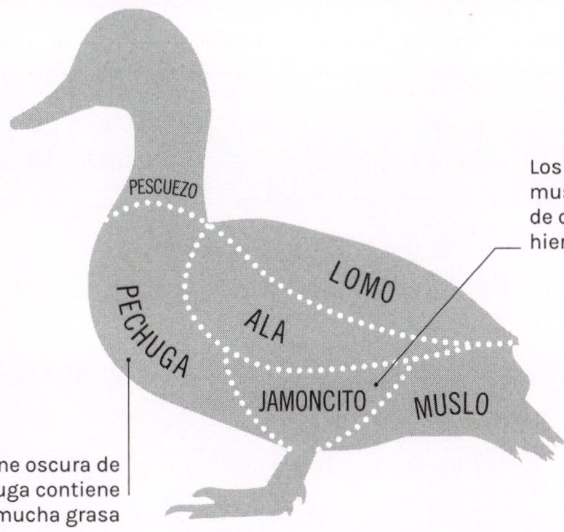

Sabores del pato
Tanto el pato como el ganso tienen un gusto bastante contundente y por ello demandan que se los acompañe de sabores fuertes

Maridajes habituales
Especias chinas, jengibre, naranja, romero, pimienta de Sichuan y anís estrellado.

Maridajes inusuales
Vinagre balsámico, cereza, piña y tamarindo.

Maridajes habituales
Anís, polvo chino cinco especias, canela, cítricos, ajo, romero y tomillo.

Maridajes inusuales
Mora, cereza y salvia.

CERDO

El cerdo es la carne más popular del mundo, y ofrece sabores con tonos dulces, afrutados y florales. Posee un ligero dulzor natural y su sabor puede variar desde lo suave y sabroso a lo intenso y cárnico, dependiendo del corte. Por ejemplo, el solomillo de cerdo tiene sabores sutiles mientras que la panceta de cerdo es intensa. Al cocinarlo, la reacción de Maillard (págs. 74-77) dora la carne y crea tonos caramelizados.

La grasa de cerdo tiene un gusto neutro y bastante limpio que varía dependiendo de la dieta y la crianza del animal (ver a la derecha). La grasa potencia los sabores al fundirse durante la cocción, absorbiendo y amplificando los compuestos aromáticos. La distribución de la grasa en el cuerpo del cerdo afecta al sabor y la textura de los distintos cortes. Por ejemplo, el estómago contiene capas alternas de grasa y músculo, y como la grasa se funde (se derrite), suda la carne y fríe la superficie para dotarla de una costra rica y sabrosa. En la paleta, la grasa marmoleada se combina con el colágeno para fundirse durante la cocción lenta y crear una textura jugosa y suculenta y un profundo sabor.

CURADO

El cerdo se puede curar salándolo, ahumándolo o fermentándolo para crear alimentos como el beicon, el jamón o el salami. La sal inhibe las bacterias nocivas y elimina la humedad de la carne, conservándola. Las enzimas de la carne descomponen las proteínas en compuestos cárnicos ricos en umami, mientras que la degradación de la grasa crea sabores «porcinos». Según el método, la carne se puede secar aún más, ahumar o añejar en condiciones controladas, lo que intensifica su textura y su gusto.

OLOR A VERRACO

LA FEROMONA ANDROSTERONA DE LOS CERDOS MACHO PUEDE PROVOCAR UN HEDOR Y UN SABOR DESAGRADABLE EN LA CARNE.

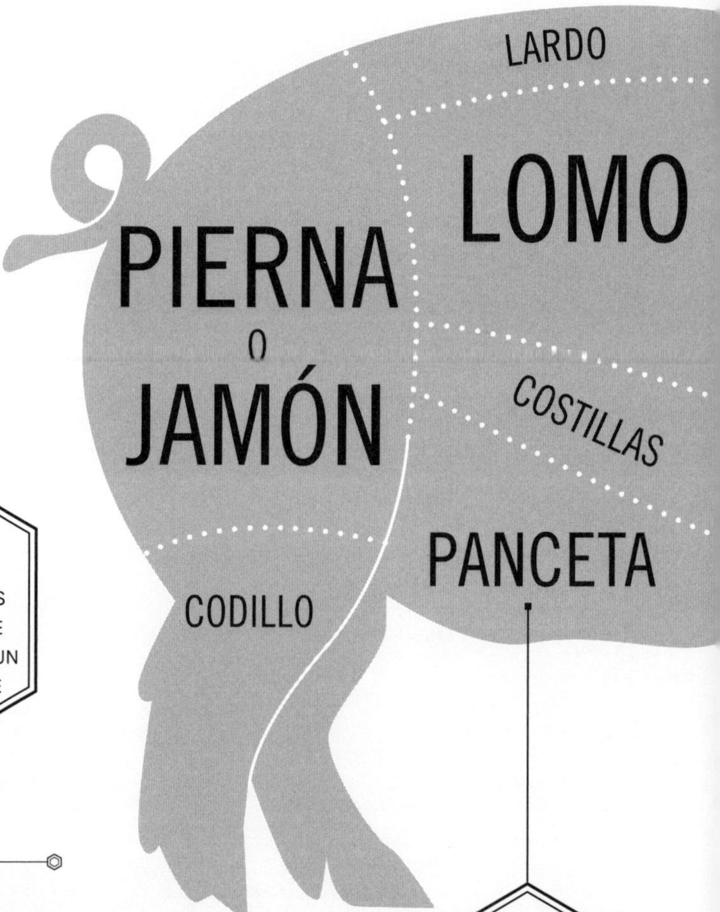

BEICON

LA PANCETA DE CERDO SE SUELE USAR PARA PRODUCIR BEICON, PUES CONTIENE CAPAS DE GRASA QUE APORTAN UN INTENSO SABOR.

Salchichas

LA MAYORÍA DE LAS CULTURAS HACEN UN TIPO DE SALCHICHA QUE USAN PARA CONSERVAR LA CARNE. EL CERDO SUELE SER UN INGREDIENTE principal por su alto contenido en grasa, que garantiza que las salchichas no se resequen demasiado si se curan en seco. El chorizo español se adereza con pimienta ahumada y luego se ahúma, mientras que el salami italiano se fermenta y se cubre de moho. Las salchichas chinas (lap cheong) suelen estar muy especiadas y curadas en seco, mientras que la bratwurst alemana y la banger inglesa son salchichas frescas que se cocinan antes de comer.

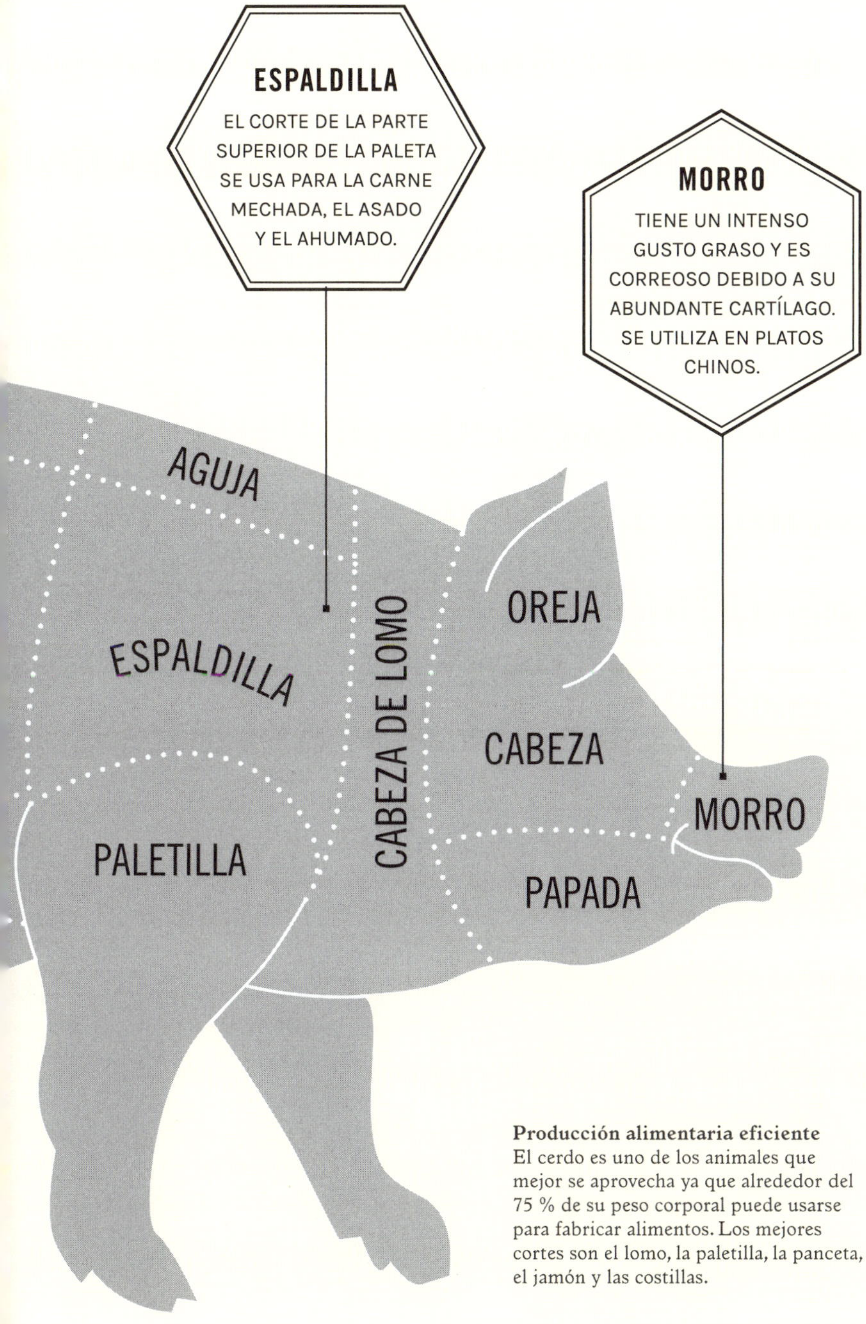

Producción alimentaria eficiente
El cerdo es uno de los animales que mejor se aprovecha ya que alrededor del 75 % de su peso corporal puede usarse para fabricar alimentos. Los mejores cortes son el lomo, la paletilla, la panceta, el jamón y las costillas.

Razas tradicionales

La raza del cerdo y dónde y cómo se cría tradicionalmente suponen una gran diferencia en el sabor de su carne.

AMÉRICA DEL NORTE

CERDO RED WATTLE
Cría: se adapta a la mayoría de los climas.

Características: carne magra y sabrosa.

DUROC

Cría: animales resistentes que se adaptan a la mayoría de las condiciones y las temperaturas.

Características: carne magra con un sabor dulce.

REINO UNIDO

GLOUCESTER OLD SPOT
Cría: en huertos, se alimenta de manzanas.

Características: carne tierna y sabrosa.

ESPAÑA/PORTUGAL

CERDO NEGRO IBÉRICO
Cría: se alimentan libremente de bellotas y hierbas.

Características: sabor intenso a nuez.

HUNGRÍA

CERDO MANGALITZA
Cría: climas fríos, comen de todo.

Características: sabrosa carne grasa, muy marmoleada y con sabor a jabalí.

CHINA

CERDO MEISHAN
Cría: en hábitats interiores o exteriores.

Características: carne marmoleada y sabrosa.

Maridajes habituales
Manzana, cinco especias chinas, salvia, tomillo, mejorana y piña.

Maridajes inusuales
Alcaravea, eneldo, hinojo, estragón, melocotón y sirope de arce.

CORDERO, CARNERO Y CABRA

Las ovejas y las cabras están muy emparentadas. Su sabor y sus usos culinarios varían según la edad del animal: el cordero (oveja, menor de un año) es suave y tierno; el borrego (oveja, entre 1 y 2 años) es más firme y sabe más a caza; el carnero (oveja, más de 2 años), como la cabra, es intenso y marcado.

CORDERO

Esta carne roja tiene un sabor algo más terroso y a caza que la de vacuno, que procede de los ácidos grasos que se encuentran en su grasa. El cordero criado con una mezcla de grano y hierba tiende a ser de sabor más suave que los criados solo con hierba. La edad del animal (en torno a un año) garantiza que la carne haya desarrollado la profundidad de sabor y la grasa suficiente, pero siga tierna. Algunos cortes de cordero, como las chuletas, se cocinan calientes y rápido, lo que crea una costra caramelizada mientras que el centro sigue rosado y tierno. Otros cortes, como la paletilla o la pierna, se cocinan mejor a fuego lento para que la carne se despegue del hueso. Puedes realzar el sabor del cordero marinándolo antes de cocinarlo, usando ingredientes como el ajo, el romero, el aceite de oliva y hierbas como el tomillo. La pierna de cordero se prepara haciendo cortes por toda la pieza que se rellenan con una ramita de romero y una rodaja de ajo envueltas en una anchoa. La anchoa se desintegra durante el asado y baña la carne de sales y aceites al fundirse.

CARNERO

La carne de una oveja algo más mayor es más intensa y firme, y tiene más sabor, con un mayor contenido en grasa y un color rojo oscuro. Su fuerte sabor a caza puede ser un gusto desarrollado, y no es muy popular en América del Norte. Es famosa en la cocina de Oriente Medio y en la mediterránea, y su principal consumidor mundial es Mongolia.

CABRA

Como las cabras suelen ser mayores que las ovejas cuando se consumen, la carne de cabra tiende a tener una textura más dura y que (debido a que es magra) puede secarse rápidamente. Aunque es baja en grasas, posee mucho tejido conectivo, por lo que la cocción a fuego lento es lo mejor para conseguir tiernos bocados de carne. Su fuerte sabor a caza va bien con otros sabores intensos. La cabra es un ingrediente clave en los guisos a fuego lento africanos y caribeños y en los curris.

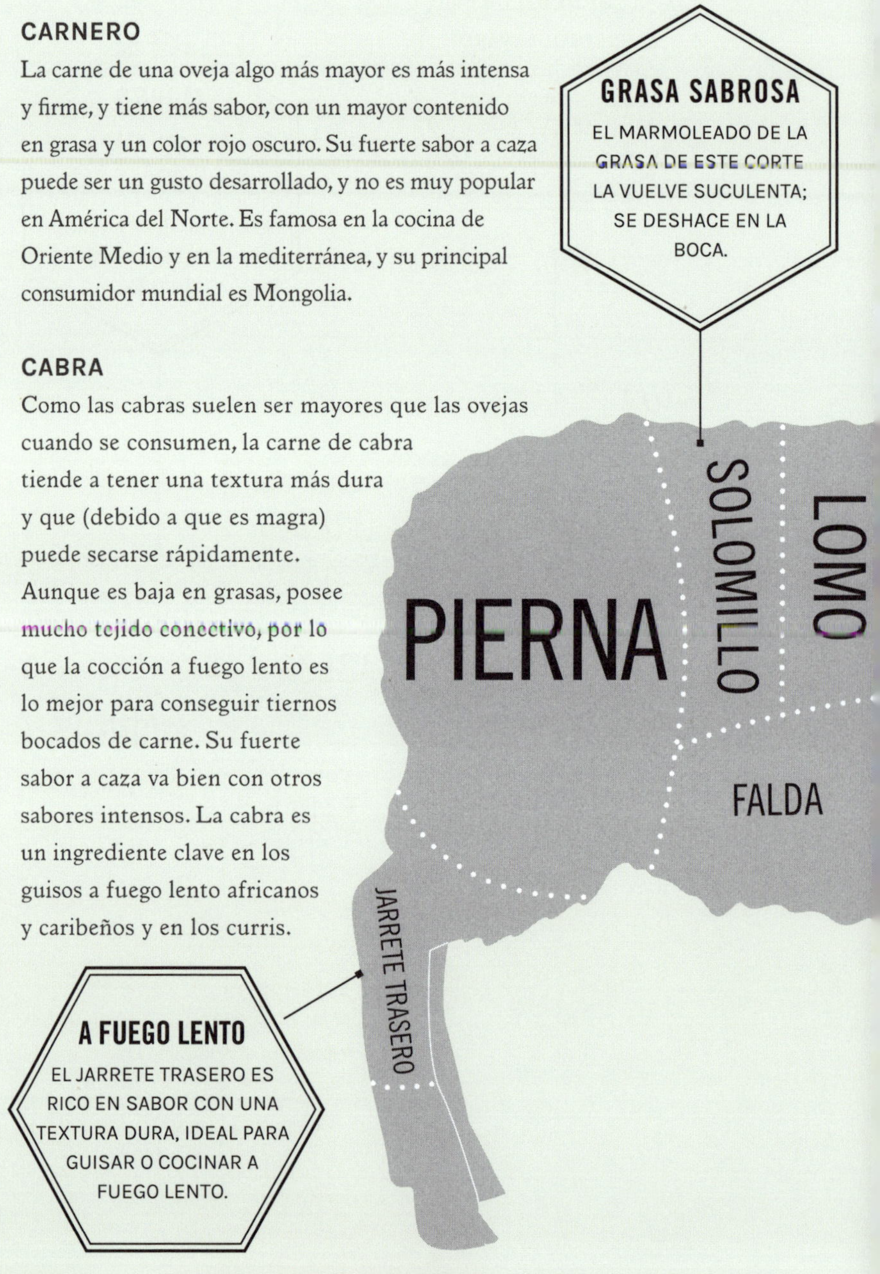

Maridajes habituales
Anchoa, ajo, limón, menta, patata, romero y sal.

Maridajes inusuales
Chocolate, café, pomelo, caballa, pipas de calabaza y whisky.

COSTILLAR DE CORDERO
ESTE CORTE SUPREMO PROCEDE DE LAS COSTILLAS.

MARINAR
LA CARNE DE CABRA SE SUELE MARINAR DURANTE OCHO HORAS ANTES DE AÑADIRLA A UN ESTOFADO O A UN CURRI.

A CAZA
LOS ÁCIDOS GRASOS DOTAN A LA CABRA Y AL CORDERO DE SU INCONFUNDIBLE SABOR A CAZA, TANTO EN LA CARNE COMO EN LA LECHE.

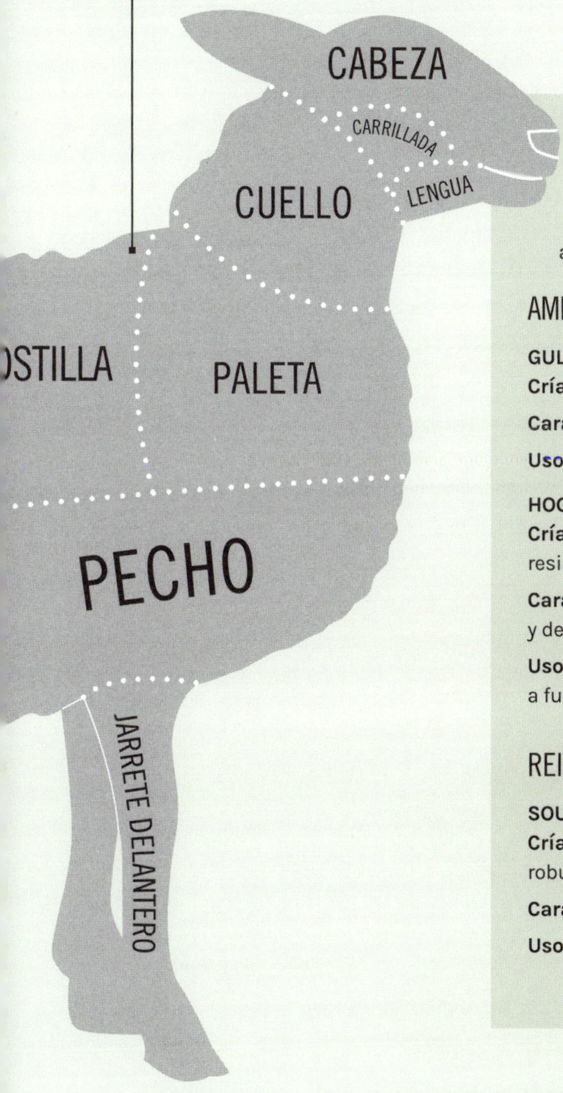

Razas ovinas tradicionales

A algunas razas tradicionales, a menudo raras, se las valora por sus características únicas y su sabor. Muchas de ellas son antiguas y se han criado durante siglos, a menudo por la lana o por la carne. Las siguientes son apreciadas por su carne:

AMÉRICA DEL NORTE

GULF COAST NATIVE
Cría: climas cálidos y húmedos.

Características: sutil sabor terroso.

Usos: costillar asado.

HOG ISLAND
Cría: en libertad o alimentada con pastos, resistente.

Características: carne tierna, limpia y de ligero gusto dulce.

Usos: cortes marinados asados a fuego lento.

REINO UNIDO

SOUTHDOWN
Cría: adaptada a climas templados, robusta y resiliente.

Características: carne supertierna.

Usos: chuletas o filetes a la parrilla.

ISLANDIA

ISLANDESA
Cría: robusta, adaptada a climas fríos.

Sabor: suave y dulce con notas terrosas.

Usos: platos ahumados.

ÁFRICA/ORIENTE MEDIO

DAMARA
Sabor: intenso, menos gusto a caza que otras razas.

Usos: estofados, guisos, asados y a la parrilla.

AUSTRALIA

WILTIPOLL
Cría: resistente, adaptable y autónoma.

Sabor: carne magra de sabor suave.

Usos: platos de cocción lenta o asados.

Maridajes habituales
Guindilla, cilantro, curri, pimentón, tomillo y cúrcuma.

Maridajes inusuales
Granada, romero, sésamo y salsa de soja.

CARNE DE CAZA

La carne de caza procede de animales salvajes que se cazan en vez de criarse en granjas. Las carnes de caza más famosas son la de venado (ciervo), jabalí, faisán y conejo. Los animales de caza suelen ser más magros que los domésticos y llevan una dieta más variada que fluctúa según las estaciones, sin aditivos artificiales, hormonas, ni antibióticos. Esto influye en el sabor, textura y color de la carne.

La carne de caza suele ser de sabor más intenso que la de granja y de textura potencialmente más dura, según la edad del animal. Su sabor terroso y almizclado lo convierte a menudo en un gusto desarrollado. La de conejo es la más suave, con un sabor dulce sutil, y puede ser muy tierna si se cocina bien: a fuego lento o en estofados que conserven la carne húmeda y tierna. La de faisán es una de las más suaves de las aves de caza, pero más rica en sabor que el pollo, con un ligero trasfondo a frutos secos. Se puede asar entero o se pueden guisar las patas mientras que la pechuga queda mejor a la sartén o cocinada al vacío (sellada en agua). La de jabalí es más fuerte y menos grasa que la de cerdo y tiene intensos sabores a setas. Los distintos cortes se cocinan de manera muy parecida a los del cerdo, pero el jabalí se presta especialmente bien al ahumado. De todas estas carnes, la que más sabe a caza es seguramente la de venado y posee un característico gusto a hierro, aunque curado y cocinado adecuadamente puede tener una textura aterciopelada. Los cortes se cocinan como los de vacuno, pero el reposo es crucial para mantenerla húmeda y tierna.

MIOGLOBINA

LOS ALTOS NIVELES DE ESTA PROTEÍNA QUE UNE HIERRO Y OXÍGENO PROPORCIONAN A LA CARNE DE CAZA SU COLOR OSCURO.

Maridajes habituales
Manzana, laurel, bayas de enebro, salvia y tomillo.

Maridajes inusuales
Castaña, baya de saúco, higo, caqui y membrillo.

Maridajes habituales
Laurel, ajo, setas, ciruela pasa, romero y tomillo.

Maridajes inusuales
Hinojo, avellana, lavanda y limón encurtido.

Maridajes habituales
Laurel, mora, cereza, baya de enebro y seta silvestre.

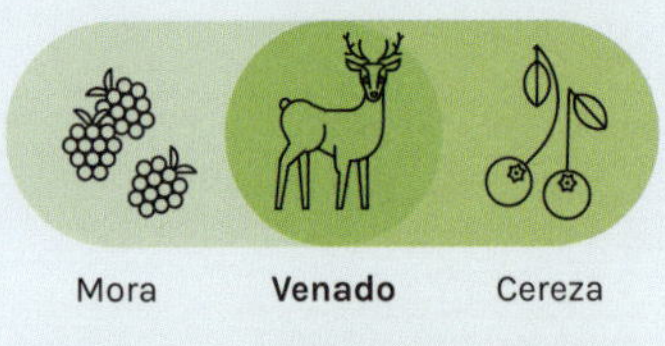

Maridajes inusuales
Naranja sanguina, castaña, raíz de achicoria, cacao y escaramujo.

Maridajes habituales
Manzana, ajo, ciruela pasa, romero y salvia.

Maridajes inusuales
Manzana silvestre, nuez verde, mora y piñón.

VÍSCERAS

Las vísceras son los órganos internos de los animales que se pueden comer y su consumo es menos frecuente en algunas culturas. Además, pierden popularidad a medida que la gente puede permitirse cortes de carne más apetecibles. A pesar de tener sabores muy característicos, probablemente sean sus texturas lo que más desafía al paladar actual. Sin embargo, son baratas y nutritivas, y se aprovecha todo el animal. Algunos platos aún habituales que incorporan vísceras son el haggis (estómago, corazón y pulmones), el pastel de carne y riñones, las salchichas (intestino) y el hígado encebollado. El hígado y los riñones son quizá los más apetecibles y, por tanto, los más populares.

BAÑO DE LECHE

EMPAPAR EL HÍGADO EN LECHE DURANTE VARIAS HORAS ANTES DE COCINARLO AYUDA A REDUCIR LOS SABORES FUERTES.

HÍGADO

El hígado posee una textura suave y mantecosa, sin importar su procedencia. Su característico sabor es más fuerte en el cordero o el cerdo, y más suave en el ternero y el pollo. A menudo se convierte en paté, aunque también se puede freír o ahumar. Es importante no cocinarlo de más porque se puede volver gomoso.

RIÑONES

Los riñones más fáciles de encontrar son los de ternero, cordero y cerdo, siendo el de ternero el más tierno, el de cerdo el más firme y el de cordero un punto medio. Los riñones son ricos en umami, con un gusto metálico a caza. Pueden oler a orina, por lo que es primordial lavarlos a conciencia: retirar la capa blanca de grasa, la membrana, la grasa interna y los conductos. Sumergirlos en agua o leche fría durante tres horas reduce la sangre y el sabor fuerte. Salar para contrarrestar el amargor y luego darle una cocción corta a fuego alto garantiza un resultado tierno y sabroso.

Variedades de vísceras

MOLLEJAS (TIMO/PÁNCREAS)
Sabor suave, crocante por fuera si se fríe y cremoso por dentro.

LENGUA
Sabor suave a caza y ligera textura gelatinosa.

CALLOS (ESTÓMAGO)
Sabor sutil y textura correosa o blanda.

MOLLEJAS (SOLO AVES DE CORRAL)
Sabor a caza, duras por naturaleza, pero tiernas si se cocinan a fuego lento.

CORAZÓN
Intenso sabor a carne con textura firme y densa.

TUÉTANO
Sabor intenso y mantecoso que se deshace en la boca.

RABO
Intenso sabor umami y textura gelatinosa.

SESOS
Sabor delicado y textura sedosa como de natillas.

Maridajes habituales
Pimienta negra, ajo, granos de mostaza, chalota, salvia y tomillo.

Maridajes inusuales
Pimienta de Jamaica, alcaparra, cilantro, raíz de jengibre, granos de pimienta verde y acedera.

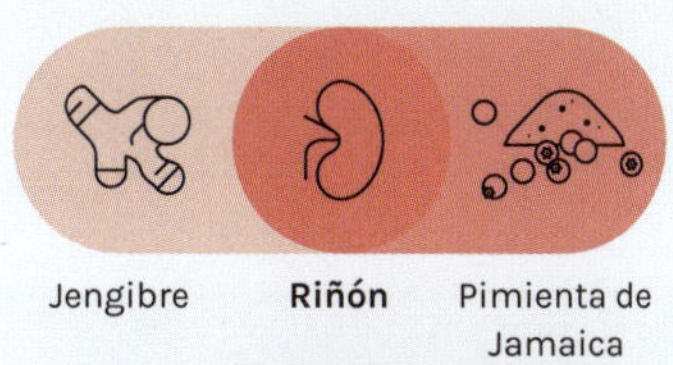

Maridajes habituales
Brandy, cebolla, semillas de mostaza, perejil, salvia y tomillo.

Maridajes inusuales
Naranja sanguina, castaña, manzana verde, granos de pimienta de Sichuan y estragón.

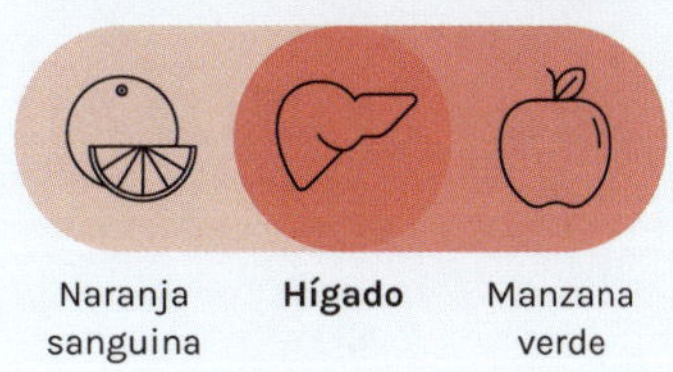

PESCADO

El pescado representa, de media, algo menos del 16 % de la proteína animal que comemos, aunque esto se eleva a más del 20 % en países asiáticos y africanos. La acuicultura, los métodos de pesca comerciales y los avances en el procesado han hecho que en el último siglo el pescado sea más accesible a más gente.

El pescado, quizá más que otros animales, es propenso a adquirir sabor según su dieta y su entorno. Se suelen dividir en dos grupos: pescado blanco y pescado azul. El pescado blanco (como el bacalao, el abadejo, la platija y el fletán) tiene un sabor delicado y combina bien con hierbas y condimentos que no enmascaren su sabor natural. El pescado azul (como al atún, el salmón, la caballa y la anchoa) tiene sabores más ricos y contundentes por el alto contenido en aceite de su carne. Aguanta maridajes con sabores más intensos. Todos los tipos de pescado se benefician de sabores ácidos como el limón.

Maridajes habituales
Pescados blancos como el bacalao, el abadejo y el fletán maridan bien con alcaparras, eneldo, ajo, limón, perejil y tomillo.

Maridajes inusuales
Hinojo, té verde, baya de enebro, y hojas de lima kaffir.

PESCADO AZUL

ACEITE DISTRIBUIDO POR TODO EL CUERPO (5 % O MÁS)

CARNE NO TAN ESCAMOSA

SE COME EN SUSHI, A LA PARRILLA, A LA PLANCHA, AHUMADO

PESCADO BLANCO

ACEITE CONCENTRADO EN EL HÍGADO (MENOS DEL 2 %)

CARNE BLANCA, ESCAMOSA

SE COME HERVIDO, FRITO, A LA PARRILLA

CONSERVACIÓN

Evolucionado para las frías profundidades, el pescado —sobre todo las especies de azul— se estropea enseguida si no se conserva o procesa. Se han desarrollado numerosas técnicas de conservación en todo el mundo, muchas de las cuales ayudan a realzar su potente sabor.

Los pescados azules, como el salmón, la trucha y el arenque, a menudo se curan usando una combinación de salazón, desecado, calor y ahumado. El ahumado agrega sabores únicos, como un carácter a turba que le da el fuego de turba. La salazón y el desecado se usan a menudo, especialmente con el bacalao. Este método también concentra los compuestos de sabor y aumenta la firmeza de la carne incluso después de haberla desalado y rehidratado.

Platos de pescado crudo

El pescado se puede comer crudo aderezándolo o ultracongelándolo (congelar inmediatamente después de la captura a -40 °C/F o por debajo). Esto le da un gusto fresco y limpio con una textura suave.

SASHIMI
Pescado cortado en finas lonchas, como el salmón o el atún, a menudo ultracongelado en el mar y después descongelado para mayor seguridad.

CEVICHE Y CRUDO
El pescado o el marisco se corta en lonchas finas y se cura en zumo de cítricos para consumir acto seguido.

POKE
Es a menudo atún o pulpo, fresco o ultracongelado, cortado en cubitos y marinado en salsa de soja y aceite de sésamo.

Maridajes habituales
Marida el pescado azul como el atún, la caballa o el salmón con pimienta negra, guindilla, eneldo, jengibre, limón o wasabi.

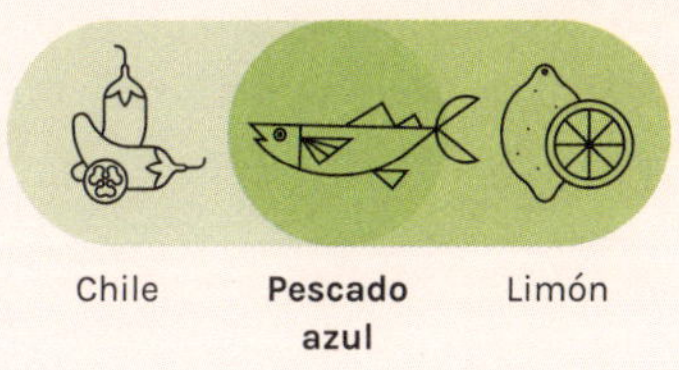

Maridajes inusuales
Almendrucos, sirope de arce, granos de pimienta rosa, salsa de soja o zumaque.

CRUSTÁCEOS

Los crustáceos, un grupo en el que están las gambas, los cangrejos y las langostas, se consideran a menudo un artículo de lujo, a pesar del esfuerzo que cuesta extraer las pequeñas cantidades de carne de sus caparazones. Su carne es dulce y suculenta, con notas de sabor a mantequilla, queso, almizcle, vinagre, aromas penetrantes y salobres. La carne blanca que se halla en las garras, las extremidades y las secciones musculares (en la cola de la gamba o la langosta) es firme y escamosa con un sabor suave y dulce. Suele ser la preferida para platos principales. La carne marrón se halla en las cavidades del cuerpo (cangrejo) o de la cabeza (langosta o gamba), dentro y alrededor de los órganos, y es suave, de consistencia pastosa y sabor muy vivo e intenso. La carne marrón es perfecta para enriquecer salsas, elaborar patés y untables, o como base de sopas.

UMAMI

EL INOSINATO (IMP) Y EL GUANILATO (GMP) AGREGAN TONOS DE UMAMI A LOS SABORES DEL MARISCO (PÁGS. 26-29).

COLOR

LOS CRUSTÁCEOS SE VUELVEN COLOR ROSA CUANDO SE COCINAN A MEDIDA QUE LAS PROTEÍNAS LIBERAN EL PIGMENTO CAROTENOIDE ASTAXANTINA.

Maridajes habituales
Mantequilla, chile, ajo, jengibre, limón, lima y tomate.

Maridajes inusuales
Naranja sanguina, hierba limón, pomelo, anís estrellado y vainilla.

Maridajes habituales
Mantequilla, pimienta negra, sal de apio, ajo, jengibre, cebolleta, limón y perejil.

Maridajes inusuales
Mantequilla tostada, salvia, fruta de la pasión, granos de pimienta rosa y hojas de shiso.

Maridajes habituales
Mantequilla, cebollino, ajo, limón, perejil, estragón y tomillo.

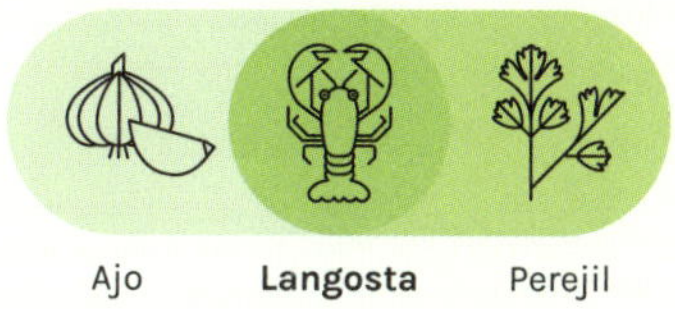

Maridajes inusuales
Bergamota, cardamomo, hinojo, hojas frescas de curri y lavanda.

COCINAR

El método de cocción más tradicional es el hervido o al vapor en agua con sal. La carne dulce separada del caparazón se aliña simplemente con mantequilla fundida y un toque de ajo y perejil. Los crustáceos también se pueden hacer a la parrilla, a la plancha, escalfar o preparar como parte de un ceviche o un crudo.

El cangrejo y la langosta se suelen maridar con salsas espesas con base de holandesa, mantequilla o nata, y pueden contener alcohol, como brandy o champán. Por otro lado, la carne firme y el gusto delicado de la gamba la convierte en un socio versátil de los sabores más potentes, como el chile o la lima.

CALDOS Y BISQUES

Los caparazones que se desechan del marisco se aprovechan mejor como base de caldo y bisque, una sopa de marisco rica y cremosa que se elabora con la mezcla de caldo con el resto de los ingredientes, luego se cuela varias veces y se termina con nata. Para realzar el sabor de los caparazones, a menudo se asan antes hasta que desprenden aroma y luego se trituran para aumentar la superficie. Después se añaden a una olla con cebollas, zanahorias, apio, ajo, puerro, laurel y otras hierbas, junto con agua y vino, y se hierve todo hasta convertirlo en una sopa. El bisque tiene un sabor muy potente y un equilibrio entre notas saladas, algo dulces y muy mantecosas.

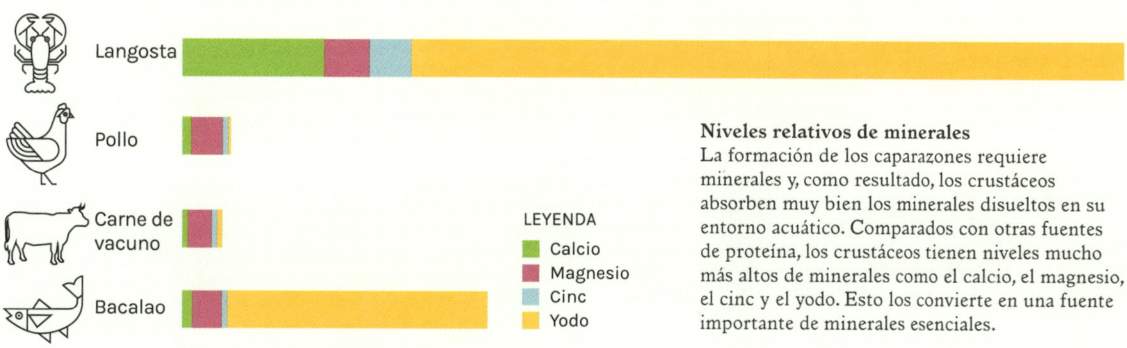

Niveles relativos de minerales
La formación de los caparazones requiere minerales y, como resultado, los crustáceos absorben muy bien los minerales disueltos en su entorno acuático. Comparados con otras fuentes de proteína, los crustáceos tienen niveles mucho más altos de minerales como el calcio, el magnesio, el cinc y el yodo. Esto los convierte en una fuente importante de minerales esenciales.

MOLUSCOS

Los moluscos (como las ostras, los mejillones, las vieiras, los caracoles y los berberechos) suelen tener conchas, aunque los cefalópodos, como el calamar y el pulpo, no las tienen. Muchos son «alimentadores en suspensión» y extraen el plancton y otros nutrientes del agua. Por eso, su sabor está muy influenciado por el entorno y por lo que comen, y pueden almacenar toxinas del ambiente, como el mercurio. Métodos de procesamiento y preparación adecuados pueden resolver la mayoría de estos inconvenientes.

Los moluscos poseen en general sabores dulces y salados, y una textura de sensación en boca cremosa o carnosa. A menudo se preparan al vapor y maridan bien con limón, ajo y un vino blanco espumoso. Las vieiras son deliciosas cuando se cocinan brevemente a la plancha, fritas o asadas y maridadas con los sabores intensos del beicon o del chorizo. La crujiente costra de Maillard (págs. 74-77) complementa su interior sedoso.

CALAMAR Y PULPO

El pulpo y el calamar contienen a menudo más carne que cualquier otro marisco. Son carnívoros de músculos tersos y mucho cartílago, que les proporciona una textura más carnosa que los moluscos con concha, aunque puedan volverse gomosos si no son frescos o no se preparan de manera adecuada. El pulpo, en concreto, queda mejor si se ablanda antes de cocinarlo, dándole golpes, poniéndolo en remojo o congelándolo y descongelándolo.

El calamar y el pulpo poseen un gusto umami y un suave sabor marino por los compuestos azufrados. Los animales que se alimentan de crustáceos, como los cangrejos y los langostinos, tienen un sabor umami más intenso que los que llevan una dieta de molusco y pescado.

Por su estructura densa, el calamar y el pulpo se prestan mejor a elaboraciones a la parrilla, en estofados, guisos, fritos o salteados. Como con las vieiras, estos métodos de cocción crean una sabrosa superficie dorada que contrasta con el suave interior. Los calamares fritos, un plato clásico, se suelen servir con una rodaja de limón y salsas para mojar. La clave para evitar una textura gomosa está en asarlos a fuego rápido o guisarlos a fuego lento.

OSTRA

ALMEJA

VIEIRA

Maridajes habituales
Limón, champán, salsa picante (por ejemplo, tabasco), rábano picante y ajo.

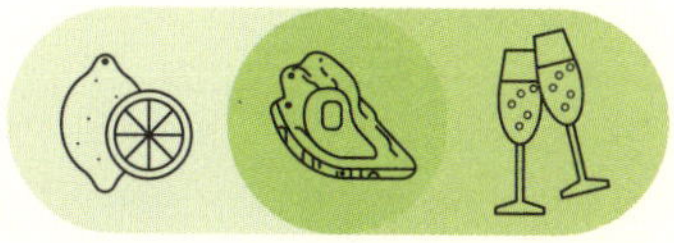

Limón **Ostra** Champán

Manzana verde **Ostra** Pepino

Maridajes inusuales
Pomelo, manzana Granny Smith, sake, pepino y jalapeños.

Maridajes habituales
Vino blanco, patatas fritas, chalotas, ajo, tomate, perejil, mantequilla y nata.

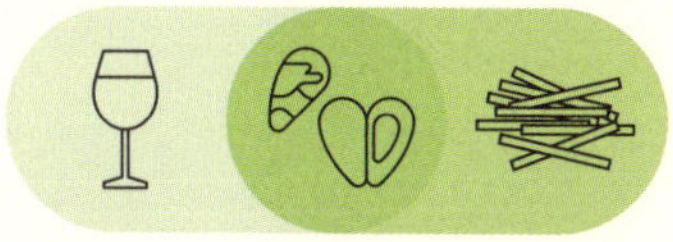

Vino blanco **Mejillón** Patatas fritas

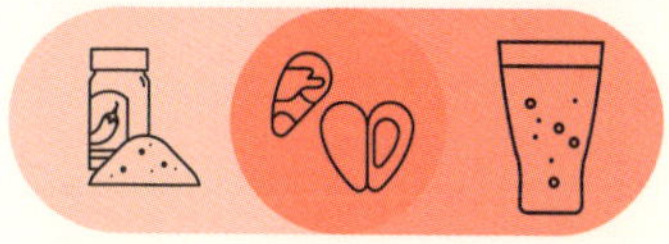

Pimentón ahumado **Mejillón** Sidra

Maridajes inusuales
Curri en polvo, pimentón ahumado, sidra, pasta de curri verde y chorizo.

Maridajes habituales
Beicon, mantequilla, limón, guisantes, espárrago y vino blanco.

Beicon **Vieira** Espárrago

Miso **Vieira** Piña

Maridajes inusuales
Sirope de arce, piña, miso, cereza y reducción balsámica.

Maridajes habituales
Limón, aceite de oliva, ajo, tomate, orégano y vino tinto.

Vino tinto **Pulpo** Aceite de oliva

Hinojo **Pulpo** Naranja

Maridajes inusuales
Hinojo, naranja, ouzo, pimentón ahumado y harissa.

Maridajes habituales
Ajo, perejil, tomate, limón, aceite de oliva y vino blanco.

Ajo **Calamar** Tomate

Jengibre **Calamar** Leche de coco

Maridajes inusuales
Leche de coco, jengibre, jerez, vinagre, chorizo y mango.

EL MARISCO

FRESCO TIENE UN AGRADABLE AROMA SALADO. EL FUERTE OLOR A PESCADO SE LO DA LA TRIMETILAMINA (TMA) QUE CREAN LAS BACTERIAS.

MEJILLÓN

Ostras

LAS OSTRAS SE CONSIDERAN ALGO EXQUISITO Y, A DIFERENCIA DE LA MAYORÍA DE LOS MARISCOS, A MENUDO SE COMEN CRUDAS DE LA CONCHA ABIERTA.

Gozan de un sabor suave y maridan bien con sal y una salsa picante. Su verdadero atractivo reside en la textura; si se sirven frescas y frías, las ostras son firmes, carnosas y jugosas, y cada bocado es una explosión de dulzor salobre. En cambio, si son viejas y de poca calidad, pueden volverse gomosas, fibrosas o incluso arenosas.

LECHE Y NATA

La leche ha sido parte de nuestra dieta desde la época del neolítico y sigue siendo imprescindible en la cocina actual. Una mezcla de glóbulos grasos y proteínas dispersos en líquido, la leche es una de las sustancias más nutritivas con las que cocinamos. Sus componentes principales son el agua, la grasa, la proteína, los carbohidratos (lactosa) y los minerales.

La mayoría de la leche que se vende se pasteuriza (se destruye con calor cualquier bacteria patógena) y se homogeneiza (lo que encoge las moléculas grasas para que la grasa no se separe). La leche de vaca de muchas granjas se mezcla, por lo que no hay una gran variación de sabor. La lactosa de la leche le da un suave dulzor, mientras que el contenido en grasa le confiere sabores cremosos y mantecosos. Las notas terrosas y a hierba de la leche dependen de la dieta de cada animal. Cocinar con leche nos puede ofrecer aromas caramelizados y más sabrosos.

Cuando se cultiva o se fermenta con la adición de bacterias (por lo general estreptococos o lactobacilos), la leche se usa para crear productos como el yogur, la crema agria y el kéfir (págs. 168-169). Este proceso espesa la leche y le añade sabores agrios y a nuez.

La leche toma el sabor de los ingredientes almacenados cerca de ella. Eso también significa que se presta bien a infusionarla con sabor, como con cebollas y hojas de laurel para elaborar la base de un pastel de pescado, o con nuez moscada para unas natillas.

COCINAR CON LECHE

Le leche es importante para cocinar, sobre todo como base de la salsa bechamel (págs. 148-149), a la que aporta un sabor y una textura suaves. También se utiliza en el auténtico ragú a la boloñesa para contrarrestar la acidez del vino y los tomates. En las natillas, los minerales naturales de la leche ayudan a las proteínas de la yema de huevo a engranarse, mientras que el contenido en azúcar y agua ralentiza este proceso, lo que da lugar a unas natillas suaves.

NATA

La nata tiene un perfil de sabor parecido a la leche, pero con una textura y una sensación en boca más intensas por su mayor contenido en grasa. Como la leche, la nata puede desarrollar sabores más complejos y ácidos cuando se fermenta para hacer crema agria o crème fraîche, por ejemplo.

LECHE DE CABRA

CONTIENE MOLÉCULAS GRASAS DE CADENA CORTA QUE LE DAN SU SABOR «A CABRA».

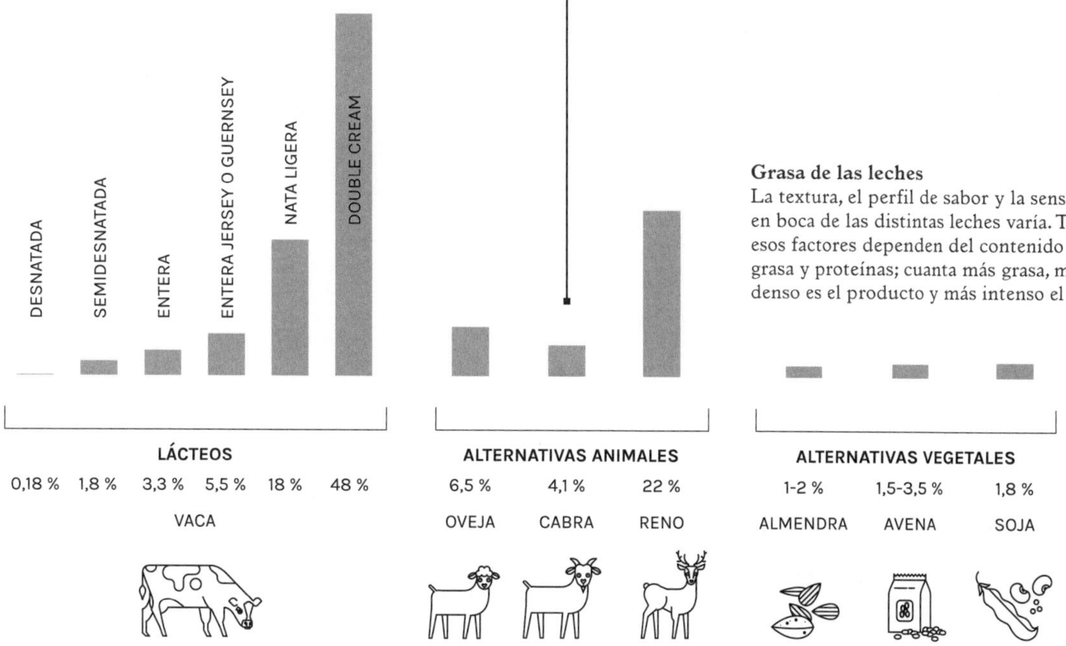

Grasa de las leches
La textura, el perfil de sabor y la sensación en boca de las distintas leches varía. Todos esos factores dependen del contenido en grasa y proteínas; cuanta más grasa, más denso es el producto y más intenso el sabor.

MANTEQUILLA

El ancestral proceso de batido desmenuza y fusiona los globos de grasa de color marfil de la leche y los convierte en el sabroso líquido dorado que, una vez escurrido el exceso de agua, se transforma en el sólido que conocemos como mantequilla. La mantequilla es una mezcla única de agua, grasa, proteínas y azúcar y, como te dirá cualquier chef, tiene el poder de transformar el sabor de un plato.

- **Con sal vs. sin sal:** la sal, que suele añadirse después de batir, potencia el sabor de la mantequilla (págs. 14-17). La mantequilla con sal , por lo general, se usa más para untar que para cocinar, así quien cocine puede controlar cuánta sal entra en el plato.
- **Cultivada (láctea) vs. crema de leche:** en Europa la mantequilla suele estar parcialmente fermentada (cultivada) con bacterias que producen ácido láctico,

Producción de mantequilla y de ghee

Se utilizan distintos procesos para elaborar productos de la mantequilla, desde la mantequilla que tiene un 80 % de grasa hasta el ghee, que es 100 % grasa y que adquiere sabores más intensos al cocinarlo.

MANTEQUILLA
ELABORADA A PARTIR DE NATA FRESCA, LA MANTEQUILLA TIENE UN GUSTO LIMPIO, SUAVE Y CREMOSO.

GHEE
ELABORADO A PARTIR DE MANTEQUILLA CLARIFICADA, EL GHEE TIENE UN INTENSO SABOR A FRUTO SECO.

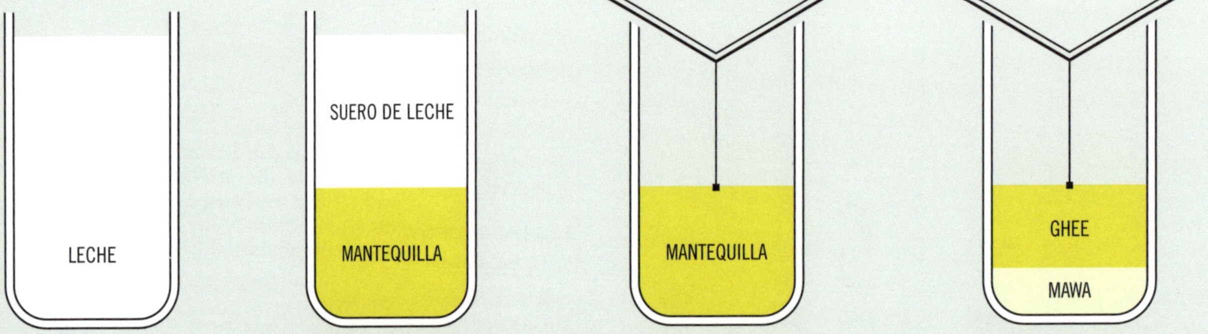

LECHE

La leche entera fresca contiene nata, que se usa para hacer mantequilla, y líquido.

MANTEQUILLA Y SUERO DE LECHE

Se bate la nata para crear mantequilla. La mantequilla es el líquido que queda después de este proceso.

MANTEQUILLA

La mantequilla es una mezcla de aproximadamente 80 % de grasa, 15 % de agua y 5 % de proteínas.

GHEE Y MAWA

El **ghee**, o mantequilla clarificada, es 100 % grasa. El mawa (khoya) es 25-40 % grasa, 10-25 % proteína y 20-30 % agua.

que aportan algo de acidez y un sabor más mantecoso e intenso. A la mantequilla que no pasa por este proceso se le llama crema de leche, es más pálida y la habitual en América del Norte.

- **Mantequilla de suero:** elaborada con el líquido sobrante de hacer queso (suero), esta mantequilla ácida tiene un ligero sabor a queso. Es popular en Suecia, donde se la conoce como *messmör*.
- **Mantequilla clarificada:** pura (+99 %) grasa de mantequilla extraída de crema de leche o de mantequilla cultivada, la mantequilla clarificada posee un intenso sabor mantecoso, un punto de humo alto (pág. 40) y es muy duradera, lo que la hace popular en regiones más cálidas. Tradicionalmente se elabora cociendo a fuego lento y desnatando/colando los sólidos separados de la leche. Llamada «ghee» en India, es la grasa principal para cocinar en este subcontinente, y en este formato puede dorarse ligeramente con los sabores tostados y caramelizados de Maillard (págs. 74-77). Hay otro lácteo, llamado mawa y utilizado en el sur de Asia, que se elabora cociendo la leche a fuego lento hasta que se evapora el agua y deja una masa sólida y cremosa.

COMPUESTOS DE SABOR Y MARIDAJE

Hay muy pocos ingredientes que no se beneficien de la grasa, el sabor y la textura rica y cremosa de la mantequilla. Los dos compuestos de sabor relacionados, el diacetilo y la acetoína, poseen su inconfundible gusto dulce, mantecoso, cremoso y lácteo, mientras que los otros más de 230 compuestos aromáticos maridan a la perfección con innumerables cómplices, entre los que destacan las frutas, los quesos, los jamones curados, los frutos secos y el pan.

Variedades regionales

AMÉRICA DEL NORTE

AMISH
(84-85 % de grasa)

Elaborada tradicionalmente por la comunidad amish, es una mantequilla versátil, rica en grasas y de textura cremosa.

REINO UNIDO

DEVON/mantequilla double cream
(80 % de grasa)

Hecha con nata doble/espesa, esta mantequilla posee una cremosidad placentera.

IRLANDA

MANTEQUILLA IRLANDESA, especialmente la Kerrygold
(82 % de grasa)

Reconocida mundialmente por su textura cremosa, gusto dulce e intensa tonalidad amarilla, que se atribuye a la dieta de pasto de las vacas irlandesas.

FRANCIA

BEURRE CHARENTES-POITOU
(82 % de grasa)

Cultivada a baja temperatura y procedente del oeste de Francia, esta mantequilla cremosa y muy suave tiene un ligero sabor a nuez.

BEURRE D'ISIGNY
(82 % de grasa)

Una fermentación más larga le confiere a esta mantequilla de Normandía un gusto dulce y cremoso y notas de avellana, junto a un vivo color amarillo por los carotenoides de la hierba.

LUXEMBURGO

BEURRE ROSE
(82 % de grasa)

La rica y sabrosa mantequilla nacional de Luxemburgo.

ESPAÑA

MANTEQUILLA DE L'ALT URGELL Y LA CERDANYA
(82 % de grasa):
Una mantequilla suave, untable y ácida de sabores complejos.

MANTEQUILLA DE SORIA
(83 % de grasa):
Este producto tradicional español es una mantequilla pálida de aromas a fruta dulce y a fruto seco.

TURQUÍA, ORIENTE MEDIO Y NORTE DE ÁFRICA

(el contenido en grasa varía)

A menudo elaborados localmente y en lotes pequeños debido a la necesidad de refrigeración, los productos de la mantequilla de estas regiones suelen ser cultivados y luego clarificados. Hay muchas variaciones: «sade tereyağı» en Turquía, «smen» en el norte de África, «samneh» en el Líbano y «nit'ir qibe» en Etiopía.

Maridajes habituales
La mantequilla combina con el pan, el ajo, las hierbas, el limón y el queso parmesano, así como con la vainilla, la canela y la miel en pasteles horneados.

Maridajes inusuales
Prueba añadir curri en polvo a la mantequilla para un toque especiado. Ponle matcha en polvo o frutos secos picados y cómetela en tostadas.

YOGUR, KÉFIR Y QUESO

La leche se puede fermentar para hacer yogur, kéfir, queso y muchos otros alimentos que se disfrutan en todo el mundo. Como la leche es muy nutritiva, pero se echa a perder rápidamente, la conservación fue la primera razón para fermentarla, y durante siglos se han desarrollado decenas de variantes para deleitarnos con sus sabores y texturas.

Uno de los procesos clave en la fermentación láctea es la descomposición de la lactosa (el azúcar que se halla en la leche) en ácido láctico (págs. 84-85). Esto la hace más digerible, mata las bacterias dañinas y le da un gusto ácido. Los distintos microbios producen diferentes alimentos, cada uno con su sabor.

YOGUR

El yogur se forma fermentando la leche con *Lactobacillus bulgaricus*, *Streptococcus thermophilus* y otras bacterias. Conocidos como microbios «termófilos», prefieren un ambiente cálido a unos 40-45 °C (104-113 °F). El yogur es popular en las cocinas de Oriente Medio e India y combina bien con las hierbas y las especias que se usan a menudo en estas regiones. Es frecuente utilizarlo para espesar curris o para hacer salsas con miel, por ejemplo.

KÉFIR

El kéfir es uno de los pocos fermentos lácteos elaborados tanto con bacterias como con levadura, un cultivo simbiótico de bacterias y levadura conocido como SCOBY (por sus siglas en inglés). A diferencia de otros fermentos, el kéfir usa gránulos que contienen microbios. El perfil de sabor y textura refleja una compleja relación entre estos microbios, que producen sabores ácidos y cremosos con matices de levadura. El kéfir marida con postres a los que les da un toque picante o sirve de base ácida para sopas sabrosas.

QUESO

Aunque el queso se divide en distintas categorías, muchos comparten compuestos aromáticos parecidos en cantidades variables. Los quesos blandos se caracterizan por ser jóvenes y cremosos y a menudo tienen una corteza de moho. Dentro de esa categoría, sus sabores pueden ir de suaves a muy intensos; dependiendo de los microbios introducidos. Las suaves notas dulces a frutos secos proceden de los aldehídos; los sulfitos ofrecen notas fétidas y a col más fuertes; y las lactonas tienen notas dulces y mantecosas.

Los quesos duros tienen por lo general más tiempo y un menor contenido en agua, lo que les confiere una

	FETA	BRIE	STILTON	CHEDDAR MADURO	PARMESANO
ORIGEN	**GRECIA**	**FRANCIA**	**REINO UNIDO**	**REINO UNIDO**	**ITALIA**
SABOR	CREMOSO, RICO	BLANDO, SUAVE, MANTECOSO	RICO, CREMOSO, QUEBRADIZO	ÁCIDO, A NUEZ, COMPLEJO	A NUEZ, SALADO, UMAMI

Un rico tipo de alimento mundial
Cada rincón del mundo tiene sus propios quesos con sabores perfilados por el clima local y el tipo de vaca, cabra o búfala utilizada para producirla.

EL QUESO AZUL

TIENE MUCHOS DE LOS MISMOS COMPUESTOS AROMÁTICOS SALADOS Y UMAMI QUE SE ENCUENTRAN EN LA PASTA DE MISO.

mayor vida útil que a los quesos blandos. Esto puede variar desde los pocos meses en el caso de un cheddar suave a muchos años para el parmesano, que goza de un umami intenso por el glutamato, crujientes estallidos umami por los cristales de los aminoácidos solidificados y las notas ácidas e intensas de las pequeñas moléculas de grasa.

Los quesos azules pueden ser blandos o duros. Su rasgo característico es que tienen las esporas del moho (*Penicillium roqueforti* y *Penicillium glaucum*) añadidas a las cuajadas o inyectadas directamente en el queso formado. Poseen sabores terrosos y almizclados de las cetonas de metilo, sabores fuertes y rancios del ácido butírico y notas a setas de los alcoholes como el alcohol de setas (1-octen-3-ol).

Maridajes habituales
Miel, almendras, bayas, canela, manzana, ajo y pepino.

Maridajes inusuales
Beicon, pepinillos, aguacate, kimchi y chocolate.

Maridajes habituales
El kéfir combina bien con la miel y bayas dulces como el arándano, la fresa y la frambuesa.

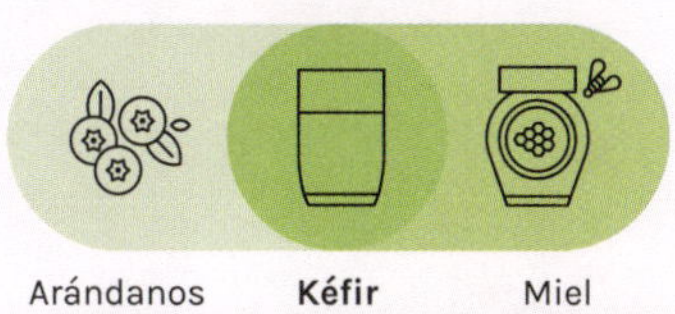

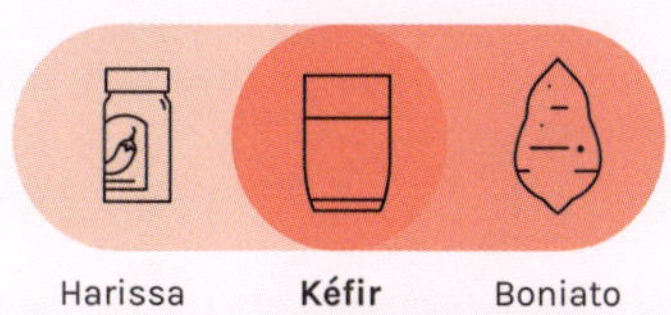

Maridajes inusuales
Utilízalo con harissa en salsas para mojar o con boniato en una sopa.

Maridajes habituales
Manzana, leche de cabra, pera, uvas, jamón, salami y miel.

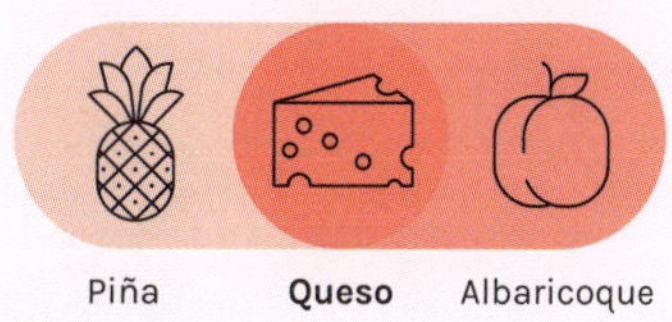

Maridajes inusuales
Piña, albaricoque, comino y remolacha.

HUEVOS

Los huevos son importantes para hornear y cocinar, tanto en un papel secundario como en el de ingrediente principal. Son increíblemente versátiles pues te los puedes encontrar fácilmente en un postre como un merengue o en un plato principal como una tortilla.

Hay más de 140 compuestos aromáticos asociados a los huevos. El pungente olor a huevos podridos y el sabor de los huevos es resultado de los altos niveles de compuestos azufrados, en especial el ácido sulfhídrico. La yema y la clara ofrecen experiencias de gusto muy diferentes. La clara del huevo posee un sutil sabor metálico y puede ser delicada y tierna, como cuando se escalfa a la perfección, o firme y vibrante cuando se hierve. La yema es rica en grasas y posee un gusto mantecoso más complejo con sutiles notas umami. Es la yema la que confiere la deliciosa sensación sedosa en boca de la mayonesa, en la que sirve de emulsionante entre el aceite y el vinagre.

Sustitutos del huevo

ALGUNOS ALIMENTOS CON ALTO CONTENIDO EN COMPUESTOS AZUFRADOS PUEDEN IMITAR EL SABOR y el aroma de los huevos. La sal negra de hierbas (kala namak) y la especia india asafétida («estiércol del diablo») son dos de esos ingredientes que pueden aportar sabores «a huevo». Otras opciones para sustituir los sabores del huevo son la levadura nutricional, la pasta de miso y el tofu sedoso. La mejor opción dependerá de la receta escogida.

COLORES DE LA YEMA

Las moléculas del pigmento conocido como carotenoide contribuyen al color de la yema de huevo que va desde el amarillo pálido al naranja, siendo indicativo el naranja de mayores niveles de los pigmentos de esta planta. Hay diferencias culturales en cuanto a la preferencia del color de la yema: en Asia se prefiere naranja intenso, mientras que en EE. UU. se busca una yema más clara, y en los países europeos, en general, un término medio. A la dieta de las gallinas, se añaden suplementos como pétalos de caléndula, maíz, hortalizas de hoja verde oscura, calabazas y pimentón para dar a las yemas su intenso color amarillo.

Variedades de huevos

HUEVO DE CODORNIZ
De sabor delicado y algo intenso con notas mantecosas y un gusto mayor a caza que los huevos de gallina.

HUEVO DE GALLINA
Los huevos que comemos más habitualmente tienen un sabor suave y pueden absorber los sabores de otros ingredientes.

HUEVO DE GANSO
Sabor intenso, robusto y cremoso. Pueden tener notas herbáceas según la dieta del ganso.

HUEVO DE PATO
Textura intensa y cremosa con una sensación en boca más firme que la de los huevos de gallina. Mayor contenido de grasa.

HUEVO DE GALLINA DE GUINEA
Sabor intenso a caza por influencia de la dieta del ave; puede tener sabores a vegetación y a semillas.

HUEVO DE FAISÁN
Sabores mantecosos, a caza y a nuez. Las yemas son cremosas y las claras firmes.

COCINAR

Los huevos se pueden cocinar como un solo ingrediente, generalmente con una gradación de yemas blandas a duras, como en los huevos pasados por agua o en los duros. También se pueden freír, escalfar o hacer en revuelto, y todos ellos aportan sus perfiles únicos de sabor y textura, desde los bordes dorados y crujientes del clásico huevo frito a los huevos revueltos cremosos y esponjosos. Los huevos también son camaleones culinarios. Batir las claras del huevo hace que se desplieguen las proteínas y atrapen las burbujas de aire, creando el andamiaje tanto de platos salados (suflé) como de dulces (merengue).

GLASEADO
LA REACCIÓN DE MAILLARD LE DA A LOS ALIMENTOS HORNEADOS Y BAÑADOS EN HUEVO SU ATRACTIVO COLOR DORADO.

CONSERVAR

Los huevos se pueden conservar con ácido, sal o álcali, y alargan su vida útil mientras desarrollan nuevos y potentes sabores. Los huevos en escabeche, hervidos y conservados en vinagre de malta son un clásico picante de los pubs ingleses. En China, los huevos salados se meten enteros en salmuera y la sal permea poco a poco la cáscara, dándole firmeza a la rica yema a la vez que la clara acuosa permanece líquida. Los huevos milenarios (pídàn) tienen un curado alcalino, mientras que los huevos de pato se curan en una pasta de arcilla, ceniza, sal y arroz negro. Durante meses, la clara se transforma en una gelatina oscura y sabrosa, mientras que la yema se vuelve cremosa, rica y adquiere un umami picante.

Maridajes habituales
Sal, cebollino, queso cheddar, seta, salsa picante (sriracha), aguacate, beicon y albahaca.

Queso **Huevo** Aguacate

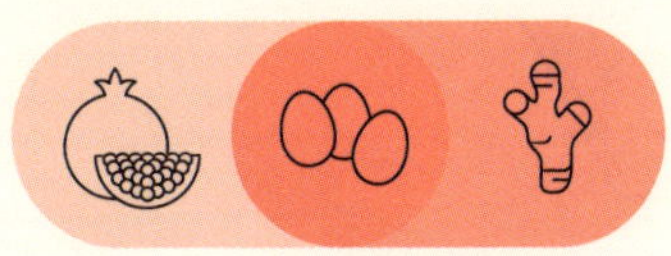

Granada **Huevo** Cúrcuma

Maridajes inusuales
Zumaque, harissa, cúrcuma, matcha, tahini, melaza de granada, jengibre, dukkah, miso y rábano picante.

FRUTOS SECOS

Los frutos secos son principalmente semillas comestibles envueltas en una cáscara dura. Muchas de las que comemos, como las almendras, las nueces y las avellanas, crecen en los árboles, mientras que los cacahuetes crecen bajo el suelo y técnicamente son legumbres (págs. 114-115). Hay pruebas de que los frutos secos han sido parte de nuestra dieta desde que existe el ser humano. Se usan en las cocinas de todo el mundo, desde el baklava de pistachos en la alimentación de Grecia y Persia hasta el satay de cacahuetes de Indonesia y los cacahuetes salados en Coca-Cola del sur de los EE. UU.

La facilidad con que se pueden cultivar los frutos secos, su relativa abundancia, el alto valor nutricional, su versatilidad y sus sabores únicos los convierten en fantásticos ingredientes para complementar otros sabores o para liderar un plato. Muchos frutos secos poseen un dulzor y cremosidad que marida con innumerables ingredientes. También contienen aceite, que les sirve de depósito de sabor.

NUECES

Las nueces son ricas en las grasas cardiosaludables omega-3, pero son estos aceites saludables los que hacen que enseguida se pongan rancias. Así, las nueces se suelen conservar de alguna manera, ya sea en encurtido o almacenadas en alcohol o sirope. Cocinadas tienen un sabor tostado a fruto seco por las pirazinas.

AVELLANAS

Las avellanas son un valioso alimento de forraje, así como un cultivo comercial. Su sabor tan inconfundible proviene de la filbertona, un compuesto aromático cetonónico que aumenta de intensidad tras cocinarlo. Las avellanas son dulces y afrutadas por la filbertona, que apenas se encuentra en otros alimentos y que le confiere su cualidad única. También poseen sabores dulces, afrutados y caramelizados del furaneol, y crudas tienen el frescor herbáceo del hexanal.

EL 46 %
DEL PESO DE LOS ANACARDOS SE COMPONE DE GRASA, QUE LES APORTA UNA TEXTURA CREMOSA.

LA JUGLONA
ES UN COMPUESTO QUE SOLO SE HALLA EN LAS NUECES, Y LES CONFIERE UN RECONOCIBLE SABOR TERROSO Y ASTRINGENTE.

Frutos secos populares
Entre los frutos secos más consumidos están los piñones, las almendras, las pecanas, las nueces de Brasil y las nueces. Cada una de ellas posee un sabor característico.

Maridajes habituales
Queso, miel, plátano, pera y canela.

Maridajes inusuales
Miso, té, sirope de arce, beicon, mostaza, guisantes y uvas.

Maridajes habituales
Chocolate, caramelo, manzana, pera, café y vainilla.

Maridajes inusuales
Granos de pimienta rosa, chile, lavanda, vinagre balsámico y albahaca.

Maridajes habituales
Melocotón, albaricoque, canela, cardamomo, chocolate, miel y espinaca.

Maridajes inusuales
Cúrcuma, queso azul, remolacha, romero, miso y azafrán.

Maridajes habituales
Chocolate, miel, coco, café, vino y té.

Maridajes inusuales
Miso, jengibre, aceite de trufa y setas.

ALMENDRAS

Las almendras son las semillas de un fruto con hueso de la familia de árboles en la que están los ciruelos y los albaricoqueros. Son muy conocidas por su uso en la elaboración de mazapán y postres. Su reconocible sabor a mazapán proviene del benzaldehído. Su dulzor cítrico procede del linalool y el sutil sabor a vainilla de la vainillina.

NUECES DE BRASIL

Procedentes de los bosques tropicales de América del Sur, las nueces de Brasil tienen un sabor rico, cremoso y envolvente con tonos terrosos y a fruto seco. El interior de la nuez es bastante dulce, y por eso combina tan bien con trufas y tartas. Su alto nivel de grasa (69 %) les confiere una suave sensación en boca y cremosidad. Los aldehídos como el hexanal les añaden notas terrosas y los ésteres como el acetato de etilo gozan de matices florales. Las pirazinas le brindan un aroma tostado a fruto seco.

HAY PRUEBAS DE QUE EXISTÍA UNA RECETA DE LECHE DE ALMENDRAS EN LA EDAD MEDIA EN EL LIBRO DE RECETAS *THE FORME OF CURY*, DE ALREDEDOR DE 1390.

LA HARINA DE CASTAÑA SE HA UTILIZADO DURANTE SIGLOS COMO FUENTE ESENCIAL DE ALMIDÓN. ES TAN VERSÁTIL QUE SE UTILIZA PARA HACER PASTA, TARTAS Y PAN.

UNOS

4-5 KG

DE ACEITUNAS SE UTILIZAN PARA ELABORAR UNA BOTELLA DE 1 LITRO DE ACEITE DE OLIVA.

EL ACEITE DE OLIVA VIRGEN

TIENE ALTOS NIVELES DE ANTIOXIDANTES QUE LE PERMITEN ESTAR ALMACENADO DURANTE LARGOS PERIODOS.

LOS COMPUESTOS FENÓLICOS, COMO **LA OLEUROPEÍNA** Y **EL HIDROXITIROSOL,** CONTRIBUYEN A LA PUNGENCIA Y AMARGOR DEL ACEITE DE OLIVA, MIENTRAS QUE EL OLEOCANTAL EVOCA NOTAS DE PIMIENTA.

EL ACEITE DE OLIVA CONTIENE ÁCIDO OLEICO, QUE AYUDA A REDUCIR EL **COLESTEROL «MALO»** Y ES UNO DE LOS QUE MÁS CONTRIBUYE A LOS BENEFICIOS SALUDABLES DEL ACEITE DE OLIVA.

LOS COMPUESTOS AROMÁTICOS COMO EL HEXANAL APORTAN UN AROMA VERDE Y AFRUTADO.

Producción de aceite de oliva

LA PRODUCCIÓN DE ACEITE DE OLIVA COMIENZA CON LA COSECHA Y MOLIENDA DE LAS ACEITUNAS, SEGUIDAS DE UN PROCESO LLAMADO MALAXACIÓN, que tiene un efecto directo en el sabor y la calidad del aceite. Durante esta fase, las aceitunas se muelen hasta convertirse en una pasta bajo unas condiciones de temperatura controladas y pequeñas gotitas del aceite extraído se fusionan y forman gotas más grandes. Entonces se separa el aceite de cualquier resto de agua mediante la decantación o la centrifugación para crear el aceite de oliva virgen natural. Si el aceite es de baja graduación y contiene defectos de sabor, entonces puede pasar por posteriores refinados, pero ya no será clasificado como «virgen».

ACEITE DE OLIVA

Producto básico de la dieta mediterránea, el aceite de oliva rebosa versatilidad culinaria y presume de beneficios nutricionales sobresalientes. Clasificado en distintos grados, ofrece una frescura y pungencia únicas, matices picantes y un sabor rico y equilibrado.

El aceite de oliva se elabora prensando las aceitunas, que crecen en árboles nativos de la cuenca mediterránea. En esta región, las distintas variedades, climas y condiciones de crecimiento producen aceites de oliva con su propio sabor característico. Mientras maduran en el árbol, las aceitunas cambian de color y pasan del verde al amarillo, al morado, al negro, y se van volviendo más dulces y ricas y menos amargas

Recoger las aceitunas en la fase adecuada del proceso de maduración es vital para elaborar el aceite de oliva de mejor calidad. El momento óptimo es cuando aún poseen un matiz verde, pues es cuando las aceitunas contienen la mayor concentración de compuestos aromáticos. Los polifenoles (una clase de compuestos de gusto) en particular son fundamentales para la pungencia y el amargor del aceite de oliva, y también actúan como antioxidantes y ayudan a prolongar su vida útil.

Los aceites de oliva están graduados según su pureza; los mejores son los aceites de oliva virgen, que proceden de aceitunas molidas con medios mecánicos sin tratamientos químicos ni térmicos.

ALMACENAMIENTO

PARA PROTEGER EL ACEITE DE OLIVA DE LA LUZ Y EL OXÍGENO, SE ALMACENA EN BOTELLAS OSCURAS O LATAS METÁLICAS.

Este método suave maximiza los delicados sabores y el contenido nutricional, diferenciándolos de los demás aceites vegetales. Por su delicado sabor, es mejor reservar el aceite de oliva para dar el toque final a un plato, aliñar ensaladas o sencillamente empapar un pan. A los aceites de la mayor calidad se los denomina «virgen extra».

Colores de la aceituna

VERDE/AMARILLA (MENOS MADURA)
Las mejores aceitunas para hacer aceite de oliva virgen extra. Contienen los niveles más altos de compuestos polifenoles, que crean un aceite intenso y pungente con un fuerte amargor y un regusto a pimienta. Marida bien con platos contundentes y muy sabrosos y con la carne roja o con vinagre balsámico dulce o tomate fresco que contraste con su carácter picante.

AMARILLA/MORADA (PARCIALMENTE MADURA)
Produce un aceite de oliva de fuerza media con un gusto verde afrutado, notas herbáceas y suave amargor. Muy polifacético para freír, rociar sobre verduras asadas o añadir a los platos de pasta.

NEGRA (COMPLETAMENTE MADURA)
No hay que confundirlas con las aceitunas negras californianas, que son aceitunas sin madurar oscurecidas químicamente. Estas aceitunas completamente maduras son frutadas y suculentas y producen un aceite de gusto suave, mantecoso y afrutado y de ligero amargor.

Maridajes habituales
Pan, ensalada, pasta, queso, carne, especias y hierbas, como la albahaca y el romero.

Pan | **Aceite de oliva** | Pasta

Chocolate negro | **Aceite de oliva** | Palomita de maíz

Maridajes inusuales
Palomita de maíz, sushi, huevo, yogur, chocolate negro y sal marina.

PIMIENTA NEGRA, JENGIBRE Y MOSTAZA

Las especias como la pimienta negra, el jengibre y la mostaza insuflan vida en los alimentos, convirtiendo comidas monocromáticas en seductoras tecnicolor. La pimienta negra aporta notas picantes y cítricas mientras que el jengibre posee sabores amaderados y cítricos, y la mostaza añade compuestos pungentes y penetrantes.

PIMIENTA NEGRA

A menudo añadida de manera irreflexiva a la cocina occidental con el omnipresente molinillo, el compuesto pungente piperina le confiere su carácter a esta especia sorprendentemente picante. La pimienta negra es versátil: se puede usar para dar calor a los platos, así como un suave aroma a pino que procede del pineno, matices de cítricos (limoneno), junto a un sutil trasfondo a trementina (mirceno). La pimienta premolida pierde estas notas predominantes, mientras que la pimienta blanca carece de su capa oscura aromática, es más dura y lleva matices a estiércol. La pimienta blanca se suele escoger por su color pálido y se utiliza en muchos platos chinos y asiáticos.

JENGIBRE

Una de las primeras especias en llegar a Europa, este cálido ingrediente forma la columna vertebral de muchos platos asiáticos y es el aroma de moda en la pastelería occidental. El sabor del jengibre proviene del zingibereno, un compuesto que se halla en muy pocas especias. Los frescos tallos nudosos subterráneos deberían pelarse justo antes de cocinar para que conserve los sabores cítricos, suaves y florales (del citral, el linalool, el geraniol y otros). El picante proviene de los gingeroles, que se descomponen en dulce zingerona cuando se cocinan o se transforman en shogaole muy picante cuando se secan (págs. 44-45).

MOSTAZA

Desde los fogones de la India a los perritos calientes de los estadios estadounidenses, la mostaza es un condimento internacional. Sus potentes semillas, que proceden de una planta brasicácea muy alargada, son insípidas cuando están enteras y secas. Como su pariente sulfúrico (pág. 109), el sabor y el picante se desarrollan

Sabor de la pimienta

PARA DISFRUTAR DE TODA LA COMPLEJIDAD DE LA PIMIENTA ES VITAL CONSERVAR LOS SUTILES COMPUESTOS TERPENOS, QUE SE EVAPORAN EN CONTACTO CON EL AIRE.

MUELE LOS GRANOS DE PIMIENTA ENTEROS INMEDIATAMENTE ANTES DE USARLOS PARA MINIMIZAR LA PÉRDIDA DE SABOR.

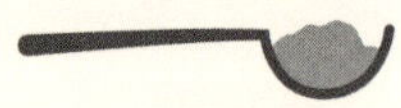

LA ESPECIA PREMOLIDA SOLO SIRVE PARA AÑADIR PICANTE.

Maridajes habituales
Sal, ajo, aceite de oliva, queso parmesano y limón funcionan muy bien con la pimenta negra.

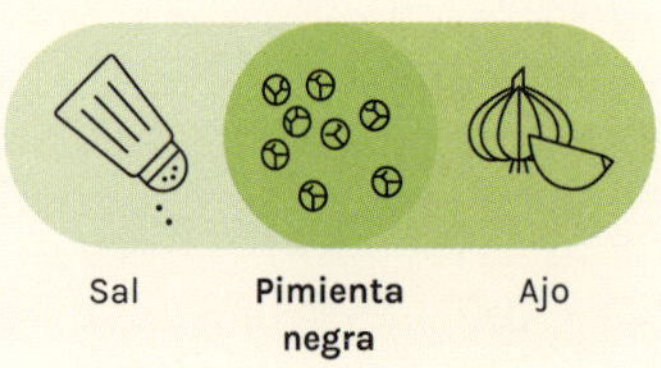

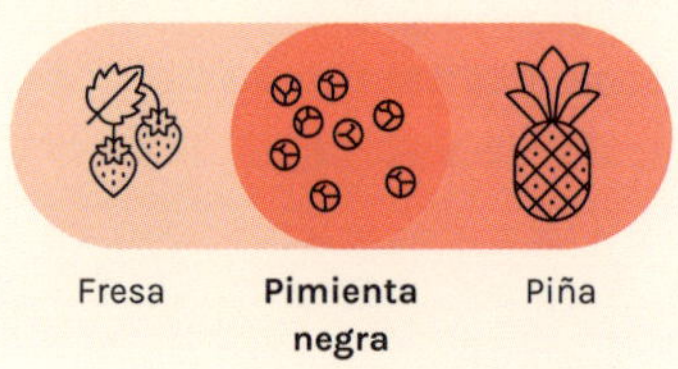

Maridajes inusuales
La pimienta negra combina con algunos alimentos dulces inesperados como la fresa, la piña, la sandía, la manzana, el mango y el chocolate.

Maridajes habituales
El jengibre se suele usar con el ajo en la cocina asiática y comparte muchos compuestos con el limón y la miel.

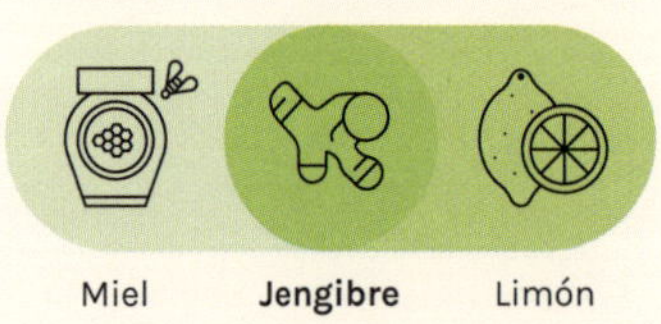

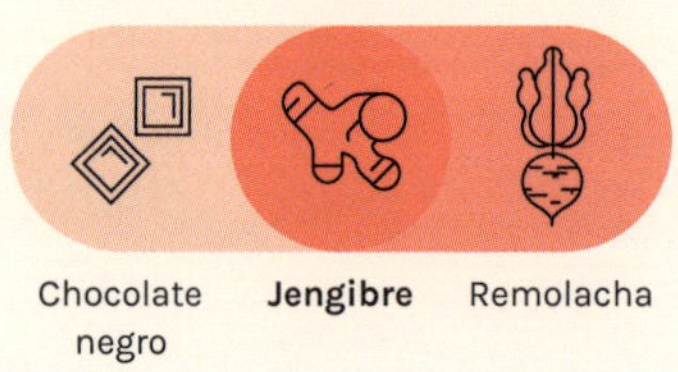

Maridajes inusuales
El jengibre combina bien con muchos ingredientes distintos, como los quesos, el chocolate negro y la remolacha.

con el daño. El sabor se desarrolla rápidamente en los minutos posteriores a humedecer las semillas de mostaza molidas, para luego desvanecerse, a menos que se las cubra con un ácido (como vinagre), que detiene la acción de la mirosinasa (pág. 44) mientras conserva los compuestos aromáticos ya generados. Las semillas amarillas, usadas en la mostaza americana y en encurtidos, son suaves; las marrones son más picantes y se usan en la cocina india y en la mostaza de Dijon; las negras son las más potentes y aromáticas. La mostaza es rica en mucílago —un emulsionante que liga el aceite y el agua—, por lo que se puede usar para evitar que las vinagretas y las salsas se separen.

Variedades de mostaza

Hay muchos tipos distintos de mostaza, con sus sabores y propiedades característicos. El color depende de las semillas utilizadas: negras, marrones o amarillas.

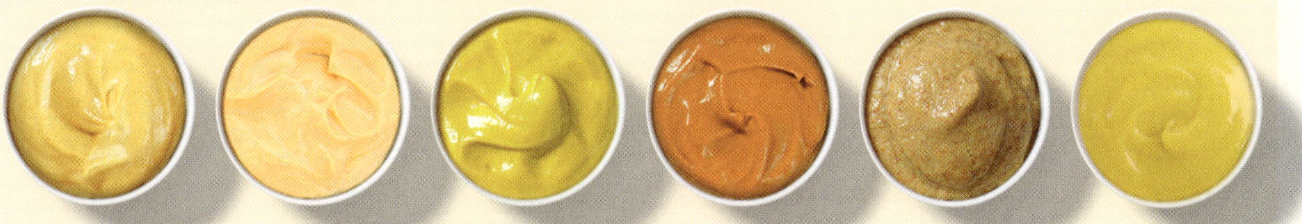

MOSTAZA DE DIJON SUAVE Y ACRE CON SABORES PICANTES.

MOSTAZA AMARILLA GUSTO SUAVE Y MENOS PUNGENTE QUE OTRAS VARIEDADES.

MOSTAZA INGLESA MUY FUERTE, SABOR ESPECIADO, PICANTE Y PENETRANTE.

MOSTAZA MARRÓN PICANTE Y DE TEXTURA ÁSPERA.

EN GRANO ELABORADA CON LAS SEMILLAS ENTERAS DE LA MOSTAZA, EL SABOR ES ENTRE SUAVE Y PICANTE.

MOSTAZA AMERICANA MOSTAZA AMARILLA CON VINAGRE Y CÚRCUMA; DULCE Y SUAVE.

NUEZ MOSCADA Y MACIS

El reconfortante calor de la nuez moscada y la macis esconde su potente historia. Ambas proceden del fruto con hueso del árbol indonesio *Myristica fragrans* y fueron el centro de brutales guerras de especias de principios del siglo XVI.

La nuez moscada y la macis rebosan de aceites que contienen compuestos de sabor amargos y defensivos, y terpenos intensamente aromáticos. Estas sustancias crean cualidades agridulces, cálidas y amaderadas, aunque la macis cuenta con un sabor más sutil y complejo que la nuez moscada. Los compuestos aromáticos más importantes son la miristicina almizclada y balsámica, acompañada del pineno con su toque a pino y del picante sabineno. Un regusto de eucalipto medicinal gracias al potente eugenol hace que ambas especias sean compañeras naturales del clavo.

Ambas especias contienen un inusual grupo de químicos llamados neolignanos, que se aferran a los nervios de la boca que detectan las temperaturas frías, como el mentol de la menta (págs. 198-199), pero con un inquietante efecto refrescante que es 30 veces más potente que el mentol y dura tres veces más.

Cómo crece la nuez moscada

La nuez moscada es la semilla seca que se encuentra dentro de una fruta tropical del árbol perenne *Myristica fragrans*. La macis envuelve a la semilla.

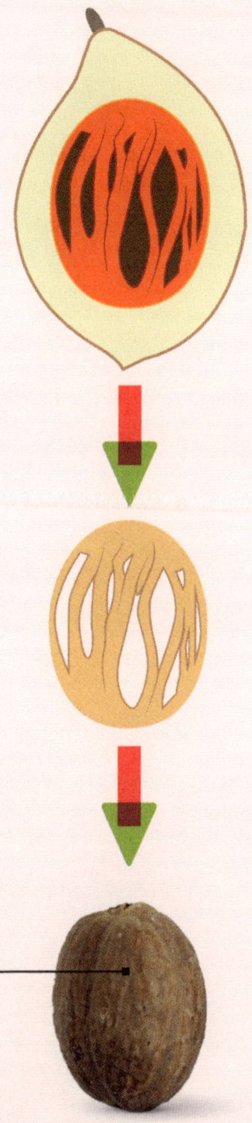

FRUTO

El fruto de la nuez moscada es amarillo y de gusto amargo, se abre completamente cuando está maduro y deja a la vista la nuez moscada en el interior, envuelta en una malla roja en forma de red llamada aril: la macis.

MACIS

Remojada y añadida directamente a los platos, los sabores de la macis se propagan poco a poco. Molida en polvo, desarrolla una intensidad parecida a la del cilantro, pero con el amargor del mango crudo y matices de papaya afrutada.

NUEZ MOSCADA

El grano seco de nuez moscada se puede rallar directamente en los platos, rociando sabrosas gotitas de aceite allá donde caen los trocitos.

AROMÁTICA

LA NUEZ MOSCADA LLEVA TOQUES DE HIERBA LIMÓN Y TABACO. ES DULCE CON MATICES DE PIMIENTA.

Maridajes habituales
Col, canela y cacao son buenos acompañantes de la nuez moscada. Los lácteos como la leche, la nata y el queso también son clásicos maridajes en las salsas.

Col **Nuez moscada** Cacao

Aguacate **Nuez moscada** Papaya

Maridajes inusuales
Otros sabores insospechados como el aguacate, la papaya, el tomate, la coliflor y las coles de Bruselas asadas combinan bien con la nuez moscada.

CLAVOS

Potentes y penetrantes, los clavos de olor son una de las especias más antiguas y tienen su lugar en las cocinas de todo el mundo. Los clavos son inusuales por ser capullos de flores secos en vez de semillas, que se recolectan antes de que florezcan y luego se secan para maximizar el sabor. Como la nuez moscada, durante siglos el codiciado árbol del clavo solo se hallaba en las islas de las especias.

Los clavos pueden ahogar a otros alimentos e ingredientes. Su sabor proviene del eugenol: un potente compuesto aromático que posee un penetrante aroma a eucalipto y un ligero efecto cálido y anestésico en la boca. Los clavos son la fuente natural más rica de este químico, que también se utiliza en medicina: supone el 90 % del aceite de los clavos. Sus ligeras cualidades amaderadas y picantes proceden del terpeno cariofileno y la vainilla dulce de la vainillina. Los clavos enteros liberarán lentamente los aceites en un plato mientras se cocina, pero su dureza a prueba de dientes nos dice que es mejor quitarlos antes de servir. Los clavos molidos liberan un sabor más rápido e intenso a costa de los matices más sutiles de la especia entera. Compañero clásico de la nuez moscada, con la que comparte más de 120 compuestos aromáticos, y de los platos dulces, el clavo desempeña un papel fundamental en innumerables mezclas de especias y tiene una infinidad de maridajes deliciosos.

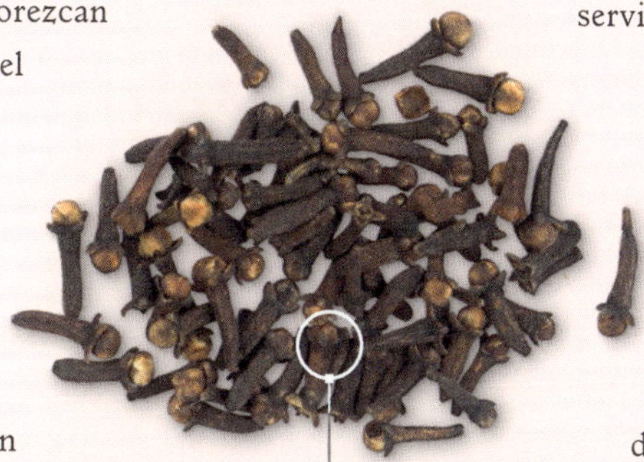

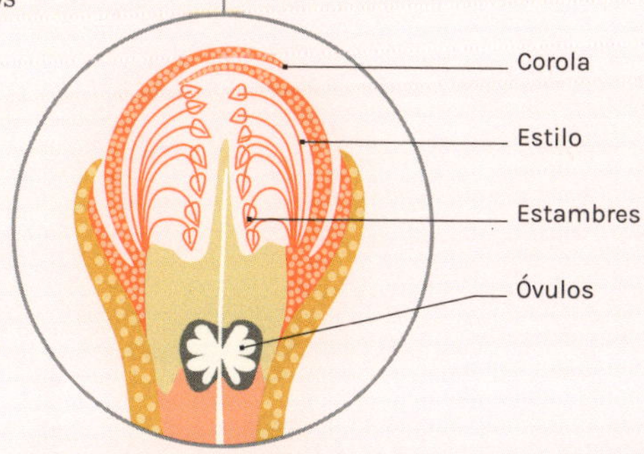

Capullos de flor
Los clavos son los capullos de un árbol perenne nativo de las islas Molucas del norte en Indonesia. Los pétalos de la flor sin abrir forman la bola de la parte superior. Se recolectan y se secan antes de utilizarlos para cocinar.

MENOS ES MÁS

UTILIZA CLAVO MOLIDO CON MODERACIÓN, PUES SU INTENSO SABOR PUEDE AHOGAR EL DE OTROS INGREDIENTES.

MÉZCLALO

LOS CLAVOS SON ESENCIALES EN LAS MEZCLAS DE ESPECIAS COMO LAS CINCO ESPECIAS CHINAS, EL RAS-EL-HANOUT Y EL GARAM MASALA.

Maridajes habituales
El cerdo y el melocotón pueden combinar eficazmente con los clavos. Entre otros maridajes están el jengibre y el romero.

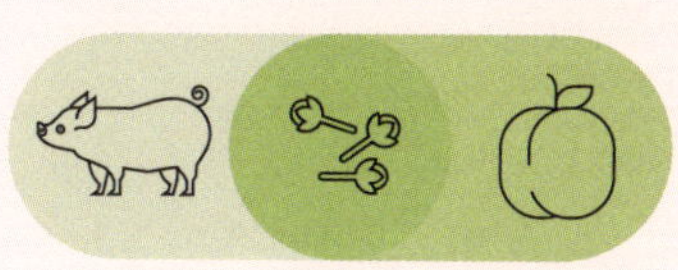

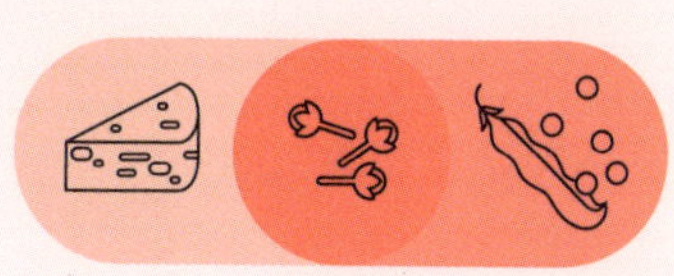

Maridajes inusuales
Los guisantes y los quesos azules fuertes como el gorgonzola, el roquefort y el stilton combinan bien con los clavos.

CHILES/GUINDILLAS

Los chiles (o guindillas) son famosos por la sensación de ardor que generan, haciendo que se liberen endorfinas, las dopaminas del bienestar, y provocando una respuesta biológica idéntica a cuando te quemas. Esto proviene del químico capsaicina, que recibe el nombre de la denominación oficial de la planta del chile: *Capsicum annuum*.

Los chiles provienen de América Central y del Sur, y México sigue siendo un importante productor. La planta desarrolló la picante capsaicina para repeler a los depredadores, aunque las aves son inmunes para que puedan comerla y dispersar las semillas. El picante se mide en unidades de picante Scoville (ver abajo). Mientras que un jalapeño fresco tiene un nivel Scoville de 2500-2800, su picante puede variar con la madurez. La capsaicina es estable, así que cocinarla, ahumarla o secarla no reducen de manera significativa su pungencia. Los chiles pierden los compuestos aromáticos durante el secado, pero retienen el calor, por lo que los chiles secos son ideales para añadir calor.

ÁCIDO Y GRASA

USA ÁCIDOS (VINAGRE, CÍTRICOS) PARA INTENSIFICAR EL PICANTE DE LAS GUINDILLAS Y GRASAS (YOGUR, LECHE) PARA ATENUARLO.

PAPRIKA

El pimentón, especia popular, se elabora con guindillas secas seleccionadas especialmente por contener bajos niveles del compuesto abrasador capsaicina. Con un nivel de Scoville por lo general por debajo de 1000 (estando el pimentón dulce en el rango bajo y el picante en el más alto), esta especia es apreciada por sus cualidades dulces, ahumadas y terrosas.

LA PAPRIKA

CONTIENE CAPSAICINA, AUNQUE A NIVELES 40 VECES MENORES QUE LA CAYENA.

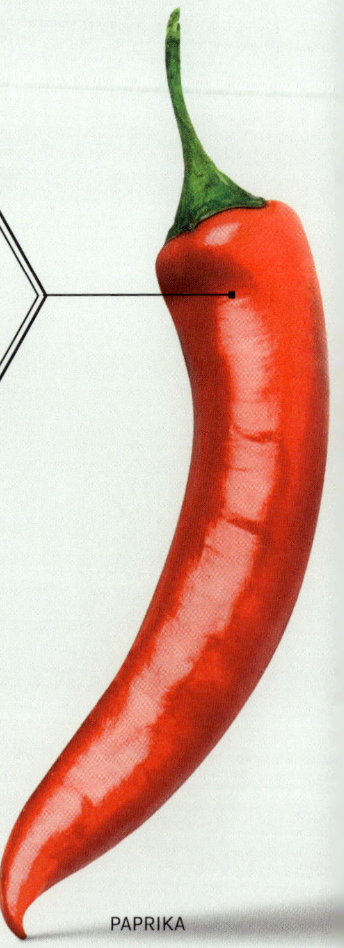

PAPRIKA

Escala de picante de Scoville

Esto mide cuánto pica o quema una guindilla. Los valores se calculan según la cantidad de agua azucarada que se necesita para diluir el picante hasta que no sea detectable por un grupo de catadores. En lo alto de la escala está la capsaicina, que marca 16 millones de unidades de picante Scoville (SHU).

PAPRIKA	JALAPEÑO	CAYENA	SCOTCH BONNET	GHOST PEPPER
CALIFICACIÓN SCOVILLE: POR DEBAJO DE 1000	**CALIFICACIÓN SCOVILLE: 2500-8000**	**CALIFICACIÓN SCOVILLE: 30.000-50.000**	**CALIFICACIÓN SCOVILLE: 100.000-350.000**	**CALIFICACIÓN SCOVILLE: +1.000.000**

Maridajes habituales
Cilantro, lima, cheddar, pollo y tomate.

Cilantro **Jalapeño** Lima

Maridajes inusuales
Yogur griego, fresa, chocolate negro, pera y pepino.

Yogur **Jalapeño** Fresa

Maridajes habituales
Comino, alcaravea, vieiras, langostino, cordero, lentejas y patata.

Comino **Pimentón** Alcaravea

Maridajes inusuales
Sirope de arce, pera, manzana, caramelo, pepino, calabaza y anacardo.

Calabaza **Pimentón** Pera

Maridajes habituales
Pimienta de Jamaica, mango, cerdo, jengibre, ajo y piña.

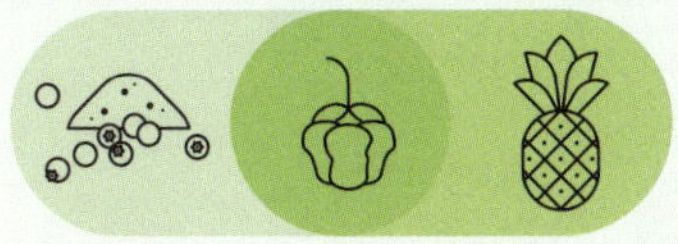

Pimienta de Jamaica **Scotch Bonnet** Piña

Maridajes inusuales
Salvia, ron y fruta de la pasión.

Ron **Scotch Bonnet** Fruta de la pasión

VERSÁTIL

EL JALAPEÑO ES MUY POPULAR EN TODO EL MUNDO Y ESENCIAL EN LA COMIDA MEXICANA Y TEX-MEX.

JALAPEÑO

SCOTCH BONNET

Variedades de guindillas

PAPRIKA
Origen: Hungría.

SHU: por debajo de 1000.

Sabor: agradable dulzor por la beta-ionona. Suaves si son frescas, a menudo se ahúman antes de secarlas y molerlas. El asombroso color rojo proviene de la capsantina y la capsorubina, unos pigmentos carotenoides insípidos.

Usos: goulash.

JALAPEÑO
Origen: México.

SHU: 2500-8000.

Sabor: herbáceo, fresco, afrutado por el hexanal, el hexanol y la brillante pirazina del pimiento (2-isobutil-3-metoxi-pirazina).

Usos: salsa.

CHIPOTLE
Origen: México.

SHU: 2500-8000.

Sabor: las guindillas chipotle son jalapeños ahumados que ofrecen un sabor dulce y ahumado con un ligero amargor por los compuestos fenólicos.

Usos: salsa de adobo, chile de ternera.

FACING HEAVEN
Origen: China.

SHU: 10.000-50.000.

Sabor: seca tiene sabores terrosos. Notas florales y cítricas del nonanal y el decanal.

Usos: mapo tofu, salteado de ternera y otros platos de Sichuan.

OJO DE PÁJARO
Origen: sudeste asiático.

SHU: 50.000-100.000.

Sabor: predomina la capsaicina. Los beta-cariofilenos le dan un ligero sabor a madera y a clavo.

Usos: curri verde tailandés, salsa picante, fideos picantes orientales salteados.

SCOTCH BONNET
Origen: Caribe.

SHU: 100.000-350.000.

Sabor: notas afrutadas tropicales de los ésteres afrutados, como el acetato de isoamilo con aroma a plátano (pág. 128) junto a la beta-ionona de suave fragancia.

Usos: pollo jerk jamaicano.

GHOST PEPPER (BHUT JOLOKIA)
Origen: India.

SHU: +1.000.000.

Sabor: picante intenso, con ésteres afrutados, linalool frutal y limoneno alimonado.

Usos: chutneys y curris.

LA CIENCIA DEL CURRI

Consumidos en India desde hace siglos, pero exportados y adaptados por los colonizadores europeos, los curris son platos muy especiados de verduras, legumbres, carne o pescado, adorados en todo el mundo.

Aunque el término occidental «curri» tiene su origen en la palabra tamil *kari* («salsa»), y muchas de las especias clásicas proceden del subcontinente indio, la palabra se usa para varios platos especiados de Tailandia, Vietnam, Jamaica y Sudáfrica. La base del curri es a menudo una pasta hecha con especias e ingredientes aromáticos frescos como chalotas, ajo, jengibre, guindillas, coco, tomates, hojas de curri o hierba limón, que se machacan o se hacen puré y se cocinan en aceite para que liberen sus compuestos aromáticos al inicio de la cocción. Las especias se seleccionan para resaltar los ingredientes principales, ya sea el de una especia rica, intensa y picante en un curri de cordero a fuego lento o las especias más frescas y cítricas para un curri de pescado o de verduras.

Las especias se suelen utilizar en mezclas de al menos cuatro elementos, para que los potentes compuestos aromáticos de cada una se equilibren y no predomine ninguno, lo que añade profundidad y matices. Algunos ejemplos son la pasta de curri thai, el garam masala indio, el baharat de Oriente Medio, el ras-al-hanout marroquí y el katsu, un curri en polvo japonés.

CACAHUETE

ESTE ACEITE ES DE SABOR NEUTRO Y FACILITA EL COCINADO A ALTA TEMPERATURA.

CRUJIENTE

Los cacahuetes tostados proporcionan un crujiente satisfactorio y un aroma a fruto seco tostado.

FRESCOR FLORAL

Las aromáticas hojas de albahaca thai frescas se añaden antes de servir para aportar una explosión de fresco sabor herbáceo.

SUCULENCIA

La leche de coco le da una dulce y cremosa suculencia con alto contenido en grasas.

FIRMEZA

Se escogen patatas cerosas para que mantengan la forma.

LOS COMPONENTES BÁSICOS DEL CURRI

Los curris también se benefician del inconfundible sabor dulce de los alliums, como el ajo y las chalotas, junto al jengibre, que se recubren con las especias y se cuecen a fuego lento con un ingrediente suculento como el coco o los cacahuetes para suavizar el sabor y que aporten dulzor e intensidad. Los tomates añaden el dulzor, la acidez y el umami necesarios para enfatizar los sabores. Se añaden las piezas de tamaño de un bocado del ingrediente principal junto con el líquido y se hierve a fuego lento hasta que queda tierno. Los sabores siguen desarrollándose después de la cocción, razón por la que los curris a veces saben incluso mejor al día siguiente.

El curri perfecto

Este curri tailandés Massaman dispone capas de elementos aromáticos tradicionales tailandeses como las hojas de lima, la hierba limón, la salsa de pescado, el coco y la pasta de tamarindo con clásicas especias indias de comino, guindillas, clavos y cardamomo. La leche de coco añade suculencia y los cacahuetes tostados aportan estallidos de sabor y contraste de texturas. Cocinado tradicionalmente con una carne roja de cordero o de ternera estofada a fuego lento, junto con las patatas que absorben magníficamente los sabores, el curri Massaman es un plato rico, suculento y complejo.

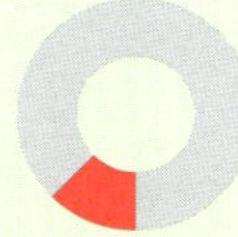

UMAMI

La carne de ternera estofada de una suavidad fundente junto con las cebollas y los ajos caramelizados infunden una sabrosa profundidad umami.

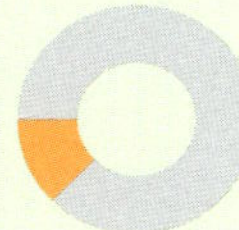

ACIDEZ

La pasta de tamarindo aporta un toque agrio y la salsa de pescado añade acidez y un punto de umami y de sal.

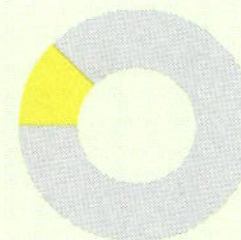

TOSTADO

Las cebollas, los ajos y las chalotas tostados con piel añaden un aroma tostado, un sabor caramelizado y un color intenso.

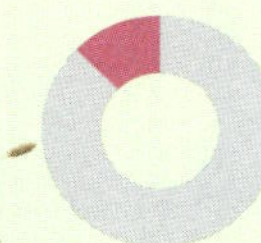

ESPECIADO

La lima kaffir y la hierba limón maridan con especias indias como el comino, el cardamomo, los clavos y las guindillas para añadir picante.

=

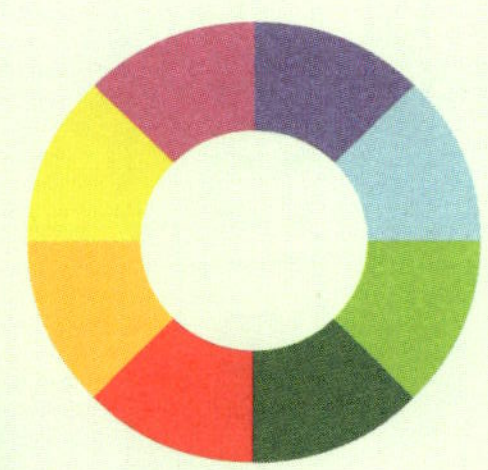

EL CURRI PERFECTO

CÚRCUMA

La cúrcuma es un tallo en forma de raíz nudosa (un rizoma), muy emparentado con el jengibre, que proviene del subcontinente indio. Su aroma almizclado y terroso viene dado por un compuesto único llamado turmerona.

Esta especia tiene un espectro de tonos y sabores, que van desde la variedad Madrás, dulce y suave color amarillo girasol, usada en polvos de curri, hasta el tipo Aleppey, más intenso y de color naranja atardecer. Este es más rico en aceites aromáticos y contiene el doble de curcumina, el pigmento amarillo que mancha la ropa que se halla casi exclusivamente en la cúrcuma y que es elogiado por sus propiedades saludables. Un conjunto de otros compuestos —entre los que están el cineol (parecido al eucalipto) y el cariofileno picante— completa el perfil pungente, especiado, herbal y sutilmente cítrico de la cúrcuma.

La cúrcuma fresca tiene algunos toques de cítricos y jengibre, y se puede usar como el jengibre pelándola y friéndola en rodajitas, lonchas o en trozos rallados con otros ingredientes aromáticos. La cúrcuma molida tiene un sabor más fuerte y terroso, pero carece de los sabores brillantes y ácidos de la fresca, pues la mitad de los aceites se han perdido durante los procesos de esterilización, secado prolongado y molienda intensa.

LA CURCUMINA

ES EL COMPUESTO QUE LE DA A LA CÚRCUMA SU BRILLANTE COLOR AMARILLO.

Maridajes habituales
Jengibre, canela, comino, clavo, lentejas, hinojo y tubérculos.

Maridajes inusuales
Romero, eneldo, mango, vainilla y pomelo.

COMINO

Procedente de una planta de hojas finas, amante del desierto y nativa del Mediterráneo oriental y del oeste de Asia, el comino está entretejido en el tapiz culinario de la India, Oriente Medio, Latinoamérica y el norte de África. Las semillas de comino, pequeñas y de sabor intenso, son una de las especias más antiguas, usadas antaño como condimento de mesa al igual que la pimienta por los antiguos egipcios. Las semillas se utilizan enteras o molidas en polvo y son un ingrediente esencial del garam masala y del curri en polvo.

El comino posee un sabor picante, terroso y herbal que procede de un único compuesto aromático, el cuminaldehído, también presente en la mirra y en el eucalipto, pero en pocas especias más. Las semillas de comino se suelen tostar o freír, lo que libera aromas embriagadores, a frutos secos y ahumados que llenan la cocina de una efusión de pirazinas con aromas cárnicos y asados. También son fáciles de moler y sus aceites liberan notas de pino y regaliz por el despliegue de compuestos aromáticos terpenos. Como pasa con otras especias, el comino premolido ofrece sabores ligeramente más apagados que las versiones recién tostadas y molidas. Una vez molido, se debería utilizar en un plazo de seis meses para obtener el mejor sabor.

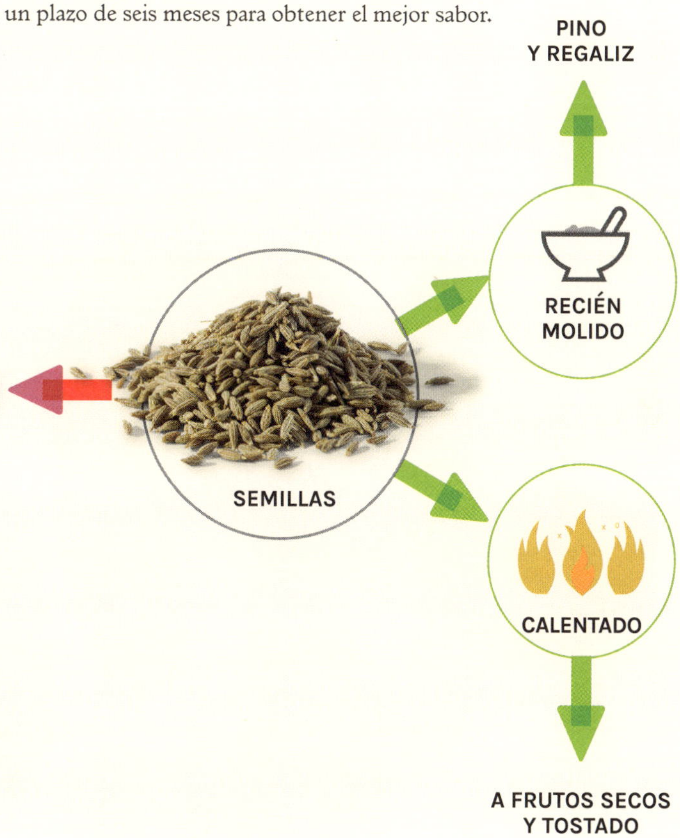

Usos del comino

Esta semilla versátil de sabor fuerte se puede utilizar entera, recién molida o premolida. Cuando se tuesta, los sabores a fruto seco se liberan y puede usarse en curris, panes, sopas y guisos.

Maridajes habituales
Canela, semilla de cilantro, ajo, cebolla, pimienta negra, tubérculos y carne asada.

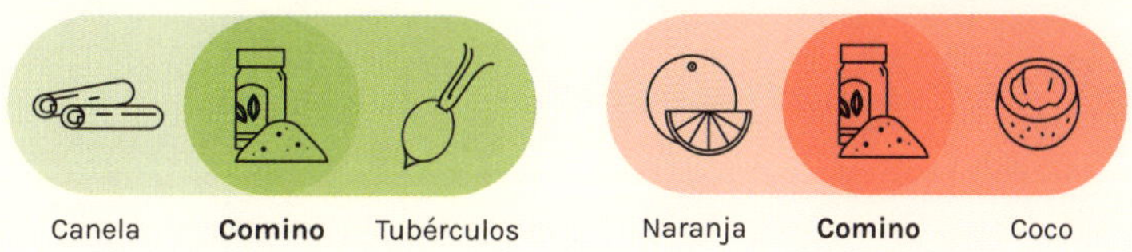

Maridajes inusuales
Naranja, aguacate, berro de jardín, cacao y coco.

CANELA Y CASIA

CANELA DE CEILÁN

FINA Y COMO DE PAPEL, VARIAS CAPAS

SABOR

COMPLEJO | DULCE | CÁLIDO | CÍTRICO

50-70 %

Cinamaldehído

>0 %

Cumarina

5 %

Eugenol

A menudo confundidas por su parecido sabor dulce y aromático, la canela y la casia son la corteza seca de dos árboles tropicales emparentados. La canela procede del sur de la India y Sri Lanka (antes Ceilán); la casia de China y del sudeste asiático.

La canela verdadera («Ceilán») y la casia («canela china») le deben su característico aroma cálido y picante al cinamaldehído, un compuesto único que calienta la boca activando las fibras del dolor que detectan el calor (págs. 42-43). La casia posee un perfil de sabor más intenso y audaz debido a que tiene más cantidad de esta sustancia pungente y un mayor complemento de la dulcemente aromática cumarina, un químico que huele a heno recién segado, pero que puede dañar el hígado si se consume una cantidad excesiva. No son intercambiables, la casia es más barata que la canela y carece de la verdadera profundidad aromática de esta: el aroma a eucalipto del eugenol, las cualidades florales a lavanda del linalool, así como el aroma a regaliz y a golosinas del safrol.

LA CASIA

POSEE UN SABOR MÁS PICANTE Y FUERTE QUE LA CANELA DE CEILÁN.

CASIA

RAMAS GRUESAS, DURAS Y DE UNA SOLA CAPA

SABOR

INTENSO | ESPECIADO | PICANTE

70-90 %

Cinamaldehído

1-5 %

Cumarina

>1 %

Eugenol

Maridajes habituales
Zanahoria, manzana, pimienta de Jamaica, vainilla, almendras y mango.

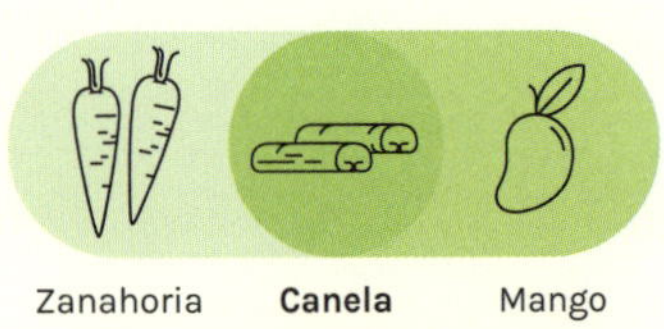

Maridajes inusuales
Espinaca, té, cerdo, piñón y boniato.

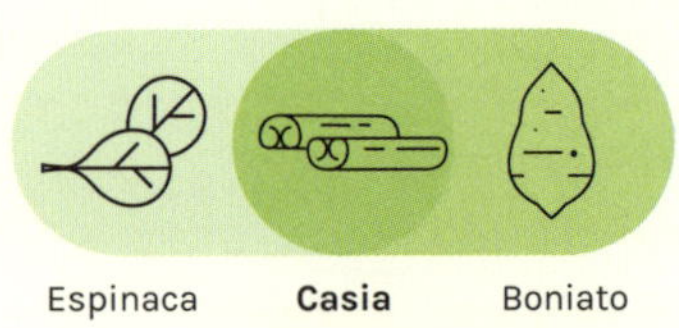

Maridajes inusuales
Queso de cabra, seta, piña y café.

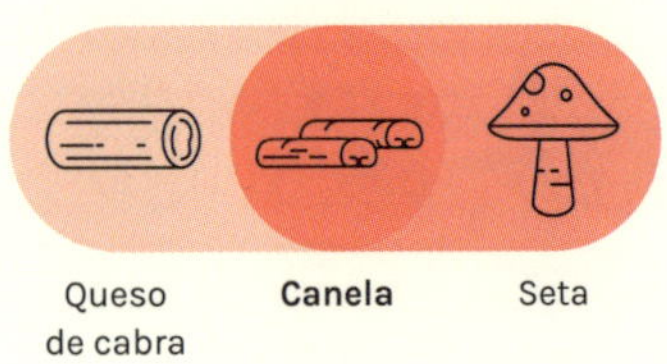

Maridajes inusuales
Chocolate, alubias, cordero, pera, coco, mango y pistacho.

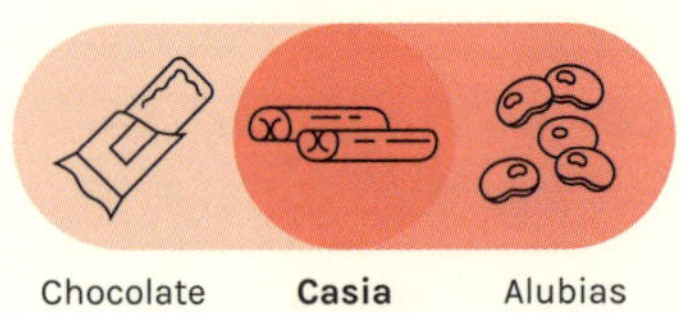

PIMIENTA DE JAMAICA («PIMENTO»)

La pimienta de Jamaica es una baya aromática jamaicana cuyo sabor imita a la canela, la nuez moscada y el clavo por la feliz circunstancia de que comparte sus compuestos aromáticos. Muy famosa en las cocinas caribeña y latinoamericana, es una especia aromática deliciosamente intensa.

El aroma evocador de la pimienta de Jamaica impregna todas las partes de su árbol; en el Caribe, las hojas enteras se usan para infundir sabor y la madera como carbón para ahumar la carne. Los aceites de pimienta de Jamaica tienen un perfil similar al del clavo de olor gracias a su abundancia de eugenol, un compuesto muy potente, el metil eugenol, que posee una nota especiada y terrosa, y que también se halla en la nuez moscada y la canela. El cariofileno aporta aromas picantes y de madera recién cortada, con ecos de nuez moscada (también está en la albahaca y los lúpulos), mientras que la menor cantidad del cálido cinamaldehído acentúa su conexión con la canela (ver izquierda).

Las bayas de la pimienta de Jamaica se secan y a menudo se muelen antes de utilizarse en una gran variedad de platos de todo el mundo.

El sabor de la pimienta de Jamaica procede de las glándulas de aceite de la cáscara

LA CÁSCARA

A LA **PIMIENTA DE JAMAICA** SE LA DENOMINÓ ERRÓNEAMENTE «PIMENTO» EN INGLÉS POR LA PALABRA QUE SE UTILIZA EN ESPAÑOL, «PIMIENTA».

DULCE Y SABROSA

LA PIMIENTA DE JAMAICA COMPLEMENTA TODO TIPO DE ALIMENTOS, DESDE EL CERDO HASTA LAS TARTAS.

Maridajes habituales
Canela, clavo, jengibre, cítricos, ginebra, tubérculos y cerdo.

Maridajes inusuales
Granos de cacao, remolacha, hierbabuena, soja, ron, manzana y romero.

CILANTRO

De cultivo y uso actual en todo el mundo, todas las partes de la planta del cilantro son comestibles, pero sus hojas son probablemente la hierba más utilizada a nivel internacional. Se pueden usar para agregar sabor a una amplia variedad de platos, dulces y salados.

Las hojas y los granos de cilantro se han utilizado desde la Antigüedad en la cocina y en la medicina, y son los ingredientes principales en una gran variedad de cocinas como la mexicana, la india, las de todo Asia, así como en el Mediterráneo y Oriente Medio. Aunque provienen de la misma planta, las hojas y las semillas poseen distintos perfiles aromáticos: las semillas, de gusto más fuerte, poseen un aroma amargo, cálido, floral y cítrico gracias a que son ricas en el fragante linalool del aceite del grano, mientras que las hojas tienen menos linalool y brindan un aroma más agradable y un gusto herbáceo.

MARIDAR Y HACER DE PUENTE

- **Semillas:** el potente linalool, floral y cítrico, hace que el cilantro maride bien con los cítricos, como el pomelo y la cáscara de lima, así como con hierbas de gusto fresco como la albahaca, la menta, la mejorana y la melisa. Prepara un marinado de salsa de soja dulce con zumo de pomelo y granos de cilantro molidos y tostados para glasear un filete de salmón, pollo, tofu o verduras antes de asarlos.

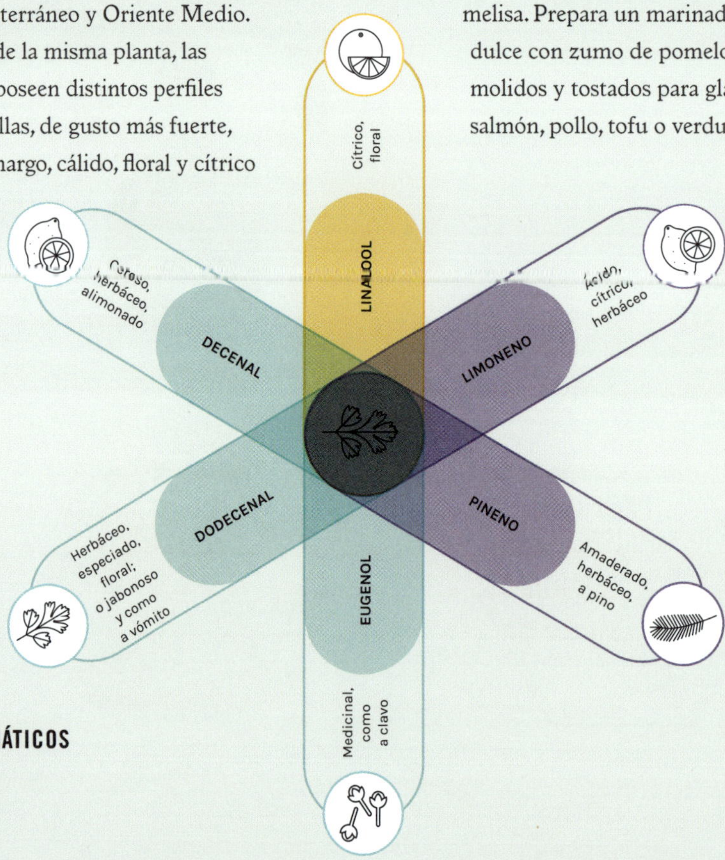

COMPUESTOS AROMÁTICOS

- Común en ambos
- Solo en los granos
- Solo en las hojas

Maridajes habituales
Los matices medicinales del eugenol hacen que el cilantro sea perfecto para combinarlo con el clavo y la canela.

Maridajes inusuales
Añade hojas de cilantro troceadas a un bol de fresas frescas o agrégalas a unos huevos revueltos para darles una deliciosa nota salada.

• **Hojas:** al igual que el floral linalool y los inconfundibles sabores cerosos/jabonosos de los aldehídos, los matices medicinales del eugenol hacen que la hierba sea ideal para maridarla con clavos y canela. Úsalo para preparar arroz blanco con clavo y aromatizado con hojas de cilantro cortadas finas y zumo de limón.

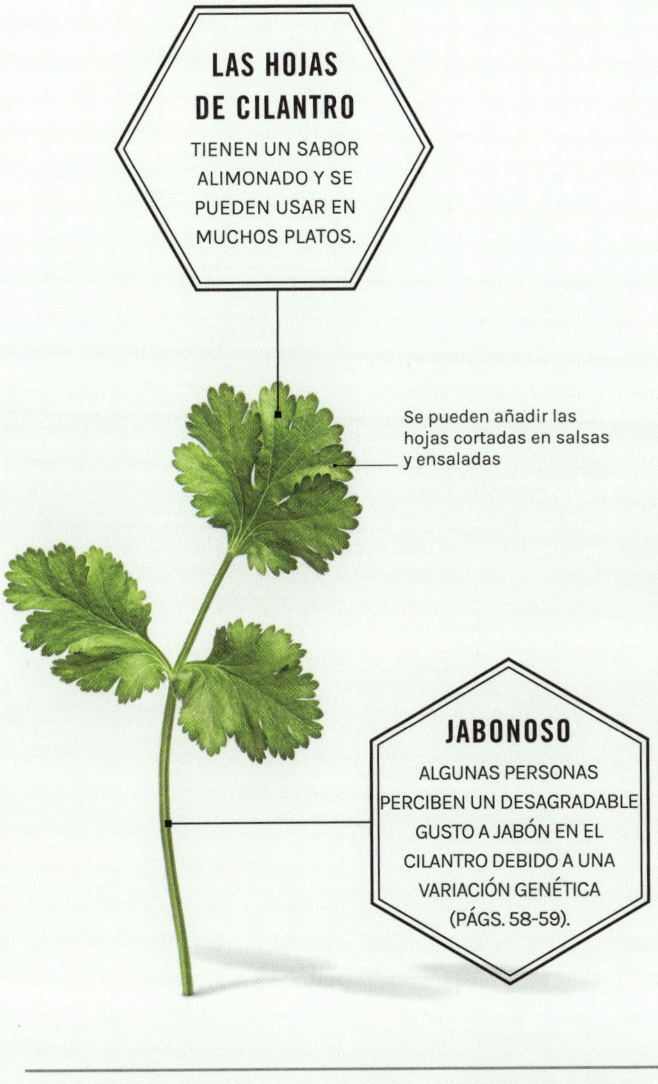

CÓMO COCINAR

Los granos enteros de cilantro son realmente frutos secos, con dos semillas dentro de cada uno. Cuando los mueles (idealmente tras tostarlos o asarlos), las cáscaras fibrosas se mezclan. Estos pedacitos amaderados son muy absorbentes y se empapan de líquido, lo que convierte a la especia en un ingrediente útil para espesar salsas.

Escoge las hojas de las plantas saludables o cómpralas a productores de confianza e intenta hacerlo en temporada. Cuando la planta del cilantro crece en condiciones estresantes (como con demasiada o poca luz, agua o calor), entonces sus hojas acumulan un aldehído particularmente desagradable llamado E-2-decenal, que impregna la hierba de un olor que recuerda a las toallas húmedas y a los chinches.

Variedades de cilantro

Hay dos tipos principales de la planta del cilantro, la india y la europea.

EUROPEO
La variedad europea tiene frutos más pequeños y más cantidad del compuesto floral linalool.

INDIO
El tipo de fruto indio es más alargado y posee un sabor más especiado y un perfil aromático diferente gracias a los compuestos adicionales que no se encuentran en la variante europea.

Maridajes habituales
Hierbas como la albahaca y la melisa, y los frutos cítricos combinan bien con los granos de cilantro.

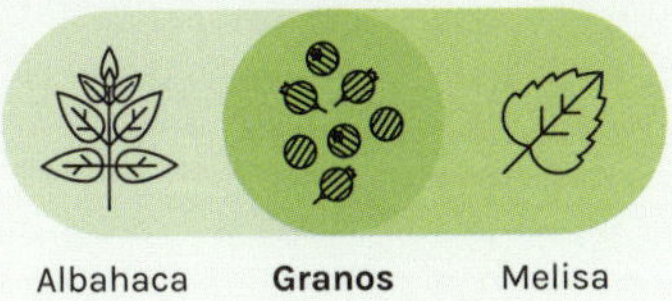

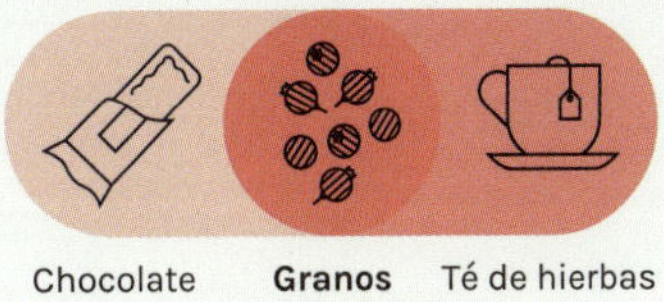

Maridajes inusuales
Los granos de cilantro recién molidos se pueden añadir a un postre de chocolate negro o a un té de hierbas para aportarles calidez aromática.

HINOJO

El hinojo es una hierba, una hortaliza y una especia. Toda la planta es comestible y está impregnada de anetol, el compuesto responsable de su sabor dulce y ligeramente medicinal, similar al del anís y el regaliz. Usado habitualmente en recetas de pescado, el hinojo también funciona bien en guisos mediterráneos y mezclas de especias.

COMPUESTOS AROMÁTICOS

El anetol, compuesto aromático predominante en el hinojo, es 13 veces más dulce que el azúcar y posee un aroma intenso, cálido y similar al regaliz. Entre otros compuestos aromáticos está el estragol, que es parecido al anetol, pero con cualidades más herbáceas y florales, y es el principal compuesto aromático de la albahaca. La fenchona tiene un gusto muy amargo y un aroma fresco, medicinal y a alcanfor (bolas de naftalina). El limoneno aporta un aroma fresco y cítrico, mientras que los sabores herbáceos y a pino proceden del pineno y los aromas dulces, florales y ligeramente balsámicos del anisaldehído.

Sus plumosas hojas verdes ofrecen un sabor más delicado que la semillas y el bulbo

Fibrosos como el perejil y con un sabor suave, los tallos se pueden usar para salteados, caldos y sopas, o mezclados y agregados a una vinagreta

El sabor anisado del bulbo aporta un toque crujiente a las ensaladas cuando se corta fino, y adquiere unos aromas dulces y a caramelo cuando se cuece o se asa a fuego lento

ASARLAS
LES QUITA ALGUNOS DE LOS SABORES FUERTEMENTE ANISADOS Y AMARGOS A LAS SEMILLAS DE HINOJO.

Las pequeñas semillas verde-parduscas cargan con el sabor más intenso del hinojo y hace que sean ideales para mezclas de especias, panes y otros productos de repostería

Maridajes habituales
Ajo, albahaca, aceite de oliva, pescado, limón, pollo y marisco.

Marisco **Hinojo** Aceite de oliva

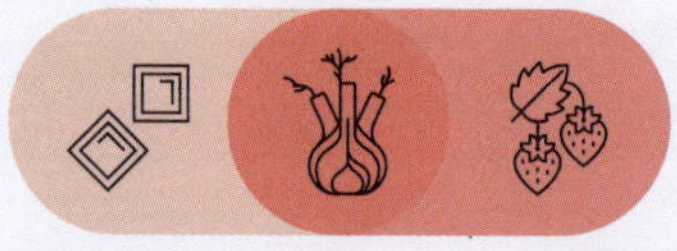

Chocolate negro **Hinojo** Fresa

Maridajes inusuales
Chocolate negro, frutos cítricos, fresa y canela.

PEREJIL

CORTA FINO
EL PEREJIL ANTES DE USARLO PARA QUE LIBERE MÁS COMPUESTOS AROMÁTICOS.

LA HOJA RIZADA
DE PEREJIL TIENE UN SABOR MÁS SUAVE QUE LA HOJA PLANA Y SI SE USA COMO ADEREZO APORTA FRESCURA.

El perejil es una hierba subestimada con perfil de sabor sorprendentemente complejo que enriquece multitud de platos. Es la base de un gran número de mezclas clásicas de hierbas y de platos. Como muchas hierbas, el sabor verde, fresco y herboso del perejil proviene del hexanal. Su inconfundible carácter procede de una gama de otros compuestos, con cantidades variables entre las dos variantes principales. El mentatrieno y el apiol predominan en la hoja plana del perejil; el mentatrieno posee un sabor crocante, verde y amaderado, mientras que el apiol (también conocido como alcanfor de perejil) contribuye a un sabor fresco y herbáceo. Otros sabores provienen de la miristicina (predominante en la hoja rizada), que es cálida y picante (parecida a la nuez moscada), el limoneno, que añade una nota cítrica, y el felandreno, que aporta una fragancia picante y cítrica.

Puedes trocear y usar los tallos, pues contienen los mismos compuestos aromáticos que las hojas, aunque en menor cantidad

Variedades de perejil

PEREJIL DE HOJA PLANA (perejil italiano)
De aspecto parecido al cilantro, el perejil de hoja plana es la mejor elección de sabor. Su carácter audaz y herbáceo y su sutil aroma cítrico sobresalen en ensaladas, sopas, salsas y mezclas de hierbas, como la de «finas hierbas» y el «bouquet garni».

HOJA DE PEREJIL RIZADA
El perejil de hoja rizada se suele cultivar por su intenso color verde bosque y sus vistosas hojas arrugadas, más que por su sabor. Con hasta cinco veces menos de aceite cargado de sabor que el de hoja plana, el perejil de hoja rizada carece del frescor verde y el sabor más intenso de su familiar y, en cambio, posee un sabor amargo apagado, cálido y ligeramente picante.

Maridajes habituales
Limón, ajo, pescado blanco, aceite de oliva, tomate y seta.

Limón **Perejil** Pescado blanco

Melocotón **Perejil** Jengibre

Maridajes inusuales
Manzana, nuez moscada, jengibre, melocotón, granada, cacao y chocolate negro.

ENELDO

Una de las hierbas medicinales más antiguas, esta planta enjuta y discreta es un indispensable bosque de sabor para los cocineros; sus hojas y semillas ofrecen sabores cítricos deliciosamente frescos y similares al anís. Como en todas las plantas, los compuestos aromáticos existen para que la planta sobreviva. El perfil aromático más brillante y diverso de la hoja contrasta con la terrosidad picante, más robusta y sencilla de la semilla porque las hojas tienen que disuadir a muchos herbívoros, atraer a polinizadores y combatir infecciones, mientras que las semillas, centradas en resistir infecciones subterráneas, necesitan menos compuestos protectores, pero más concentrados.

Las hojas contienen éter de eneldo (eneldo floral/herbal), helandreno (terpeno amaderado, herbáceo), miristicina (picante, a nuez moscada), limoneno (cítrico), eugenol (clavo picante), damascenona (afrutado y a miel), cimeno (toques cítricos, terrosos y amaderados). Entre los aromas de la semilla están la carvona (alcaravea), el limoneno (cítrico), el eugenol (clavo picante) y la vainillina (vainilla).

DESATAR EL SABOR

Como la mayoría de las hierbas, en el momento en el que se trocea, sus compuestos aromáticos empiezan a evaporarse y sus enzimas defensivas a descomponerlos. Úsala siempre inmediatamente después de cortarla o escaldarla brevemente en agua casi hirviendo durante 30 segundos para destruir las enzimas y que mantenga su gusto picante durante más tiempo.

Variedades de hierba de eneldo

ENELDO COMÚN
La variedad más habitual, de hojas brillantes y plumosas. Se utiliza para aderezar pescados y en ensaladas.

HOJA DE HELECHO
Una planta más pequeña que da una hierba verde con gusto a hinojo, anís y perejil.

BOUQUET
Una planta más alta y de hojas más grandes. Dulce y aromática, con sabor a anís y alcaravea.

EN EUROPA, DURANTE LA EDAD MEDIA, EL ENELDO SE USABA EN LA HECHICERÍA, COMO POCIÓN DE AMOR Y COMO MEDICINA.

Maridajes habituales
Las hojas frescas combinan bien con limón, pescado, patata y perejil.

Limón **Hojas** Pescado

Papaya **Hojas** Avena

Maridajes inusuales
Ternera, mango, papaya, fresa, avena y arándano rojo.

Maridajes habituales
Utiliza las semillas en recetas con canela, nuez moscada, chirivía, apio nabo y pan.

Chirivía **Semilla** Pan

Calabaza **Semilla** Naranja

Maridajes inusuales
Calabaza, ginebra, naranja, baya de enebro y chocolate.

ALBAHACA

Originaria de la India, la albahaca es famosa por ser una hierba mediterránea. Sus hojas de un brillante verde esmeralda ofrecen un estimulante sabor dulce y salado con toques de menta, anís y pimienta. Cuando se ve amenazada, la albahaca produce más compuestos aromáticos para ahuyentar a las plagas. Las plantas de albahaca que están ligeramente estresadas (por ejemplo, si las sumerges en agua) pueden tener sabores más pronunciados, un consejo útil para jardineros y cocineros.

El mayor contenido en agua y las hojas delicadas de la albahaca hacen que cuando se seca, casi todos los aceites aromáticos (50-80 %) se hayan evaporado, dejando copos polvorientos e insípidos. Como en otras hierbas de tallo blando, los tallos se pueden trocear y usar junto con las hojas y es mejor añadirlas al final de la cocción o como aderezo para que conserven su esencia.

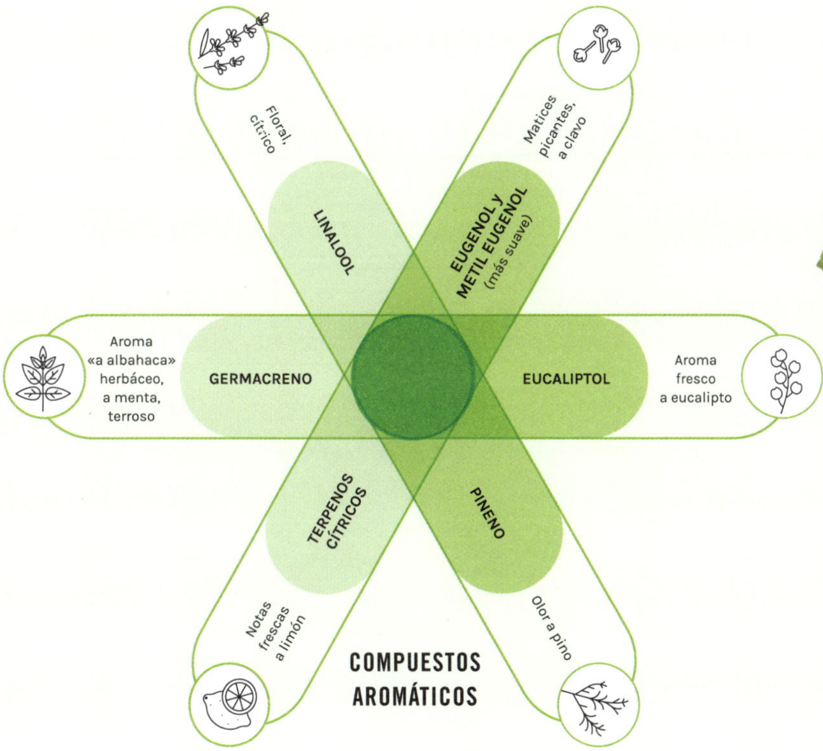

Variedades de albahaca

ALBAHACA DULCE
La más habitual, dulce y fragante. Se utiliza mucho en platos mediterráneos.

ALBAHACA LIMÓN
Rica en el compuesto aromático limoneno, con un sabor cítrico que marida bien con marisco y ensaladas. Popular en la comida tailandesa.

ALBAHACA SAGRADA INDIA
Posee fuertes cualidades amaderadas y picantes del cariofileno (presente en la pimienta negra), ideal para platos muy especiados.

ALBAHACA TAILANDESA
La albahaca tailandesa tiene aromas de regaliz y anís por el abundante estragol.

ALBAHACA CANELA
Un inconfundible matiz a canela que le da el metil cinamato, uno de los principales compuestos aromáticos de la especia.

ALBAHACA TAILANDESA ALBAHACA DULCE

Maridajes habituales
Tomate, ajo, aceite de oliva, limón, orégano y romero se utilizan todos con albahaca en numerosas recetas italianas.

Tomate **Albahaca** Aceite de oliva

Coco **Albahaca** Melón

Maridajes inusuales
Melón, chocolate negro, cacao y coco.

ORÉGANO Y TOMILLO

El orégano, conocido como la «hierba de la pizza» en América del Norte, es una piedra angular de la cocina italiana y una de las hierbas más populares del mundo. El tomillo, otra potente hierba mediterránea, tiene compuestos aromáticos principales muy parecidos, pero en proporciones distintas.

«Orégano» es un término recurrente para unas 40 especies de *Origanum*, todas con pequeñas hojas vellosas con un sabor picante, cítrico, salado, amaderado y a veces amargo que es similar. El orégano común (*Origanum vulgare*) es el más popular, posee un fuerte sabor salado y ligeramente pungente, aunque según donde vivas, el «orégano» puede tener un sabor parecido, pero ser una hierba que no tiene nada que ver. La mejorana (*Origanum majorana*) es un tipo de orégano con un sabor más fresco, floral e inconfundiblemente dulce. Sin embargo, en algunas regiones de España llaman orégano a la mejorana, lo que aumenta la confusión. El tomillo, con sus hojas puntiagudas

Maridajes habituales
Albahaca, tomillo, romero, ajo, hortalizas verdes, tomate y aceite de oliva.

Maridajes inusuales
Lima, ginebra, nuez moscada, cardamomo, grosella negra, cacao y coco.

verde oscuro, está emparentado con el orégano, pero tiene un aspecto diferente y posee un inconfundible sabor amaderado a limón. Su gusto más suave lo hace más versátil, y se usa a menudo en la cocina francesa. Existen numerosas variedades de tomillo, con sabores como el limón, la menta, la piña, la alcaravea y la nuez moscada, que ofrecen incontables posibilidades de maridajes dulces y salados.

COMPUESTOS AROMÁTICOS

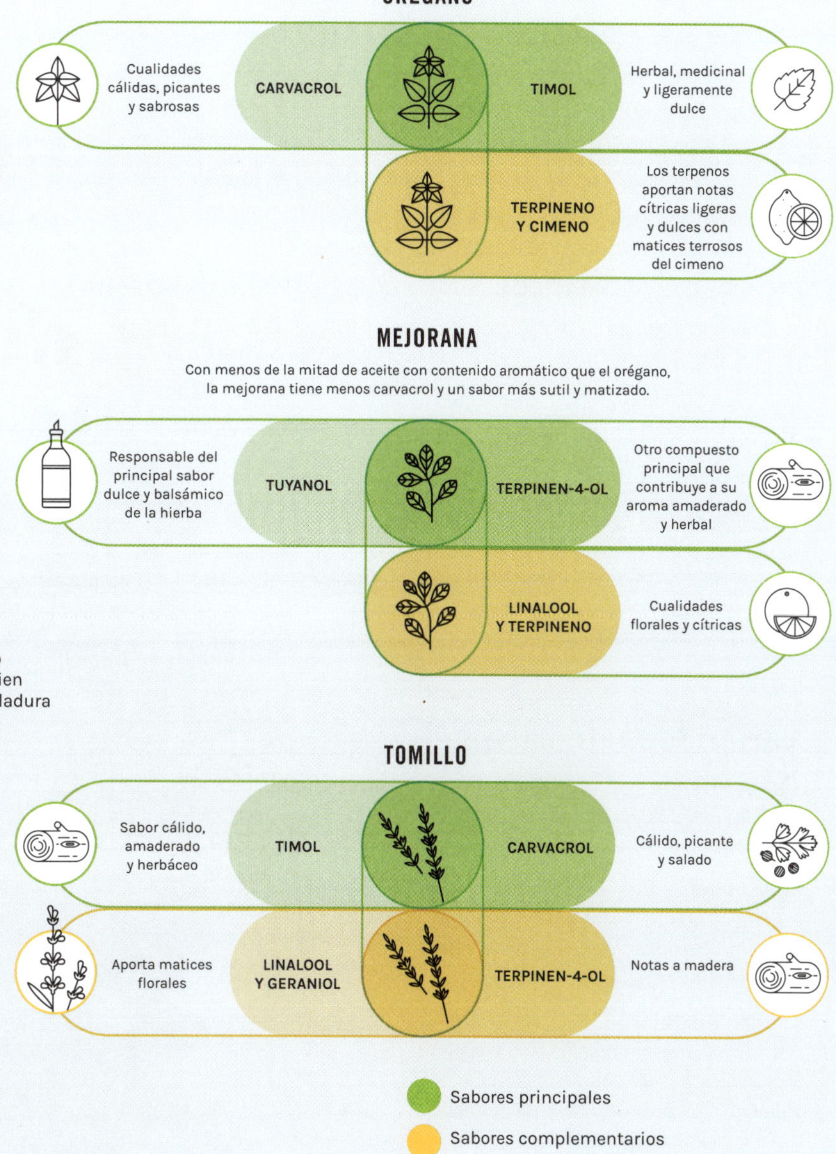

Maridajes habituales
Ralladura de limón, tomate, ajo, orégano, eneldo, ternera y aves de corral.

Maridajes inusuales
Naranja, canela, lima, clavo, manzana y cacao.

SALVIA

Las suaves hojas de la salvia, aterciopeladas y vellosas, son toda una mina de sabores con un potente aroma a hierba y matices terrosos de menta y eucalipto. A menudo combinada con carnes y aderezo fundamental de la cocina occidental, la salvia sabe igual de deliciosa en otras cocinas internacionales… e incluso en postres.

COMPUESTOS AROMÁTICOS

Como en la mayoría de las hierbas, los terpenos herbáceos y herbosos constituyen la esencia de su sabor. Sus principales compuestos aromáticos son:

- **Tujona:** el sabor principal de la salvia es poderosamente herbal, cálido y sutilmente mentolado.
- **Borneol:** terroso, a musgo (que se pierde en la salvia seca).
- **Hexenal:** trasfondo verde y herboso (que no se halla en la salvia seca).
- **Eucaliptol:** a eucalipto y medicinal.

Compuestos secundarios que contiene la salvia:

- **Pineno:** añade una nota a pino fresca y resinosa.
- **Alcanfor:** intenso, limpio y penetrante aroma medicinal.
- **Linalool:** floral, con un toque picante y cítrico, que también tiene la lavanda.

SECA VS. FRESCA

Todo el hexenal fresco y herbáceo y la mayor parte de los compuestos de olor floral se evaporan cuando se secan las hojas, y queda un sabor menos equilibrado, más áspero y medicinal que es útil para agregar al principio o a mitad de la cocción. La salvia seca se vende en unos polvos muy intensos (molida) o en hojuelas gruesas de sabor más suave (triturada); ambas quedan excelentes en condimentos o en adobos.

LA SALVIA SECA

TIENE UN SABOR MÁS FUERTE QUE LAS HOJAS FRESCAS, CON TOQUES DE MENTA, EUCALIPTO Y LIMÓN.

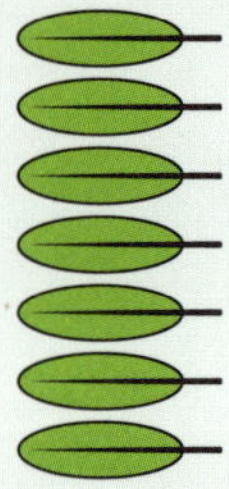

7 HOJAS FRESCAS DE SALVIA

=

1 CUCHARADA

Salvia seca en polvo

O

2 CUCHARADAS

Salvia seca frotada

Variedades de salvia

SALVIA MORADA
Las llamativas hojas moradas gozan de un sabor más suave que la salvia común.

SALVIA PIÑA
El éster afrutado, el acetato de geranilo y el geraniol con aroma a rosa le aportan toques de frutas y flores tropicales.

SALVIA GRIEGA
Gracias a la mayor presencia del eucaliptol medicinal y del penetrante alcanfor, su sabor es más picante y potente que el de otras variedades de salvia.

SALVIA MIRTO
Los altos niveles de limoneno, de guayacol ahumado y de azúcares, así como los ésteres afrutados, confieren a esta variedad un sabor afrutado dulce como a grosella negra.

SALVIA COMÚN

Maridajes habituales
Grano de pimienta, calabaza, romero, menta, orégano, mantequilla y carne.

Calabaza · **Salvia** · Mantequilla

Maridajes inusuales
Anís estrellado, limón, grosella negra, higo, pera, zanahoria y cacao o chocolate negro.

Anís estrellado · **Salvia** · Higo

ROMERO

El sabor a madera de pino del romero posee un fuerte trasfondo medicinal de alcanfor y notas intensas de menta, limón, salvia y pimienta. Conocido por realzar el sabor de las carnes, las duras hojas puntiagudas del romero liberan poco a poco sus aceites aromáticos y maridan a la perfección con platos elaborados a fuego lento.

El romero brilla de verdad cuando se añade al principio a un plato para permitir que los aceites se desprendan de sus duras hojas; y cuanto antes se añada, más intensa es la infusión del sabor. Como la salvia, el romero es una hierba potente que hay que usar con mucha mesura para que no abrume a los demás ingredientes. Picar las hojas finas acelera la descarga de sabor, marcándolo aún más, y es ideal para sazonar carnes y verduras. El romero seco carece del frescor verde y las notas cítricas del fresco, pero ofrece un sabor herbal más intenso (la verbenona con aroma a romero aumenta con el secado) y también es excelente en adobos.

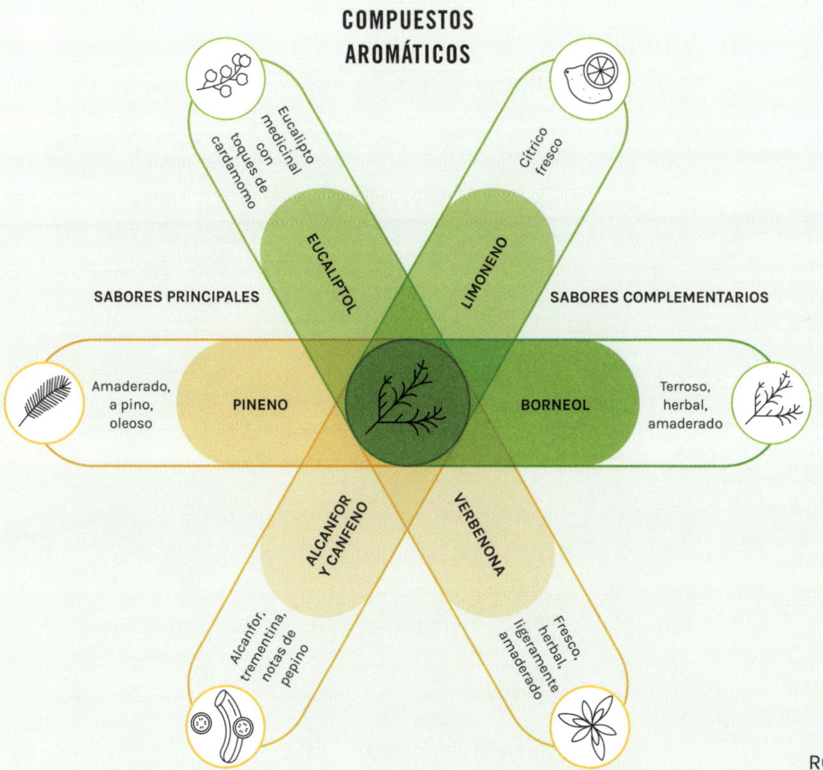

ROMERO

Maridajes habituales
Tomate, ajo, aceituna (y aceite de oliva), carne, patata, frutas con hueso, tomillo, salvia y orégano.

Maridajes inusuales
Fresa, chocolate, jengibre, naranja y arenque.

MENTA

Pocas cosas superan a la menta a la hora de añadir una dimensión refrescante y energizante a un plato. Los extraños poderes de la menta que hielan la boca la convierten en la favorita no solo para aromatizar dulces, postres, chicles y dentífricos, sino también para dar vitalidad a los platos salados.

Existen dos tipos principales de menta culinaria: la menta picante e intensamente mentolada y la hierbabuena, más dulce, herbácea y más alimonada. La sensación refrescante de la menta proviene del mentol, que activa los mismos nervios de la piel y de la boca que perciben las temperaturas frías. Esto crea una sensación de frío, parecida a la sensación de calor picante que la capsaicina provoca en las fibras nerviosas que perciben el calor (pág. 43). El mentol también se une a los nervios del dolor y los adormece.

La menta seca tiene un 30 % menos de mentol refrescante, un 50 % menos de mentona y menos compuestos mentolados, mientras que las notas amaderadas, picantes, cerosas y jabonosas se vuelven predominantes al aumentar considerablemente varios compuestos menores (cariofileno, germacreno y otros).

AL COCINARLA

SE EVAPORA EL MENTOL, CON LO QUE DISMINUYEN SUS EFECTOS REFRESCANTES.

MENTA FRESCA

ES MEJOR USAR LAS HOJAS FRESCAS PARA QUE CONSERVEN SU SABOR INTENSO.

HIERBABUENA

SABOR
DULCE | SUAVE

0,5 %

Mentol

La hierbabuena posee un sabor dulce y se usa a menudo en platos mediterráneos como el tabulé, el tzatziki y el dolmas. También es útil en ensaladas, salsas y aliños para dar un sabor fresco.

MENTA

SABOR
FUERTE | INTENSO

40 %

Mentol

La menta tiene un sabor más fresco e intenso que la hierbabuena, y se distingue por sus hojas ligeramente puntiagudas y de bordes morados. Se utiliza a menudo con fines medicinales para aliviar problemas digestivos.

Variedades de menta

HIERBABUENA
Perfil de sabor: más suave que la menta, con un gusto dulce, ligero y refrescante donde predomina la R-(-)-carvona.

Usos: aromatizante de menta multiusos, perfecto para las carnes y en ensaladas, cócteles y postres.

MENTA
Perfil de sabor: fuerte, fresco e intenso sabor a menta. Muy rico en mentol.

Usos: té de hierbas, postres.

MENTA CHOCOLATE
Perfil de sabor: mentolada con un sutil trasfondo a chocolate de los compuestos como el dulce y ahumado benzofurano.

Usos: postres, helados y aderezos.

MENTA LIMÓN
Perfil de sabor: limón y cítrico del limoneno y el citral; notas florales y afrutadas del geraniol y el neral, redondeado con el floral linalool.

Usos: pruébala en cócteles, ensaladas de frutas y úsala para adornar.

MENTA MANZANA
Perfil de sabor: el mentolado se convierte en afrutado, floral y ligeramente dulce con un toque a manzana por el trío de ésteres afrutados y el floral linalool.

Usos: ideal para ensaladas de frutas, mermeladas y bebidas veraniegas.

Maridajes habituales
Cordero, guisantes, yogur, pepino y patata.

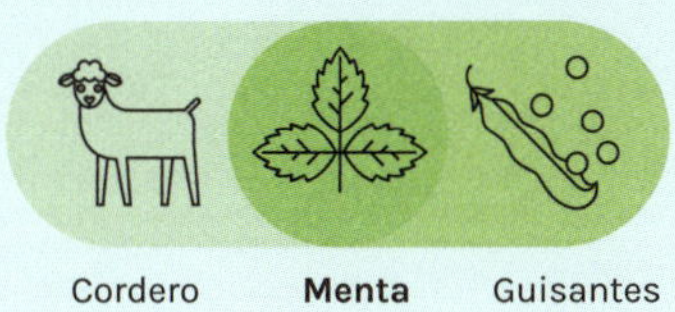

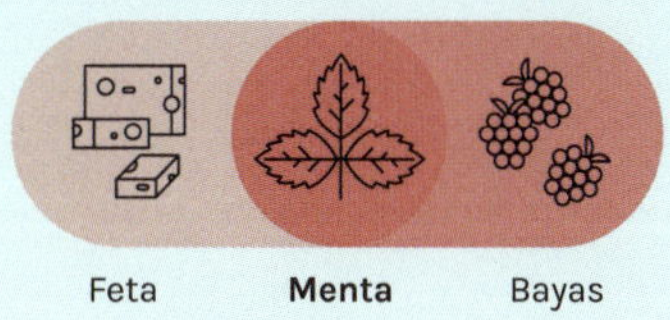

Maridajes inusuales
Bayas, feta, mango, lentejas, eneldo y vainilla.

AZAFRÁN

Conocido como el «rey de las especias» y con un soberano precio a la altura, el sabor delicado a heno, meloso y de calidez sin igual del azafrán es insustituible. Solo tres fragantes hebras rojas salen de cada flor de azafrán cosechada, cuyo preciado sabor hay que extraer con esmero. El sabor del azafrán mejora con el tiempo: la picrocrocina amarga se degrada poco a poco en el fragante safranal, que alcanza su culmen de sabor en torno a los dos años después de cosechado. Sin embargo, el color desaparece con el tiempo al descomponerse la crocina.

Antes de añadirlo a la cocción, es mejor retirar los restos de aceite de cada hebra remojándolas (infusionándolas) en agua o leche tibia durante al menos 20 minutos.

Calentar las hebras de azafrán a 70-90 °C antes de usarlas también le da un buen impulso a su sabor y convierte las picrocrocinas más amargas en safranales de fragancia dulce.

Cuando cocines con azafrán, añade las hebras remojadas al principio para maximizar el color y al final para darle mejor sabor.

EL AZAFRÁN

MOLIDO, QUE ES FÁCIL DE ADULTERAR, DEBERÍA EVITARSE. MIRA QUE TENGA CERTIFICACIÓN ISO.

3

HEBRAS POR FLOR

COMPUESTOS AROMÁTICOS

Un trio de compuestos le confiere al azafrán su sabor etéreo y musgoso, y su color dorado.

- **Crocin:** un pigmento rojo rubí que se vuelve de un amarillo sol en el agua.
- **Picrocrocin:** le da un gusto duradero y ligeramente amargo.
- **Safranal:** compuesto aromático terpeno con olor a heno recién segado y musgo, y sabor primario del azafrán, solo presente en unos pocos alimentos (ver maridajes inusuales).

CAMBIA EL COLOR

EL AZAFRÁN RECIÉN RECOGIDO CONTIENE UN PIGMENTO ROJO LLAMADO **CROCINA**

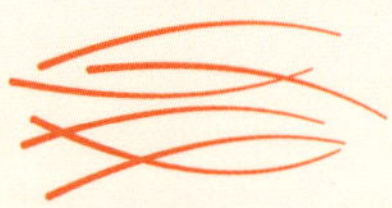

CARMESÍ INTENSO

ÉCHALO EN AGUA O LECHE TIBIA PARA QUE LA CROCINA SE VUELVA AMARILLA

ÁMBAR DORADO

CAMBIA EL SABOR

CUANDO SE RECOGE, EL AZAFRÁN CONTIENE UN COMPUESTO DE GUSTO AMARGO LLAMADO **PICROCROCINA**

AÑADE CALOR Y SÉCALO →

CUANDO SE CALIENTA, LA PICROCROCINA SE CONVIERTE EN UN COMPUESTO AROMÁTICO LLAMADO **SAFRANAL**

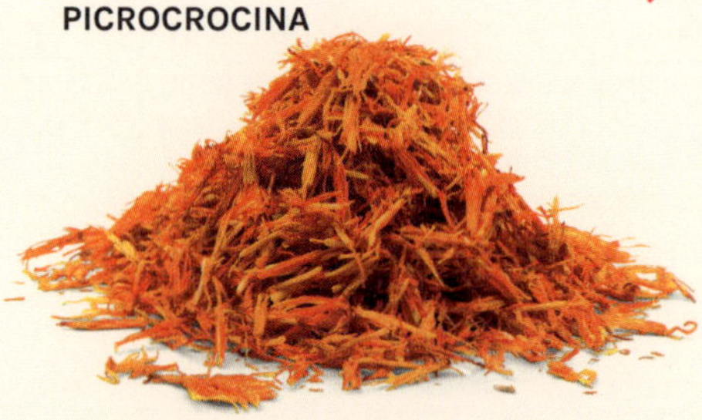

+150

COMPUESTOS AROMÁTICOS

SE LIBERAN CUANDO EL AZAFRÁN SE CALIENTA Y SE SECA

Maridajes habituales
Arroz, patata, zanahoria, seta, guisante, jengibre, mantequilla y limón.

Zanahoria **Azafrán** Mantequilla

Higo **Azafrán** Té verde

Maridajes inusuales
Higo, melocotón, té, té verde, pomelo y vainilla (todos contienen safranal); hierba limón y ternera.

VAINILLA

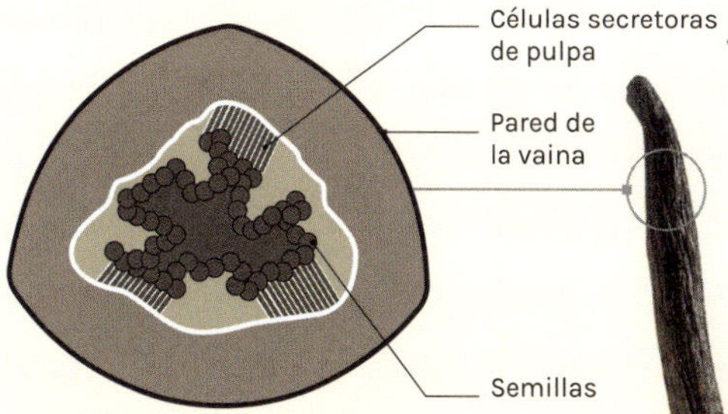

Las atractivas flores de marfil de la orquídea de vainilla son un broche de oro para el sabor cremoso y meloso de los frutos secos de la planta (vainas). Desde los helados, el chocolate o los malvaviscos hasta las galletas, las tartas y los platos salados, la vainilla infunde a los alimentos un dulzor aterciopelado.

Las vainas frescas de vainilla se parecen a las judías verdes francesas, pero tienen un desagradable gusto amargo. Pueden tardar hasta ocho meses en transformarse en las suaves vainas aromáticas marrones que conocemos. Los minuciosos pasos incluyen el escaldado, la fermentación (el «sudado»), el secado y el acondicionamiento. Las enzimas y los microbios naturales convierten los azúcares, los ácidos y los compuestos insípidos en vainillina, el principal sabor de la vainilla, junto con una compleja mezcla de más de 250 compuestos aromáticos dulces, cremosos, afrutados, florales, ahumados, aciruelados e incluso con toques de queso.

COMPUESTOS AROMÁTICOS

- **Vainillina:** el principal compuesto aromático de nota alta, que brinda el sabor familiar a vainilla, cálido, dulce y cremoso, y que se elabora de manera sintética para muchos alimentos.
- **Guayacol:** matices dulces, picantes y ahumados.
- **Metil cinamato:** un éster afrutado y balsámico con sabores de cerezas rojas maduras y fresas, presente en la canela.
- **Furfural:** dulce, a caramelo y pan, también presente en frutos secos, panes y café.
- **Anisaldehído:** dulce, floral, parecido al anís o el regaliz, mazapán.
- **Hidroxibenzaldehído:** dulce, floral y con ligero toque almendrado.

Tipos de vainilla

VAINAS DE VAINILLA
(1-3,6 % de vainillina)

Fuente: Bourbon (Madagascar), tahitiana, mexicana y ugandesa.

Cuándo usar: cuando quieras un sabor auténtico a vainilla.

Perfil de sabor: rico y complejo; depende de la región donde se cultive.

EXTRACTO PURO DE VAINILLA
(1-2 % de vainillina)

Fuente: vainas de vainilla auténticas, agua y alcohol.

Cuándo usar: cuando quieras un sabor auténtico.

Perfil de sabor: fuerte y auténtico.

EXTRACTO SINTÉTICO DE VAINILLA
(1 % de vainillina)

Fuente: vainillina sintética.

Cuándo usar: cuando necesites una opción más barata.

Perfil de sabor: sabor unidimensional.

PASTA DE VAINILLA
(0,1-1,6 % de vainillina)

Fuente: una mezcla de extracto de vainilla y motas de vaina de vainilla.

Cuándo usar: cuando quieras un sabor más intenso y el atractivo visual de las motas de la vaina de la vainilla.

Perfil de sabor: matices florales sutiles y amaderados.

Maridajes habituales
Chocolate, manzana, nata y café.

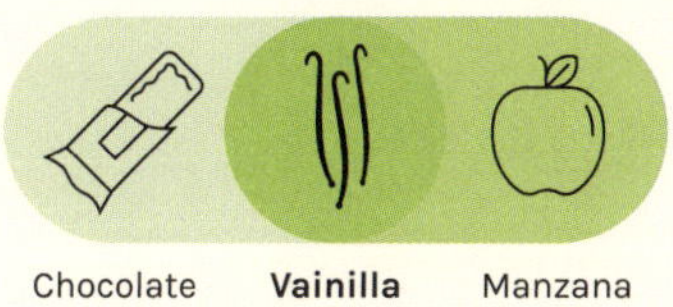

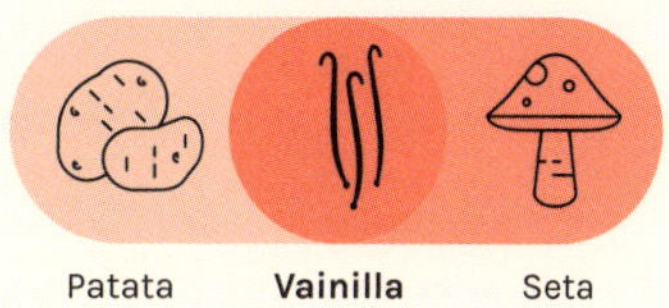

Maridajes inusuales
Calabaza violín, té, tomate, seta y patata.

HOJAS DE LAUREL

Durante mucho tiempo se ha adornado a los campeones con coronas de hojas de laurel y, a pesar de que algunos chefs las desprecian por insípidas, su compleja mezcla floral, de pino, clavo y eucalipto puede hacer de una comida un gran éxito.

Las hojas de laurel son duras y tardan en soltar sus aceites aromáticos por lo que deberían añadirse al inicio de la cocción. Se utilizan mejor como sabor de fondo para realzar otros ingredientes predominantes. Hay que calentar, hervir a fuego lento y darles tiempo a las hojas para que suelten sus fragantes aceites y los infundan al plato, pero pueden ser abrumadoras por lo que hay que sacarlas antes de que se imponga un gusto amargo a eucalipto.

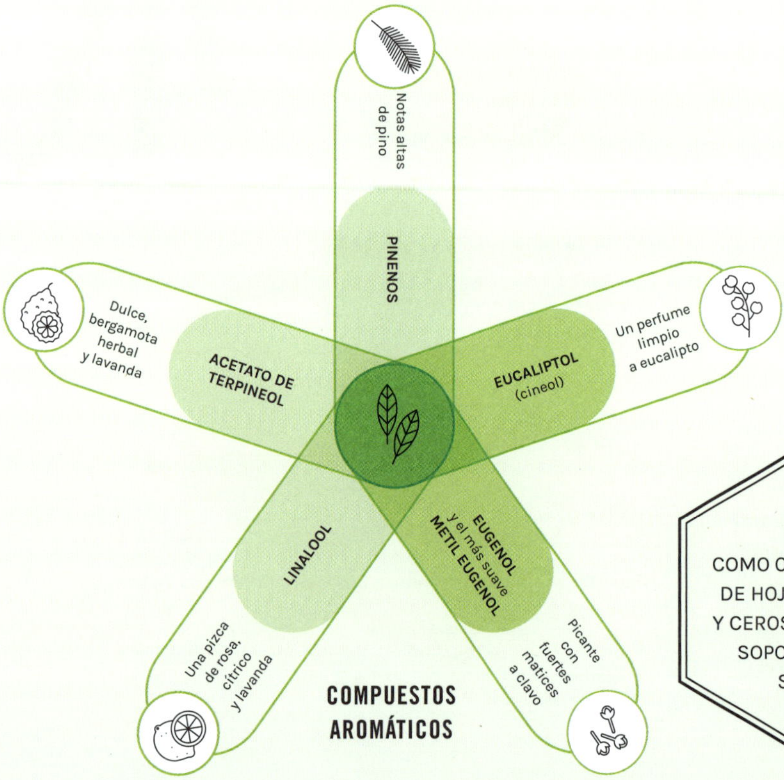

Variedades de laurel

Las variedades como el laurel de California, la hoja de laurel de la India o la de las Indias Occidentales no son verdaderas hojas de laurel, que son conocidas como mediterráneas o turcas, sino que son hojas de sabor similar de otras plantas.

LAUREL DE CALIFORNIA
Un sabor a eucalipto y mentolado más robusto y áspero que el verdadero laurel mediterráneo (o turco), gracias a los altos niveles del potente compuesto aromático cetónico llamado umbelulona, que no se halla en ningún otro ingrediente y que se sabe que provoca dolores de cabeza. Úsalo con moderación.

HOJA DE LAUREL DE LA INDIA
Procedente del árbol de la casia (pág. 186), el característico sabor picante y amaderado de esta pequeña hoja delgada, también conocida como tej patta, posee notas delicadas de pimienta de Jamaica, canela y cáscara seca de naranja. Sus cualidades picantes y a madera provienen de un compuesto aromático sabineno, también presente en la nuez moscada (pág. 178), y la convierte en la favorita para curris y platos especiados.

HOJA DE LAUREL DE LAS INDIAS OCCIDENTALES
Un aroma muy marcado, cálido, dulce y picante, con reminiscencias a clavo, proviene del eugenol, con notas de pimienta y limón que aportan el mirceno y el limoneno. Ideal en sopas y estofados.

SECA

COMO OTRAS HIERBAS DE HOJAS ROBUSTAS Y CEROSAS, EL LAUREL SOPORTA BIEN EL SECADO.

Maridajes habituales
Tomate, seta, pimienta negra, romero, lentejas, patata, tubérculos, ternera y cordero.

Maridajes inusuales
Chocolate negro, naranja, nuez moscada, cardamomo, piña y apio nabo.

HOJAS DE CURRI

A pesar de su nombre, las hojas de curri no tienen relación con el curri en polvo. Con un aroma único a musgo y limón, estas hojas brillantes del sur de la India son populares en las cocinas de Sri Lanka y la India, donde se utilizan frescas y fritas con especias para añadir sabor a los platos.

Las hojas de curri poseen un perfume herbáceo y suavemente amargo, con un sabor cítrico y de matices anisados y a nuez. Provienen del árbol del curri (*Murraya koenigii*), nativo de la India pero que también crece en Sri Lanka y el sudeste asiático, así como en Australia. A diferencia de las hojas de laurel, que se secan bien, las hojas de curri pierden sabor al secarse, pues hasta un 90 % del 1-fenil etanodiol sulfuroso se disipa a medida que el agua se evapora.

Las hojas de curri se suelen usar sobre todo en platos como el dhal, los curris y los estofados, así como en chutneys y salsas. Es mejor añadirlas al principio del proceso para permitir que se desarrollen sus sabores intensos. Las hojas frescas de curri son más aromáticas que las versiones secas y se pueden conservar durante un par de semanas en la nevera.

EN FLOR

FREÍR LAS HOJAS DE CURRI («INFUSIONÁNDOLAS») EN ACEITE CON ESPECIAS HACE QUE COBREN VIDA.

COMPUESTOS AROMÁTICOS

Entre los principales compuestos aromáticos de las hojas de curri están el 1-fenil etanodiol, un compuesto azufrado que traslada un aroma a almizcle, azufre y quemado. El linalool, que contribuye al sabor floral y de dulzor cítrico, también está presente, así como el hexenal con su perfume fresco, herbáceo y a manzana. Entre los compuestos secundarios están el pineno, que posee efluvios a resina de pino, y el eucaliptol que aporta un penetrante aroma a eucalipto.

Maridajes habituales
Carne roja, arroz, patata, cebolla, seta, lentejas, comino, canela y clavos.

Carne roja — **Hojas de curri** — Patata

Platija — **Hojas de curri** — Avellana

Maridajes inusuales
Avellana, platija, sardina, menta, naranja, ricota y queso.

TÉ

Todos los tés provienen de las hojas del mismo arbusto del sur de China, *Camellia sinensis*, pero se procesan de manera distinta. El té negro se elabora con hojas escogidas que se han dejado secar al aire y se han vuelto marrones (oxidado). Los pigmentos naturales y los restos de grasa y de proteína se descomponen en compuestos aromáticos y de sabor, y se crean nuevos pigmentos marrón rojizos (tearubiginas). El té oolong se oxida en parte, mientras que las hojas de té verde y té blanco solo se oxidan levemente, o no lo hacen. El pu-erh procede de hojas de té verde fermentadas.

Las bolsitas de té contienen hojas inferiores con lo que gran parte de sus aceites aromáticos se ha evaporado, y el resultado es una infusión amarga y de gusto más plano. El té de hoja entera tarda un tiempo en hincharse en agua caliente, tras lo que surge una paleta más completa de compuestos aromáticos y de sabor.

Para extraerle el sabor al té, se requiere agua caliente y tiempo. Cuanto más caliente esté el agua, más rápido se liberan los compuestos aromáticos, los taninos y los compuestos amargos. Los tés no oxidados (verde, blanco, amarillo) adquieren antes un gusto plano porque las catequinas que contienen se degradan rápidamente por encima de 80 °C.

Liberar el sabor
A pesar del amplio espectro disponible de tipos de tés, todos ellos comparten algunos compuestos aromáticos y de sabor.

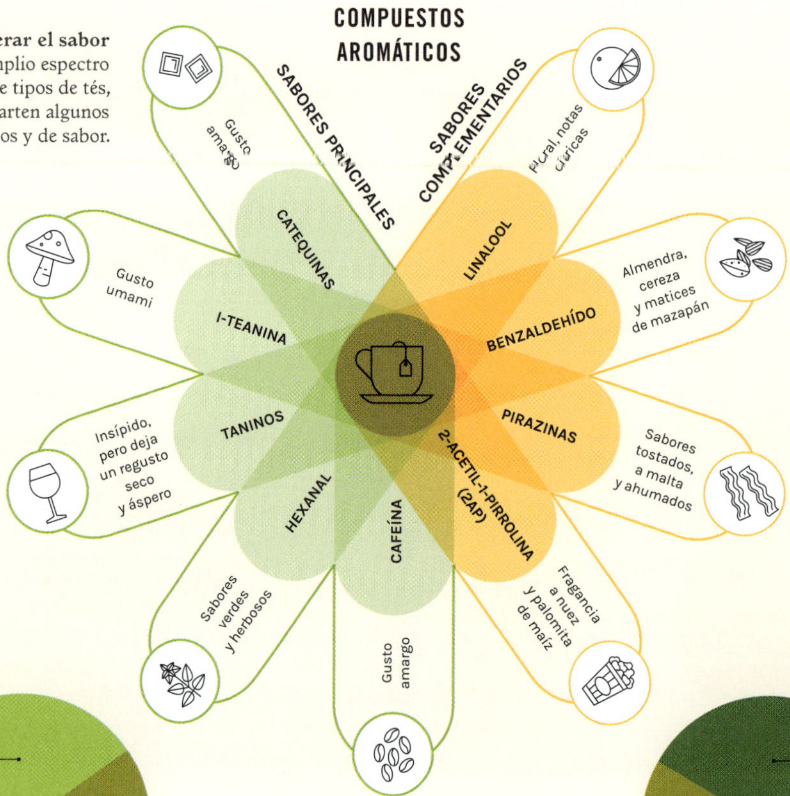

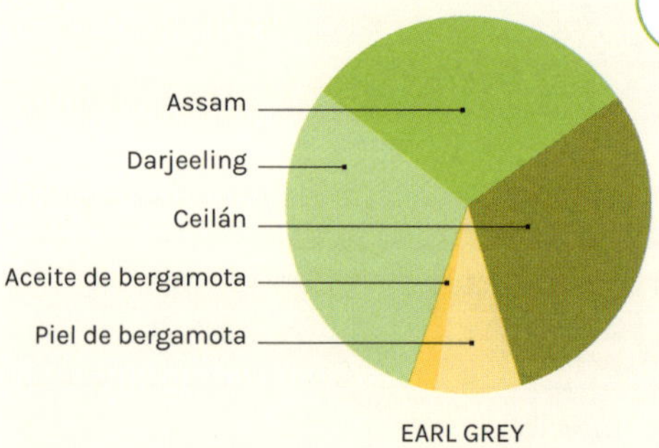

La mezcla perfecta
La región, el terreno, el clima, las condiciones de cultivo y el proceso tienen impacto en el sabor del té. La mayoría de los tés negros son una mezcla de tés negros de distintas regiones. Algunas mezclas famosas también se aromatizan con productos botánicos.

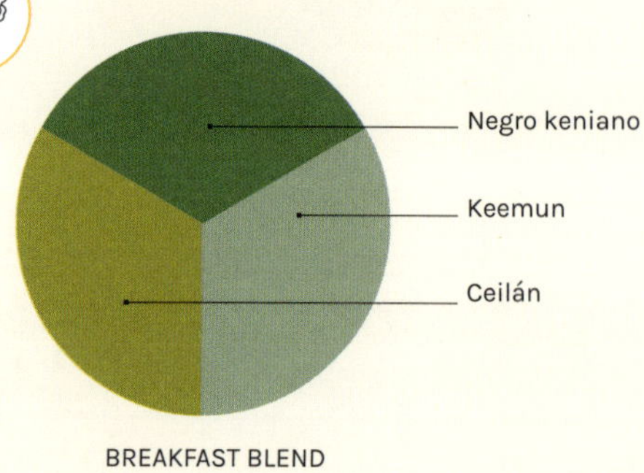

Variedades de té

La profundidad del umami y los más de 600 distintos compuestos aromáticos de las hojas de té las convierten en ingredientes increíblemente versátiles para maridar con los alimentos.

Maridajes habituales

TÉ VERDE

Perfil de sabor: notas vivaces, dulces, vegetales, herbosas o de algas marinas.

Compuestos esenciales: catequinas, hexenal, cafeína.

Ejemplos: Sencha.

TÉ BLANCO

Perfil de sabor: notas delicadas, de un ligero dulzor floral o afrutadas.

Compuestos esenciales: benzaldehído, linalool.

Ejemplos: Bai Mudan White Peony, Baihao Yinzhen Silver Needle.

TÉ OOLONG

Perfil de sabor: varía de lo cremoso y mantecoso a lo terroso y amaderado.

Compuestos esenciales: pirazinas, damascona.

Ejemplos: Tie Guan Yin, Da Hong Pao.

TÉ NEGRO

Perfil de sabor: notas de caramelo malteado con mucho cuerpo o afrutadas.

Compuestos esenciales: tearubiginas, taninos, damascona, 2-acetil-1-pirrolina (2ap).

Ejemplos: Darjeeling, Assam, Lapsang Souchong.

PU-ERH

Perfil de sabor: notas terrosas, amaderadas, a nuez y dulces.

Compuestos esenciales: geosmina (terrosa), linalool, alcohol de setas/octenol, metoxifenilos.

Ejemplos: Sheng (crudo), Shou (maduro).

EL PU-ERH ES EL MÁS COMPLEJO DE LOS TÉS EN TÉRMINOS DE SABOR, PUES CONTIENE UNOS **1000** COMPUESTOS AROMÁTICOS

CAFÉ

Originario de Etiopía, el mundo entero ama el café por su chute de cafeína y sus energizantes aromas y sabores, desde fruta especiada a chocolate y madera quemada. El café se puede saborear solo o utilizarlo para enriquecer y potenciar una gran variedad de platos.

La profusión de sabor del café proviene de sus semillas amargas y de gusto herbáceo, llamadas granos, de un fruto parecido a la cereza. Se secan y se tuestan hasta que se doran. La manera de tostar el café controla el sabor y el color. Los granos verdes se enfrían mientras se secan al verterlos en la tostadora y se van poniendo marrones a medida que se produce la reacción de Maillard (págs. 74-77) a 150 °C (302 °F). Esto genera aromas a heno recién segado, y luego otros dulces y a pan. Se produce la caramelización que convierte los azúcares en caramelo, toffee y compuestos aromáticos del azúcar quemado, mientras el vapor atrapado se acumula en el interior del grano. En torno a los 190 °C (374 °F), el grano se abre. Se le llama «primer crack», y en él el vapor presurizado rompe la semilla y emergen los sabores del café tostado a medida que se va filtrando un aceite reluciente.

CAFÉ ARÁBICA

CONTRARIO A LO QUE SE CREÍA ANTAÑO, EL CAFÉ ARÁBICA PROCEDE DE ETIOPÍA, NO DE ARABIA.

Se desarrollan sabores afrutados y a veces especiados. Más tarde se desarrollan los sabores tostados y a frutos secos con algo de dulzor y los sabores del tabaco cada vez más amargos. El gas de dióxido de carbono atrapado crece dentro de los granos, que vuelven a explotar y a abrirse sobre los 220 °C (428 °F) —el «segundo «crack»— como palomitas de maíz con la liberación de los aromas ahumados y asados.

COMPUESTOS AROMÁTICOS

- **Metil furfural:** se suma a los sabores dulces y a caramelo del café. Es un producto de la descomposición del azúcar (caramelización) y de la reacción de Maillard, y contribuye a las agradables notas dulces.
- **Furfural:** aporta un aroma dulce, a pan, almendrado o a caramelo. Este compuesto surge de la descomposición de los azúcares y de la reacción de Maillard.
- **Ácido acético:** junto con otros ácidos (cítrico, málico, fórmico, etc.). Contribuye a un perfil de sabor brillante y limpio. Se genera por la descomposición de carbohidratos y en la reacción de Maillard.

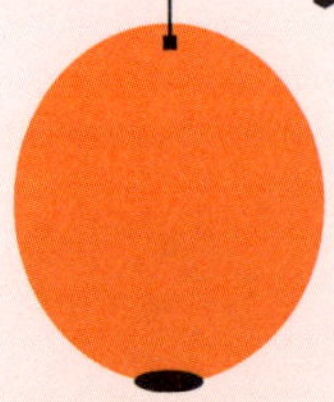

Granos de café
Los granos crudos se procesan antes de tostarse. Esto supone retirar el fruto exterior y secar las semillas.

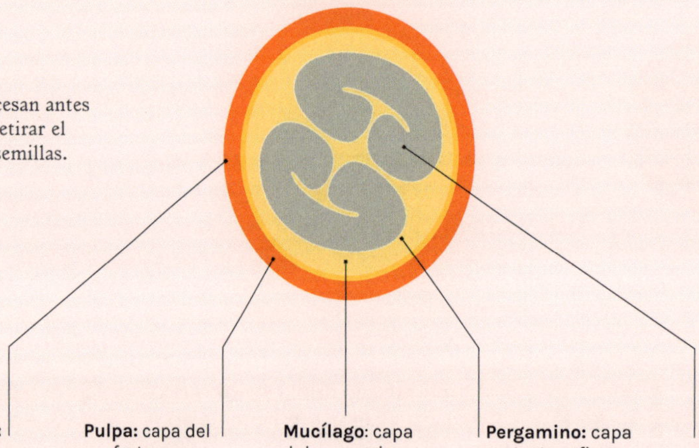

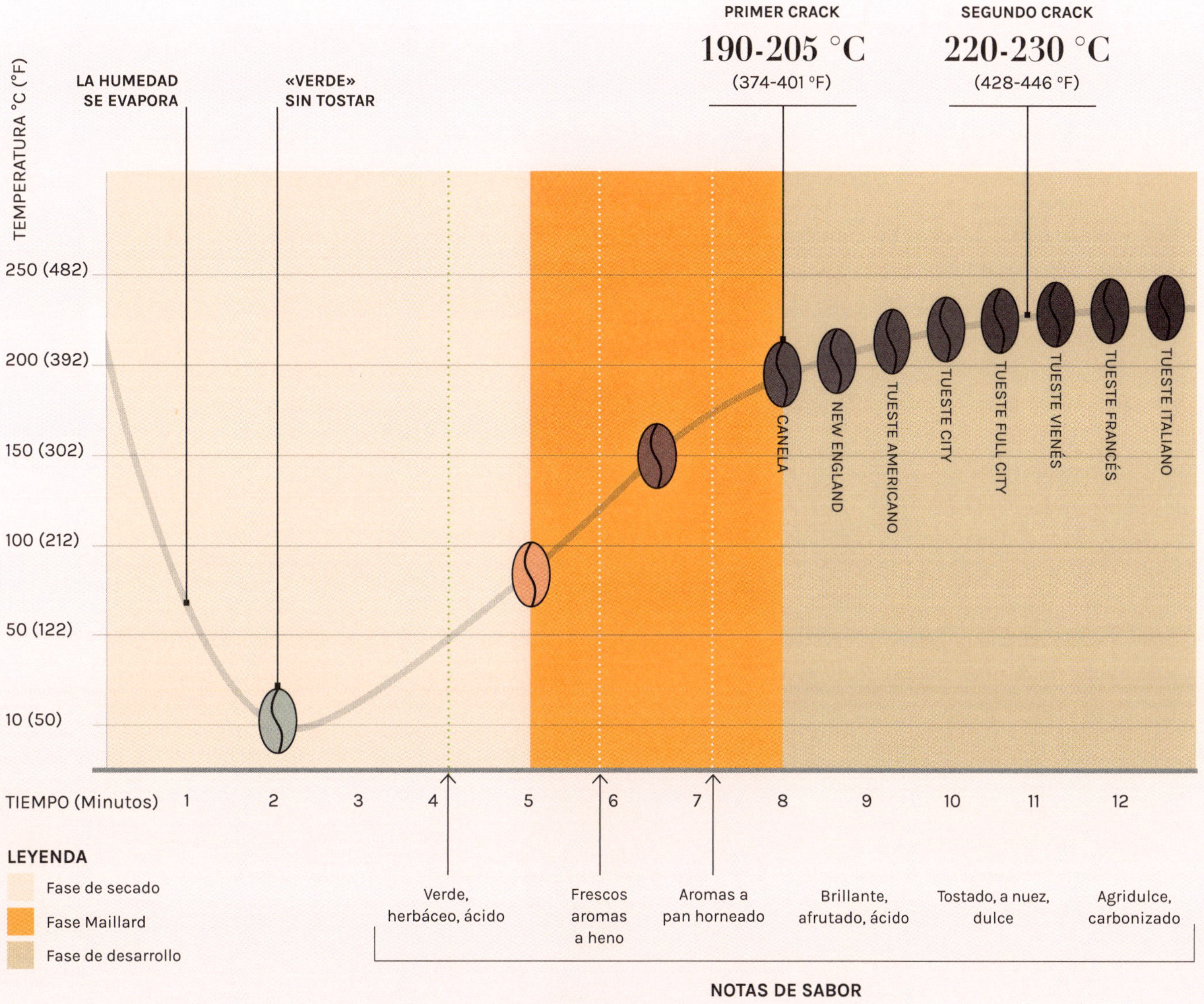

A medida que se tuestan los granos de café, se desarrollan los distintos sabores, desde un tueste claro a canela pasando por el tueste italiano más oscuro. Los nombres han ido apareciendo con el tiempo por el sabor o por el lugar donde es popular ese estilo de café.

- **Alcohol furfurílico:** ofrece un aroma dulce, quemado y amaderado y contribuye al cuerpo y la complejidad aromática del café.
- **Piridina:** proporciona un aroma amargo y pungente asociado a menudo con las características tostadas o quemadas. Contribuye a la percepción de la «fuerza» o el «tostado» del café.
- **Ciclopentanona:** conocida por sus notas duces a caramelo, se suma a la complejidad del perfil aromático del café. Se forma por la descomposición y pirólisis (quemado) de los azúcares durante el tueste.
- **Fenoles:** contribuyen a las notas amaderadas, ahumados o picantes, que se forman durante la pirólisis en las últimas etapas del tueste. Los altos niveles de fenoles aportan un sabor más intenso.

CHOCOLATE

El chocolate, uno de los alimentos más queridos, se puede comer como postre, tomar como bebida y utilizar en platos salados. Se elabora con cacao endulzado que proviene de los granos del cacao. Los chocolates negros y con leche contienen distintos niveles de cacao, azúcar y sólidos lácteos.

Entre sus compuestos aromáticos más importantes encontramos:

- **Pirazinas:** notas tostadas y a nuez. Se forman durante el tueste y son esenciales para el aroma del chocolate.
- **Alcoholes y ésteres:** notas afrutadas, vinosas y florales de la fermentación de la pulpa, sobre todo en las mejores variedades de cacao. Por ejemplo, el acetato de etilo (éster de piña) y el linalool (floral, cítrico).
- **Aldehídos y cetonas:** fundamental para los sabores malteados, a almendra dulce y lácteos del chocolate, que se forman dentro del grano mientras fermenta. Ejemplos de esto son la vainillina (a vainilla, cremoso, dulce), el 2-metilbutanal y el 3-metilbutanal (malteado, a chocolate).
- **Ácidos:** la fermentación genera ácido acético y otros ácidos; si hay demasiada aparecen desagradables sabores acres, amargos y avinagrados. Se suelen neutralizar con álcalis (proceso holandés) para darle al cacao en polvo un gusto más suave y un matiz más oscuro.
- **Compuestos amargos y taninos:** los estimulantes cafeína y teobromina están entre las decenas de compuestos amargos defensivos de los granos crudos de cacao. Otros compuestos amargos y los taninos quedan parcialmente destruidos durante el proceso.

DISTINTOS TIPOS

El chocolate es masa de cacao endulzada (sólidos o grasa), a menudo con vainilla y mezclada con un emulsionante (generalmente lecitina) para darle un acabado más suave. Se suele elaborar separando el cacao en sólidos (cacao en polvo) y grasas (mantequilla de cacao) y luego recombinándolos en distintas proporciones y endulzándolos. Los sólidos de la leche (leche en polvo), añadidos al chocolate con leche y al blanco, les confieren una textura más suave y un sabor cremoso.

El brillo cristalino, el crujido revelador y el delicioso fundido en boca del buen chocolate provienen de la grasa del cacao. Enfriada gradual y cuidadosamente (temperada), las moléculas de grasa se alinean y enlazan formando entramados perfectos. Si se enfría rápidamente, la mezcla inestable de moléculas de grasa da como resultado un chocolate mate, de textura suave que enseguida desarrolla un velo blanco por las grasas que salen a la superficie. El chocolate de confitería fabricado en masa a menudo sustituye la mantequilla de cacao por aceites vegetales más baratos (como el de palma), carece del crujido y del brillo del chocolate temperado y puede dejar una sensación grasienta en la boca.

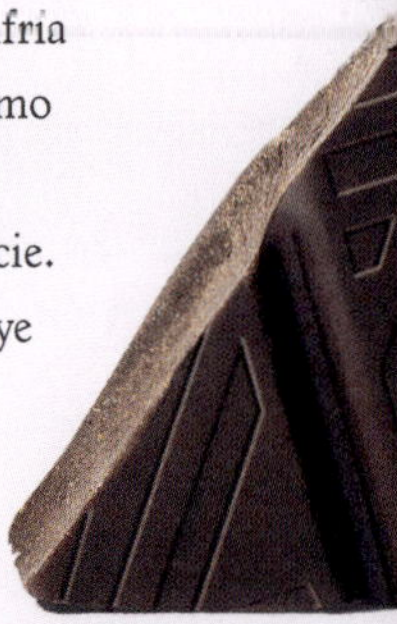

Hacer chocolate

El sabor del chocolate proviene de los granos recubiertos de pulpa del árbol del cacao que se fermentan, se secan, se tuestan y se muelen, y a cada paso se van sumando los más de 600 compuestos aromáticos que dan forma al aroma y al sabor adictivo del chocolate.

FERMENTACIÓN Y SECADO

La pulpa que recubre las semillas de cacao (granos) fermenta y crea ésteres afrutados y florales, y ácidos, esenciales para el desarrollo del sabor. El secado disminuye la humedad hasta el 7 %, concentrando algunos compuestos y preparándolos para el tueste.

TUESTE Y AVENTADO

El tueste desarrolla los sabores, y luego el aventado elimina la cáscara, liberando fragmentos de grano (las «virutas»).

Maridajes habituales
Frutos secos, cítricos, vino, carne roja asada, café, bayas, fruta deshidratada, jengibre, canela y guindilla

Maridajes inusuales
Fruta de la pasión, cebollas fritas, aguacate triturado, whisky, aceite de oliva, beicon, queso azul, lavanda y caviar.

El chocolate negro podría levantarte el ánimo, pues libera un torrente de compuestos de bienestar que se han asociado a la mejora del humor. Sin embargo, existe un debate sobre si el chocolate contiene suficientes compuestos de este tipo como para que hagan efecto.

Variedades de cacao

Forastero: sabor básico a cacao, fuerte y robusto, lo utilizan el 90 % de los cacaos del mundo.

Criollo: excepcional, aromático, con suaves y delicados sabores a frutos secos, terrosos y florales. Se utiliza en el chocolate premium.

Trinitario: un cruce entre el Criollo y el Forastero, que combina notas fuertes de cacao básico con algunos tonos aromáticos, afrutados o vinosos.

Nacional: cultivado en Ecuador, famoso por sus características florales, a frutos secos y picantes.

EL CHOCOLATE BLANCO CONTIENE MANTEQUILLA DE CACAO, PERO NO SÓLIDOS DEL CACAO; SU SABOR PROVIENE DEL AZÚCAR, LA LECHE EN POLVO Y LA VAINILLA.

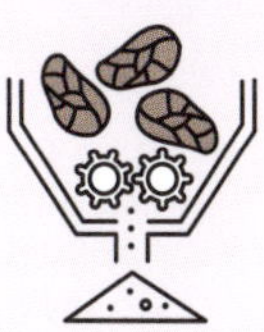

MOLIDO

Las virutas se calientan y se muelen, con lo que liberan mantequilla de cacao y forman una pasta conocida como masa o licor de cacao, que sirve como base para el chocolate.

REFINADO Y CONCHADO

La pasta de chocolate se alisa, se mezcla y se airea, eliminando algunos compuestos amargos y profundizando los sabores cremosos y malteados.

TEMPERADO

Una refrigeración minuciosa controla la cristalización de la mantequilla de cacao y le confiere al chocolate una sensación sedosa en boca, un acabado brillante y un chasquido satisfactorio.

MOLDEADO

El moldeado final afecta a la percepción del sabor; el chocolate de bordes suaves sabe más cremoso y menos amargo que el de bordes rectos.

VINO

De la humilde uva surge una asombrosa variedad de sabores, desde las jugosas grosellas negras y los ácidos limones hasta notas de tostado, tiza, roble, especias e incluso cuero. Por eso, los vinos son aliados versátiles en la cocina y unas superestrellas del maridaje de sabores.

El amargor ardiente del alcohol y la sequedad punzante y acidez del vino hacen de este último un gusto a desarrollar. Los abundantes sabores del vino proceden de las mismas uvas (aromas/sabores primarios), la fermentación (aromas/sabores secundarios) y la crianza en botellas o barricas de roble (aromas/sabores terciarios). Los vinos dulces tienen los azúcares de la uva que quedaron tras la fermentación, mientras que los vinos secos carecen de estos azúcares y se centran en la acidez y los taninos. Los vinos jóvenes que tienen de uno a tres años son más afrutados, mientras que los que tienen de cinco a diez años son más complejos.

Las distintas variedades de uva y terrenos vinícolas (el suelo y el clima en el que crecen las viñas) crean característicos perfiles de sabor. Los vinos del Nuevo Mundo (fuera de Europa y Oriente Medio), donde hace más calor, se elaboran con uvas más dulces y menos ácidas, que dan lugar a vinos más afrutados y alcohólicos (el azúcar alimenta las levaduras que produce el alcohol).

Tamaño y forma de la copa

LAS COPAS CON CUENCOS GRANDES Y ABERTURAS PEQUEÑAS PERMITEN UNA MÁXIMA LIBERACIÓN E INTENSIDAD DE AROMAS,
tanto en vinos tintos como blancos, por lo que conviene recibir con cierto escepticismo las afirmaciones sobre copas diseñadas específicamente para cada tipo de vino.

Las flautas alargadas son mejores para vinos espumosos, pues las burbujas más grandes, cuando explotan, esparcen más compuestos aromáticos hacia arriba.

Variedades populares de uva

TINTO

CABERNET SAUVIGNON
Muy utilizada en mezclas, tiene gran cantidad de pirazinas frescas y gusto verde (metoxipirazinas pág. 66 y metilpirazinas). Los sabores van desde la pimienta tostada a la cereza al brandy.

MERLOT
Con menos taninos y aromas más sutiles que la cabernet, entre los valiosos sabores de la merlot están el tomate, la ciruela y el pastel de cerezas.

PINOT NOIR
Esta uva crece bien en climas más fríos, donde la frutosidad delicada y terrosa da lugar a vinos bien equilibrados.

SYRAH
Vinos de clima más frío con sabores a grosella negra, ciruela, pimienta negra, aceituna y hierbas. Las versiones New World (o del Nuevo Mundo) brindan una frutosidad madura con matices de chocolate y vainilla cuando maduran en roble.

GARNACHA
A menudo mezcladas con otras variedades, estas uvas intensamente dulces crean vinos con pocos taninos, sabores a bayas rojas maduras y un considerable toque alcohólico.

LOS VINOS TINTOS SE DISFRUTAN MEJOR A
18-22 °C
(64-72 °F) PARA REALZAR SU AROMA Y REDUCIR EL AMARGOR.

BLANCO

SAUVIGNON BLANC
Vinos secos, refrescantes y con mucha acidez, con aromas de limón, manzana verde, hierba y piedra húmeda, a menudo con notas tropicales de guayaba, kiwi y fruta de la pasión en vinos de climas cálidos.

CHARDONNAY
Potentes sabores de manzana, pera y cítricos. A menudo se madura en barricas de roble, lo que introduce notas tostadas, a frutos secos y especiadas. También es famosa por su gusto mantecoso redondo y la equilibrada acidez debida a la fermentación, en la que libera diacetil, el compuesto aromático de la mantequilla (págs. 166-167).

RIESLING
Los vivos sabores primarios del Riesling de manzana verde, pera y cítricos se complementan con los fuertes aromas florales del linalool y la «cetona de rosa» (damascenona). Con el tiempo, los vinos desarrollan unas ricas notas a miel, fruta deshidratada y frutos secos.

PINOT GRIS
En Italia el Pinot gris es un vino ligero y limpio con notas de pera, manzana verde y cítricos. Los productores de vino franceses que elaboran Pinot gris crean vinos más ricos y especiados que evocan el melocotón maduro, la miel y el jengibre.

MOSCATO
El moscato posee intensos aromas florales (azahar y rosa) y aromas refrescantes y a frutas con hueso (melocotón y albaricoque) dulces. Suele ser algo espumoso (conocido como frizzante).

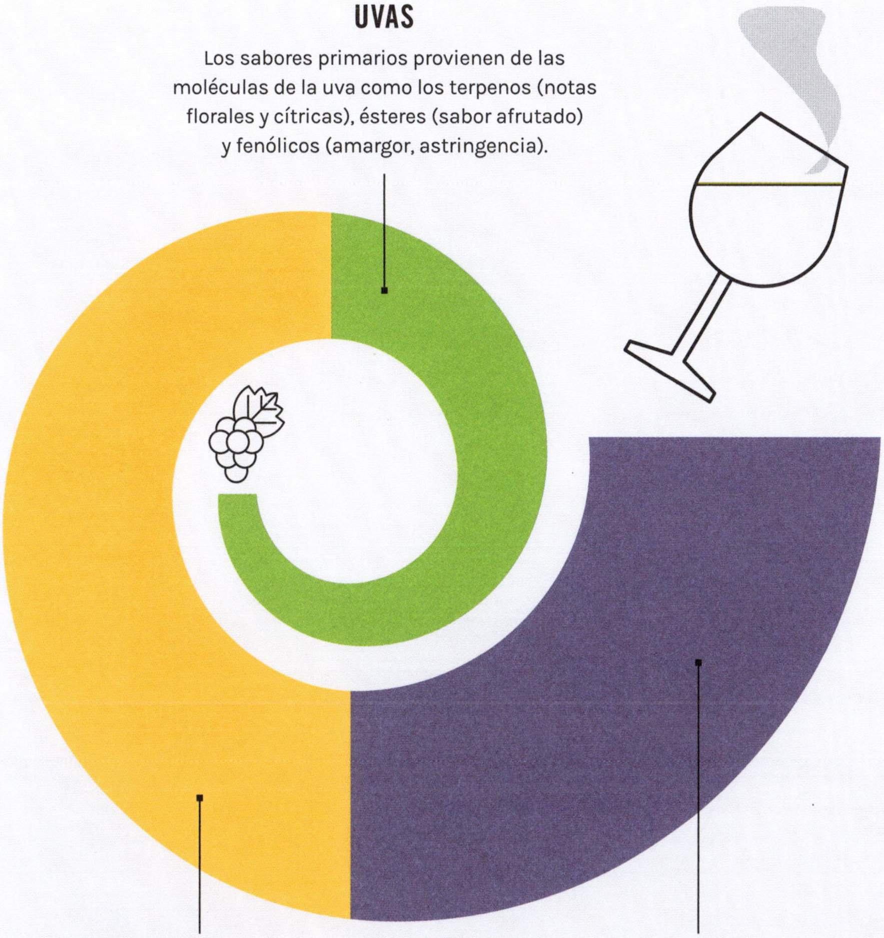

UVAS

Los sabores primarios provienen de las moléculas de la uva como los terpenos (notas florales y cítricas), ésteres (sabor afrutado) y fenólicos (amargor, astringencia).

FERMENTACIÓN

Durante la fermentación, los microbios y las levaduras se comen los azúcares de las uvas y crean más ésteres, alcoholes y ácidos, que aportan complejos sabores de plátano, manzana, mantequilla y muchos más.

CRIANZA

La crianza añade taninos y sabores a vainilla, tostados y ahumados por el contacto con el interior de las barricas de madera donde se deja madurar el vino.

OTRAS CATEGORÍAS

VINO ROSADO

VINO DE COLOR ROSA CON NOTAS FRESCAS, AFRUTADAS Y A VECES FLORALES.

VINO NARANJA

SU ELABORACIÓN INCLUYE LAS PIELES Y LAS SEMILLAS DE LAS UVAS DE VINO BLANCO PARA HACER UN VINO CON TANINOS Y ALGUNOS SABORES DEL VINO TINTO.

VINO ESPUMOSO

VINOS QUE PASAN UNA SEGUNDA FERMENTACIÓN (EN BOTELLA O EN UN TANQUE), LO QUE GENERA BURBUJAS Y UNA TEXTURA EFERVESCENTE, A MENUDO CON NOTAS AFRUTADAS, TOSTADAS Y DE LEVADURA.

VINO DULCE

DULCE, CON SABORES INTENSOS, A MIEL O AFRUTADOS.

VINO GENEROSO

UN VINO CON LICORES AÑADIDOS, LO QUE AUMENTA EL CONTENIDO EN ALCOHOL Y DETIENE LA FERMENTACIÓN, DANDO COMO RESULTADO UN ESTILO DULCE O SECO CON SABORES RICOS Y COMPLEJOS.

Maridajes habituales
Mariscos como ostras, gambas y vieiras, ensaladas verdes, pollo, risotto, quesos como el brie y el camembert.

Maridajes inusuales
Verduras encurtidas como la zanahoria, el pepino y el kimchi. La coliflor asada, las palomitas de maíz y los guisantes de wasabi son otras opciones que probar.

Maridajes habituales
Carne roja, carne de caza como pato y conejo, parmesano, pasta con salsas de tomate y pizza.

Maridajes inusuales
Beicon, cerdo asado, castañas asadas y berenjena.

CERVEZA

Desde las modernas cervezas artesanas a la antigua ale, la cerveza lleva mucho tiempo reinando como la bebida alcohólica más popular. Con más lúpulo o amarga, terrosa o afrutada, dulce o especiada, hay una cerveza para cada ocasión.

La cerveza se elabora fermentando granos de cereal, generalmente cebada malteada. Es cebada que pasa un proceso en el que se remoja, germina y luego se seca en horno. Los almidones se descomponen en azúcares simples, lo que alimenta las levaduras que producen el alcohol.

Maltear el grano contribuye a las notas tostadas, a caramelo y a frutos secos de la cerveza. Los lúpulos, que también son claves para su sabor, se agregan a una solución hirviendo de la cebada malteada y agua. Los lúpulos se presentan en diferentes variedades y, en gran medida,

CERVEZA DE TRIGO

CERVEZA ELABORADA USANDO TRIGO MALTEADO QUE TIENE AROMAS DE PLÁTANO, CLAVO Y TOFFEE.

LAGER

CON UN SABOR MÁS SUTIL QUE LA ALE. LA LAGER CONTIENE MUCHOS MENOS ÉSTERES AFRUTADOS.

PALE ALE

LA PALE ALE TIENE UN AMARGOR A LÚPULO QUE LE DAN LOS ALTOS NIVELES DE ÁCIDOS ALFA..

STOUT

LA STOUT TIENE PROFUNDAS NOTAS DE CAFÉ Y CHOCOLATE DE LOS GRANOS TOSTADOS DE CEBADA.

se definen por su aroma y sus cualidades amargas. Su aroma proviene de los compuestos aromáticos de la hierba, que puede introducir sabores florales, cítricos y especiados a la cerveza, así como contribuir a su «lupulidad». El amargor proviene mayoritariamente de los ácidos alfa de los lúpulos; al hervir se convierten en algo que sabe amargo.

Añadir la levadura es fundamental para el proceso de elaboración pues se convierte en azúcar, dióxido de carbono y etanol durante la fermentación. Con distintas temperaturas de fermentación y de tolerancias al alcohol, las levaduras pueden controlar el sabor, el aspecto y el contenido de alcohol de la cerveza. También afectan a la cantidad de carbonatación, que crea una capa de espuma al servirla. A medida que explotan estas burbujas, ayudan a dirigir los aromas de la cerveza de la copa al interior de tu nariz y proporcionan un sabor vivo y refrescante.

ELIGE TU CERVEZA

- **Pale ale:** de color dorado por su poco tiempo de horno y altos niveles de ácidos alfa que aportan un amargor a lúpulo. Los compuestos aromáticos como el mirceno le infunden una refrescante explosión cítrica y un sabor herbal. Marida bien con alimentos grasos como el pescado azul y el bistec o con especias asiáticas que complementen sus notas aromáticas.
- **India Pale Ale:** se distingue del resto de pale ales por su fuerte sabor a lúpulo y afrutado. Los compuestos ésteres le proporcionan sabores de frutas tropicales como el plátano, el albaricoque y la piña. Otros compuestos aromáticos como el geraniol contribuyen a su fragancia a rosa con notas cítricas.
- **Lager:** una cerveza fresca, de sabor y sensación en boca limpios, elaborada a menor temperatura utilizando levadura de baja fermentación (o levadura lager), que se asienta en la base del tanque y tarda más tiempo en fermentar.
- **Stout:** de color oscuro por el mayor tiempo y mayor temperatura en horno de la cebada sin fermentar. Los niveles moderados de ácidos alfa le aportan un amargor equilibrado. A menudo se envejece para que desarrolle sabores complejos a vainilla y frutas oscuras. Marida estupendamente con postres y quesos fuertes. La porter es parecida a la stout, pero se elabora con cebada malteada (germinada), lo que le extrae sabores más dulces a caramelo sin cualidades quemadas.
- **Cerveza de trigo:** elaboradas usando principalmente trigo malteado, estas cervezas tienen mucho cuerpo y unos sabores algo dulces y especiados. Muy carbonatadas, generan una gran capa de espuma al servirlas, con aspecto de nube, ya que no se suele filtrar.

Maridajes habituales
Limón, lima, naranja, albahaca, menta y salvia.

Maridajes inusuales
Pescado azul, ensalada, queso azul, jengibre y ajo.

Maridajes habituales
Queso fuerte, café, caramelo y chocolate.

Maridajes inusuales
Beicon, plátano, coco, guindilla y canela.

Maridajes habituales
Sushi, helado, tarta banoffee, marisco, cerdo y aves de corral.

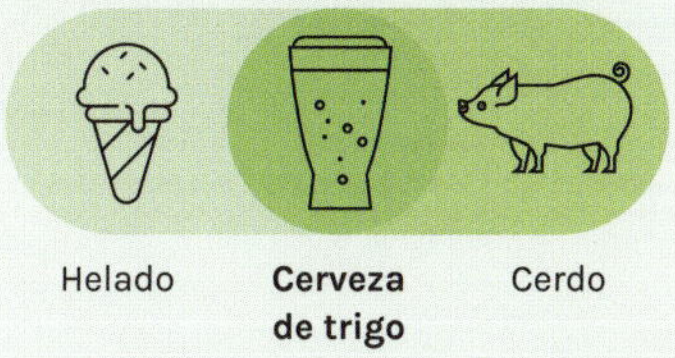

Maridajes inusuales
Dónuts, ostras y crustáceos.

LICORES

Esenciales para los cócteles y útiles para darles a los platos un toque «alegre», los licores te harán cosquillas en las papilas gustativas. Estos brebajes destilados ofrecen especias cálidas y aromas intensos, con notas amaderadas y de caramelo. La palabra inglesa *spirit* (en español «licor» y «espíritu») toma su nombre de capturar la esencia de un líquido calentado, como el alcohol, a través de un proceso llamado destilación. Esta referencia y el conocimiento de la destilación de líquidos data de cientos de años atrás en la práctica de la alquimia medieval. Sin embargo, hoy, como bebida, se refiere a un alcohol obtenido a través de la destilación de ingredientes crudos fermentados. Ya sean manzanas para el calvados, cebada para la ginebra, o la melaza del azúcar de caña para el ron, las frutas y las plantas que se usan para fermentar son un factor importante en las características específicas del licor resultante.

Los licores tienen un contenido de alcohol (etanol) de un 40 %, mucho más que la cerveza (5 %) y el vino (12 %). Esto se debe a que el arte de la destilación, que evapora el alcohol de un recipiente que contiene la mezcla fermentada, luego la condensa en una nueva, purificando el alcohol y aumentando su porcentaje. Esto también crea un licor claro, como se ve en el vodka, que es como empiezan todos los licores. En este punto los licores son fogosos pero insípidos; se incorporan los sabores adicionales durante los procesos de producción. La ginebra se aromatiza con la infusión de hierbas aromáticas, un arte que ha ganado una enorme popularidad en los últimos años tanto comercialmente como entre los aficionados caseros. Otros licores, como el ron y el whisky, adquieren su profundidad de sabor y de color tras envejecer en barricas de robles. Estas barricas son tratadas con fuego para que descompongan los compuestos naturales de la madera y creen aromas de caramelo y vainilla. Los taninos de la madera también contribuyen al amargor y a la complejidad.

EL VODKA

SE DESTILA Y SE FILTRA PARA ELIMINAR IMPUREZAS, Y EL RESULTADO ES UN SABOR NEUTRO.

TODOS LOS LICORES EMPIEZAN SIENDO LÍQUIDOS CLAROS E INCOLOROS. LOS DISTINTOS COLORES Y AROMAS SON RESULTADO DEL ENVEJECIMIENTO Y DE LA AROMATIZACIÓN.

Tipos de licores

Los licores son bebidas alcohólicas elaboradas mediante la destilación. Los licores más famosos son el vodka, la ginebra, el whisky y el ron. El vodka y la ginebra son bebidas más ligeras que maridan mejor con el marisco, mientras que el whisky, el ron y el brandy son bebidas más pesadas y complejas, y se pueden disfrutar con sabores más fuertes e intensos.

VODKA

Un licor transparente con poco sabor que se puede elaborar con varios ingredientes crudos. Entre ellos, granos, tubérculos y frutas, que aportan sutiles notas cítricas y especiadas. Se lo considera el licor más versátil para hacer cócteles, pues permite a los combinados sacar el sabor a la vez que aporta la calidez del alcohol.

Maridajes habituales
Fruta fresca, salmón, marisco, agua tónica, encurtidos y ensaladas.

Maridajes inusuales
Comino, cardamomo, cúrcuma y pepino.

Maridajes habituales
Bistec, chocolate negro, piña, coco, embutidos y queso azul.

Maridajes inusuales
Helado de vainilla, pan de jengibre y tarta banoffee.

GINEBRA
Destilado con la infusión de hierbas, entre las que tiene que estar la baya de endrino para proporcionar el inconfundible aroma a pino del pineno. Otras hierbas, especias, cáscaras de cítricos y cortezas infunden compuestos aromáticos como el cineol mentolado, el floral linalool y el acetato de bornilo amaderado. Disfrutado en cócteles con tónica, marida bien con los delicados sabores del marisco y las ensaladas.

WHISKY
De color ambarino y con sabores de la vainilla y los frutos oscuros. Las lactonas del envejecimiento en barrica proporcionan notas de madera. Elaborado con cebada malteada, que a menudo se calienta con turba para conferirle los compuestos fenólicos ahumados como el guayacol. Marida estupendamente con los bistecs a la parrilla o después de la comida con chocolate negro. Una variedad ahumada combina bien con el queso azul.

RON
Elaborado con melaza y envejecido en barricas de roble, aporta notas de azúcar moreno y butterscotch. Con muchos ésteres afrutados como el propanoato de etilo. Disponible oscuro o blanco, en el que la coloración se elimina a través de un filtrado con carbón. También se eliminan las impurezas y se crea una bebida más suave. El ron es un gran aliado de cualquier postre en el que haya frutos tropicales y frutos secos.

ÍNDICE

Los números de página en **negrita** se refieren a las entradas principales

D

E

F

M

N

O

P

Q

R

U

V

W

Y

Z

SOBRE EL AUTOR

El **doctor Stuart Farrimond** es médico, comunicador científico, experto en ciencias de la alimentación y autor premiado de los bestsellers de DK *Cocinología* (2017), *La ciencia de las especias* (2018), los bestsellers de Sunday Times *The Science of Living* (2020) y *The Science of Gardening* (2023). El doctor Farrimond aparece de manera regular en famosos programas de ciencia en TV y radio, así como en *Inside the Factory* y *Food Unwrapped* (ambos en la BBC) y en eventos públicos. Sus artículos aparecen en publicaciones nacionales e internacionales como *The Independent*, the *Daily Mail*, *BBC Science Focus* y *New Scientist*.

AGRADECIMIENTOS

AGRADECIMIENTOS DEL AUTOR

El alcance de este libro es enorme —explorar la ciencia de los sabores que se esconde tras los ingredientes diarios, así como las últimas investigaciones— y no habría podido cobrar vida sin la brigada de cocina de unas creadoras de inmenso talento. Guiadas por sus maravillosas sous chefs, las editoras sénior Lucy Sienkowska y Sophie Blackman, las editoras Susan McKeever, Clare Double y Nicola Hodgson trabajaron de manera incansable para transformar mis porciones demasiado generosas en este plato refinado y bien acabado. Mi inmensa gratitud también para Alison Gardner y Sarah Snelling, las talentosas diseñadoras que elaboraron los impresionantes diseños y el material gráfico que hacen de este libro una delicia visual.

Este, mi quinto libro, está especialmente cargado de significado y espero que no sea el último. A mitad de su escritura, el tumor cerebral cancerígeno que se instaló en mi cabeza hace casi dos décadas decidió aparecer de nuevo, mordisqueando mi materia gris, y necesité medicamentos y radioterapia para mantenerlo a raya. Si este libro ha llegado a la imprenta es gracias al amor inquebrantable y el apoyo de mi mujer, mi familia, mis amigos y mi parroquia. A vosotros os dedico este libro.

Me siento profundamente en deuda con los escritores Josh Smalley, Robin Sherriff, Nicola Temple y Laura Gladwin —los jefes de partida— que se incorporaron durante las últimas semanas del tratamiento de mi cáncer y garantizaron que el texto llegaba a tiempo a la bandeja del impresor.

El libro también se ha visto beneficiado de las ideas de expertos que ayudaron a rellenar los huecos de mi conocimiento. Mi más sincero agradecimiento para el profesor Charles Spence, un líder mundial en ciencia sensorial y a la doctora Ni Yang (Nicole), profesora asociada en la Universidad de Nottingham, que amablemente aportó su investigación puntera acerca de cómo los compuestos aromáticos crean los sabores a medida que masticamos, bebemos y tragamos. La doctora Yalda Moayedi del NYU College of Dentistry discutió generosamente su reciente descubrimiento de un nuevo tipo de célula nerviosa de la boca —células finales estelares— esencial para nuestro entendimiento de la textura y de la sensación en boca. El profesor Michelle Francl, experto en química del té, también nos ofreció valiosísimos puntos de vista sobre la ciencia que hay tras la bebida caliente favorita en el mundo.

Finalmente, mi agente Jonny Pegg sigue siendo un amigo y mi fiel apoyo, que maneja con destreza las complejidades del mundo editorial para que yo me pueda centrar en el proceso creativo. A todo el equipo de DK, en particular a Lucy y Clare, gracias por la sincera humanidad, la paciencia y el apoyo infatigable durante los días más negros de nuestra familia. Este libro no habría sido posible sin vosotros, y espero de verdad que no sea el último en el que trabajemos juntos.

AGRADECIMIENTOS DEL EDITOR

Dk quiere agradecer a Josh Smalley la experta revisión del original; a Laura Gadwin, Robin Sherriff, Josh Smalley y Nicola Temple su contribución al texto. La editorial quiere agradecer a Tobias Sturt su trabajo de visualización; a Sunil Sharma por los retoques fotográficos; a Ellie Jarvis por el estilismo de los alimentos; a Elphida Magkoura por el estilismo de utilería; a Thomas England por su asesoramiento en la edición estadounidense; a Kathryn Glendenning por la corrección; y a Vanessa Bird por facilitarnos el índice.

BIBILIOGRAFÍA

Para acceder a una lista completa de las citas de investigación en las que se sustenta la información de este libro visita: **www.dk.com/science-of-flavour-biblio**

CRÉDITOS DE LAS FOTOGRAFÍAS

La editora quiere agradecer a las siguientes entidades el permiso para reproducir sus fotografías:

(Leyenda: a-arriba; b-bajo/debajo; c-centro; d-derecha; e-extremo; i-izquierda; inf- inferior; s-superior)

15 National Academy of Sciences: Adaptado de - Gillette, Marianne. "Flavor effects of sodium chloride." Food Technology (1985). (b). **17 Getty Images / iStock:** FotografiaBasica (s, c). **19 MDPI:** Adaptado de- Chen, E.; Zhao, S.; Song, H.; Zhang, Y.; Lu, W. Analysis and Com parison of Aroma Compounds of Brown Sugar in Guangdong, Guangxi and Yunnan Using GC-O-MS. Molecules 2022, 27, 5878. https://doi.org/10.3390/molecules27185878. **20 Getty Images / iStock**: SUNGMIN. 21 MDPI: Adaptado de - Chen, E.; Zhao, S.; Song, H.; Zhang, Y.; Lu, W. Analysis and Comparison of Aroma Compounds of Brown Sugar in Guangdong, Guangxi and Yunnan Using GC-O-MS. Molecules 2022, 27, 5878. https://doi.org/10.3390/molecules27185878. **24 Adobe Stock:** NIKCOA (bd). **28 MDPI:** Adaptado de -Yu, Hang Yu et al. "Monosodium Glutamate Intake and Risk Assessment in China Nationwide, and a Comparative Analysis Worldwide. Nutrients 15 (2023): n. pag. (bi). **31 Adobe Stock:** NIKCOA (bi). **34 National Library of Medicine:** Adaptado de -Food texture assessment and preference based on Mouth Behavior, Melissa Jeltema et al. 2014 (bi). **58 MDPI:** Adaptado de - Melis, M.; Sollai, G.; Mastinu, M.; Pani, D.; Cosseddu, P.; Bonfiglio, A.; Crnjar, R.; Tepper, B.J.; Tomassini Barbarossa, I. Electrophysiological Responses from the Human Tongue to the Six Taste Qualities and Their Relationships with PROP Taster Status. Nutrients 2020, 12, 2017. https://doi.org/10.3390/nu12072017 (bd). **60-61 ResearchGate:** Adaptado de -Richard L Doty et al., Smell Identification Ability: Changes with Age.Science226,1441-1443(1984).. **63 Semantic Scholar:** Adaptado de -Effect of background noise on food perception. / Woods, A.T.; Poliakoff, E.; Lloyd, D.M. et al. (cds). **68 Getty Images / iStock:** Floortje (bc/Cheese); Adam Smigielski (bc/Chocolate). **70 Getty Images / iStock:** Tim UR (bl). **71 Springer Nature Limited:** Adaptado de -Ahn, YY., Ahnert, S., Bagrow, J. et al. Flavor network and the principles of food pairing. Sci Rep 1, 196 (2011). https://doi.org/10.1038/srep00196. **73 ResearchGate:** Adaptado de-Talavera Perez, Karel & Ninomiya, Yuzo & Winkel, Chris & Voets, Thomas & Nilius, B. (2007). Influence of temperature on taste perception. Cellular and molecular life sciences: CMLS. 64. 377-81. 10.1007/s00018-006-6384-0. **79 ResearchGate:** Adaptado de -Davies, Cathy & Labuza, Theodore. (2000). The Maillard Reaction Application to Confectionery Products. **81 Getty Images / iStock:** jorge-imstock (bi). **90 Getty Images / iStock:** Andrey Elkin (s). **92 Getty Images / iStock: A-S-L (cl). 96 Depositphotos Inc:** sommaill (sd). **104 Chapingo University:** Adaptado de -Morales-Fernández, S. D., Mora-Aguilar, R., Salinas-Moreno, Y., Rodríguez-Pérez, J. E., Colinas-León, M. T., & Lozoya-Saldaña, M. T. (2015). Growth, yield and sugar content of potato tubers at different physiological ages. Chapingo Journal Horticulture Series (sd). **120 Shutterstock.com:** grey_and. **121 Adobe Stock:** NIKCOA (l). **125 Getty Images / iStock:** Tim UR (bi). **131 Getty Images / iStock:** AlasdairJames (sc); valio84sl (si); LeventKonuk (sd). **132 Getty Images / iStock:** Napoletana (i). **142 Dreamstime.com:** Eyeblink (bd); Lcc54613 (bi); Tananuphong Kummaru (bc/Enoki); Akepong Srichaichana (ebd). **Getty Images / iStock: y-studio (bc). Shutterstock.com:** Jangqq (ebi). **143 Dreamstime.com:** Kaiskynet (ebi); Tarog8 (ebi/Button); Nevinates (bi). **Getty Images / iStock:** Gago-Image (ebd); YinYang (bc); hsvrs (bc/Chanterelle, bd). **166 Dreamstime.com:** Viktorfischer (ca); Kevkhiev Yury (cda). **171 Adobe Stock:** SerPhoto (esd). **Dreamstime.com:** Isselee (sc/Goose Egg). **Getty Images / iStock:** Geshas (si/x2, sd); koosen (sc/Duck Egg). **177 Dreamstime.com:** Ajafoto (bc); Feldarbeit (sbi, bc/Brown Mustard); Marilyn Barbone (bi); Troichenko (ebd). **Getty Images / iStock:** milanfoto (bd). **178 Dorling Kindersley:** James Young (cb). **180 Depositphotos Inc:** Maks_Narodenko (bd). **181 Depositphotos Inc:** Wavebreakmedia (bi). **Getty Images / iStock:** hongquang09 (ebi). **186 Depositphotos Inc**: alexlukin (cdb). **Dreamstime.com:** Valentyn75 (cib). **187 Adobe Stock:** GSDesign (sc). **Shutterstock.com:** Koko Foto (c). **194 Getty Images / iStock:** Floortje (c); timsa (cd). **195 Getty Images / iStock:** Everyday better to do everything you love (ci). **196 Getty Images / iStock:** malerapaso (cb). **197 Getty Images / iStock:** LICreate (cd). **198 Getty Images / iStock:** JPC-PROD (cd). **200 Dreamstime.com:** Ludmila Makarova (cdb). **201 Getty Images / iStock:** FRANCOIS-EDMOND (sd). **202 Depositphotos Inc:** mayakova (cdb). **205 Depositphotos Inc:** nenovbrothers (cib). **Dreams time.com:** Alexey Borodin (bi); Anna Kucherova (si, ci); Deryabinka (cia). **207 Shutterstock.com:** pongpinun traisrisilp (t/Data reference) **214 Getty Images / iStock:** grynold. **215 Dreamstime.com:** Francesco Marzovillo (c). **Getty Images / iStock:** Kateryna Kolesnyk (cd); subjug (ci). **Imágenes de cubierta:** Frontal: **Depositphotos Inc:** Wavebreakmedia tl; **Getty Images / iStock:** E+ / hsvrs cl/ (champiñón), FRANCOIS-EDMOND tc/ (vainas), JPC-PROD crb/ (menta) Las demás imágenes © Dorling Kindersley

DK LONDRES
Dirección de publicaciones Cara Armstrong
Edición Clare Double Sophie Blackman y Lucy Sienkowska
Diseño sénior Barbara Zuniga
Producción editorial David Almond
Producción editorial sénior Stephanie McConnell
Coordinación de maquetación y diseño Heather Blagden
Coordinación de cubiertas Emily Cannings
Dirección editorial Stephanie Jackson
Dirección de arte Maxine Pedliham

DK DELHI
Especialista en derechos y permisos Priya Singh
Documentación de imágenes Taiyaba Khatoon

Coordinación de arte Sarah Snelling
Redacción Susan McKeever y Nicola Hodgson
Diseño Alison Gardner
Fotografía Neil Watson, Sun Lee,
Stephanie McLeod y Stuart West
Ilustración Sally Caulwell

DE LA EDICIÓN EN ESPAÑOL
Traducción Scheherezade Surià y Manuel Barroso
Corrección Julieta Brufman
Maquetación Nieves Blamey
Diseño de cubierta Sara García Pérez
Coordinación editorial Lakshmi Asensio
Dirección editorial Elsa Vicente

Publicado originalmente en Gran Bretaña en 2025
por Dorling Kindersley Limited
20 Vauxhall Bridge Road,
London SW1V 2SA

Parte de Penguin Random House Company

002–340340–Nov/2025

Título original: *The Science of Flavour*
Primera edición 2025

ISBN: 979-8-2171-2991-1

Impreso y encuadernado en Eslovaquia

www.dkespañol.com

MIXTO
Papel | Apoyando la silvicultura responsable
FSC™ C018179

Este libro se ha impreso con papel certificado por el Forest Stewardship Council™; como parte del compromiso de DK por un futuro sostenible.
Para más información, visita www.dk.com/uk/information/sustainability